中国教育政策评论 *2020*

袁振国 主编

中国教育政策评论 *2020*

主　编

　　袁振国

编　委　(按姓氏笔画为序)

　　朱益明　刘世清　杨九诠

　　吴遵民　范国睿　郅庭瑾

　　周　彬　黄忠敬

前言 foreword

　　疫情是一场灾难,迫使我们放慢了教育的节奏,但也给了我们一次深入思考教育的机会。如何化"危"为"机",需要所有教育学人进行讨论、交流与反思。后疫情时代,教育发生了怎样的变化?学校功能发生了怎样的转型?师生关系将意味着什么?本辑主题为"后疫情时代的教育思考",收录的文章围绕百年不遇的全球疫情形势,探索疫情给教育带来的巨大影响,以及后疫情时代教育在理论、政策、实践等方面的发展变化。本辑由四部分构成。

　　一是疫情下的宏观思考。后疫情时代,教育改革面临新的形势、挑战和发展趋势。教育治理方式发生了变化,教师的角色发生了变化,学生的地位发生了变化,教与学的方式发生了变化,家校关系需要重组。我们需要重新定义教育,教师由传统的知识传授者转为新型的心灵沟通者;学生由被动的知识接受者转为积极的问题探讨者;父母由简单的教育配合者转为教育活动的创新者和实践者;国家由教育基础设施的建设者转为促进公平与个性的教育资源的提供者。疫情之下,教育到底发生了什么变化?什么没有改变?我们需要坚守和追求什么?全球大范围的学校关闭对学生学习产生了哪些影响?这些都是第一部分涉及的热点话题。

　　二是疫情下的在线教育。2020年的新冠肺炎疫情打破了以学校为场域、以班级面授课为主导的教育形式,居家学习、在线学习成为新的教育主导形式。为了应对疫情,中国实施了"停课不停学"的政策,这种应急性的政策有何特点?从非常态到新常态,在线教学的未来走向如何?如何实现线上线下教育的融合发展?如何开发在线教学平台,研发在线教学工具？后疫情时代课堂教学理念有何变化？如何保障在线教学的质量？这些是第二部分关注的重点话题。

三是疫情下的教育治理。新冠肺炎疫情是百年不遇的全球公共卫生危机事件，给各国政府的教育治理带来极大的危机和挑战。为了应对疫情，全球出现了国家主导、国际组织主导、新多边主义等不同的教育治理方式，后疫情时代也迫切呼唤教育治理的情感回归，要重视教育治理的情感基础与研究，提升各方主体的教育情感认同，需要各国共同合作，以应对不确定性社会和风险不断增加的时代。

四是疫情下的教育实践。教育实践应当秉持变危机为契机的理念，加强疫情风险教育、灾难教育和心理健康教育，帮助学生认识灾难、控制情绪、掌握规律、战胜危机。应当加强社会与情感能力的培养，促进人获得幸福与成功。应当完善相关立法，以健全后疫情时代受教育权的规范体系；整合教育资源，以提升后疫情时代受教育权的权利内涵；创新教育模式，以促进后疫情时代教育秩序的重塑。应当重新认识综合实践活动的价值，重新建构学校综合实践活动的体系，发挥其独特的育人价值。这些启发性的观点与实践性的建议在文中均有体现。

本辑的成果是从众多稿件中遴选出来的，希望这些成果能够给大家更多的思考与启发。

袁振国
2021 年 3 月

目录 contents

Part 1
001 疫情下的宏观思考

Chapter 1
003 疫情：重新定义教育

一、后疫情时代：教师从传授知识到激荡心灵；二、后疫情时代：学生从被动应对到自主规划；三、后疫情时代：父母从简单配合到积极参与；四、后疫情时代：国家从教育基础建设到促进公平与个性

.... 朱永新

Chapter 2
016 后疫情时代我国教育改革的新形势、新挑战、新对策

一、后疫情时代教育改革的新形势；二、后疫情时代教育改革的新挑战；三、后疫情时代教育改革的新对策

.... 薛二勇　傅王倩　李　健

Chapter 3
030 顺应中的教育坚守与追求

——面向后疫情时代的思考

一、疫情中的两个现象；二、教育的后疫情时代；三、必要的教育坚守和追求

.... 刘庆昌

Chapter 4
044 后疫情时代的教育挑战及教育治理变革
　　——一种系统分析的视角
　　　　一、后疫情时代的基本特征;二、后疫情时代教育面临的挑战;三、后疫情时代的教育治理变革
　　　　……………………………………鲍传友　曾汶婷

Chapter 5
057 重大疫情下学校关闭对中小学生学情影响的国际实证研究综述
　　　　一、疫情期间学校关闭的作用;二、学校关闭的影响;三、总结与启示
　　　　……………………………………张佳伟　顾月华　滕诗琪

Part2
071 疫情下的在线教育

Chapter 6
073 非常态中的教育政策常态：中国"停课不停学"应急性政策特征及理论启示
　　　　一、发掘非常态中教育政策常态的研究价值;二、研究设计与数据;三、政策变化过程和动力机制;四、"停课不停学"政策内容分析;五、识别非常态中的教育政策常态特征;六、总结与启示
　　　　……………………………………陈霜叶　蔡　琦

Chapter 7
096 后疫情时代在线教学如何走向新常态
　　——基于理念与技术融合的微观视角
　　　　一、疫情促进各国在线教学理念变革;二、疫情推动

各类在线教学平台和工具的开发;三、后疫情时代需要进一步完善在线教学模式;四、结语
.... 张彦杰　周　云

Chapter 8
113　场域视域下的在线教学:质量困境与超越路径
一、场域与在线教学场域;二、场域视域下的在线教学质量困境;三、场域视域下在线教学的发展路径
.... 李　青　王俊民

Chapter 9
130　后疫情时代课堂教学理念有何变化
——高校教师对在线教学的叠合认同
一、文献综述;二、研究对象与研究过程;三、叙事建构与资料分析;四、总结与讨论;五、结语
.... 首　新　林长春　李　健　谭轹纱

Part3
149　**疫情下的教育治理**

Chapter 10
151　惯习错配与资本匮乏:重大疫情下教育部门对中小学的治理危机分析
一、场域、惯习和资本:疫情冲击下治理实践分析的概念框架;二、教育部门在疫情防控时期的具体教育治理实践剖析;三、结论与建议:重构疫情治理危机中的惯习及资本
.... 钟景迅　柳镁琴　张雯闻

Chapter 11

171 情感治理：后疫情时代教育治理变革的重要转向

一、情感是教育治理中不可或缺的基本维度；二、教育情感治理缺失的表现：基于疫情的考察；三、后疫情时代教育情感治理的对策

………………………………………………… 刘世清

Chapter 12

184 重大疫情危机中的全球教育治理：模式、表征与现实选择

一、"全球治理"与"全球教育治理"概念内涵演变及界定；二、新冠重大疫情下全球教育治理的多维模式；三、新冠肺炎疫情危机下全球教育治理的基本特征；四、疫情或后疫情时代全球教育治理的现实选择；五、结语

………………………………………………… 常　甜　马早明

Chapter 13

201 后疫情时代义务教育均衡发展监测制度的优化

——基于整体性治理理论的探析

一、理论阐释：整体性治理与义务教育均衡发展监测制度优化的契合；二、问题剖析：义务教育均衡发展监测制度的碎片化表征；三、政策建议：义务教育均衡发展监测制度优化的路径选择

………………………………………………… 王　桐　司晓宏

Chapter 14

215 面对不确定性：后疫情时代学校治理的情感转向

一、问题的提出：面对不确定性的学校治理；二、知识与情感分离：后疫情时代学校教育的潜在风险；三、不确定性的应对：学校情感治理及其现实基础；四、情感闭合圈：后疫情时代学校情感治理的建构；五、总结与讨论

………………………………………………… 刘雨航　罗　阳

Part4
233 疫情下的教育实践

Chapter 15
235 培养学生的社会与情感能力：后疫情时代教育发展的重要指向

一、在后疫情时代的挑战中审视人的能力发展；二、培养学生的社会与情感能力是全球教育发展的重要趋势；三、当前学校教育中培养学生社会与情感能力的瓶颈；四、促进学生社会与情感能力培养的政策讨论

……………………………………… 刘　志　安连义

Chapter 16
252 后疫情时代学校综合实践活动课程的价值再认与实践重构

一、综合实践活动课程的疫情失语与缺席；二、综合实践活动课程的后疫情价值再思；三、综合实践活动课程线上线下融通共生实践

……………………………… 史加祥　濮玉芹　陈金良

Chapter 17
268 后疫情时代灾难化思维的教育干预
——兼论新冠肺炎疫情下灾难化思维的发生与后果

一、多方的酿制：新冠肺炎疫情下灾难化思维的发生机制；二、存在的不安：新冠肺炎疫情下灾难化思维的危害后果；三、建设性契机：后疫情时代灾难化思维的教育和干预；四、结语

…………………………………………………… 闫　闯

Chapter 18

286 后疫情时代公民受教育权保障的现实困境与制度策略

一、问题的提出：公民受教育权何以在后疫情时代获得充分保障；二、保障公民受教育权的基本理论；三、后疫情时代公民受教育权保障面临的主要问题；四、后疫情时代公民受教育权保障的制度策略

....魏文松

303 附录：全球针对新冠肺炎疫情的有关教育政策汇编

312 附：《中国教育政策评论》简介及投稿须知

Part 1
疫情下的宏观思考

Chapter 1

疫情：重新定义教育[*]

朱永新

> **摘　要：** 新冠肺炎疫情期间，在"停课不停学"政策的号召下，全国范围内开展的网络教学以一种前所未有的态势影响甚至颠覆着传统学校教育的运行方式。这次全国性的线上教学探索取得了一系列成果，为后疫情时代的教育发展提供了借鉴，结合"停课不停学"的实践经验，未来教育将在教师、学生、父母、国家四个层面发生转变：教师将由传统的知识传授者转为新型的心灵沟通者；学生将由被动的知识接受者转为积极的问题探讨者；父母将由简单的教育配合者转为教育活动的创新者和实践者；国家将由教育基础设施的建设者转为促进公平与个性的教育资源的提供者。通过以上四方面的转变，后疫情时代的教育质量将大幅提升，师生将向更加幸福完整的方向发展。
>
> **关键词：** 后疫情时代；未来教育；四大转变；幸福完整

教育，一直是中国关注和强调的焦点。但没有哪一个时刻的教育，像新冠肺炎疫情下的"停课不停学"那样备受关注。在"停课不停学"的教育实践中，手机、电脑变成学具和教具，家有学子、家有教师的千家万户深度卷入到教育之中。对学生来说，一人上课，全家学习：客厅变课堂，父母成同学；对教师来说，工作成主播，教学花样多：拖把当教鞭，白衣柜成小白板。

20 年前，一位小学生在以梦想为主题的作文《我期待的 2020 年》中写道："到了 2020 年，学生们都不用去上学，在家里就能上课。"20 年后，这个梦想真的实现了，只不过它是以我们完全没有想到的方式被迫实现的。

---

[*] 本文系全国教育科学规划 2019 年度国家重点项目"新中国成立 70 年教育发展的历史阶段及其特征与经验研究"（项目编号：AAA190005）的阶段性成果。

这场突如其来的新冠肺炎疫情,使全球很多国家的学校不能正常上课,全球 15 亿左右的学生,包括中国的 2 亿学生,不得不在家中接受在线教育。毫无疑问,新冠肺炎疫情期间的线上教学是人类历史上一次史无前例的、规模最大的互联网教育试验。从我国中小学网络云平台 2020 年 5 月初的统计数据来看,网络教学平台浏览次数达 20 亿,访问人次超过 17 亿次。从高校来看,截至 2020 年 5 月初的统计显示,全国 1 454 所高校开展了在线教学,103 万教师在线开设了 107 万门课程,合计 1 226 万门次。参加在线学习的大学生共 1 775 万人,合计 23 亿人次,[1]可见此次在线教育的规模之广、影响之大。

2019 年,笔者在《未来学校:重新定义教育》一书中指出:未来学校会变成新型学习中心,与网络学习中心共同构建一个学习共同体;未来的学生,可以通过互联网在家学习,也可以到各种学习中心选择自己喜欢的课程进行学习。[2]有人问:这样的学习方式何时能够实现?笔者认为,我们已经处在教育大变革的前夜。推开窗,可能就是一个新的教育世界。

当然,疫情来得猝不及防,教育从教室搬到网上,也是被迫式的跨越发展。"停课不停学"的教育实践虽然充分展现出网络教学的灵活性与便利性,但也凸显了较多网络教学中的问题,需要在下一个阶段的教育实践中进行调整完善。

网络的介入给教育带来了根本性的变化。无论是从防疫角度看,还是从充分利用信息时代的优势来说,以网课代替现场教学是教育发展的大势所趋。后疫情时代,网课的形式还会持续。对"停课不停学"的实践经验进行总结、反思,有助于推动后疫情时代教育走得更稳更远。下面笔者就结合新冠肺炎疫情期的教育实践,从教师、学生、父母和国家四个层面,简要分析后疫情时代如何更好地开展教育,尤其是在线教育。

一、后疫情时代: 教师从传授知识到激荡心灵

"停课不停学"期间的在线教学,对习惯了课堂讲授、面对面交流的教

师来说无疑是一个巨大挑战。尽管在线教学对多数教师而言是一次全新尝试、一个重大转变,但教师们积极探索教学新途径,利用新方式进行教学,让学生足不出户就可以接受知识的熏陶,让抗疫具有温度。教师教学理念、方式上的转变,也体现了教师顺应教育发展趋势,逐渐从知识传授者转为与学生进行心灵沟通的伙伴和引导者。然而,在具体实践中也显示出不少问题,是日后教学活动中需要改善的。

首先,教师要积极与学生进行心理沟通、心灵交流,这也是线上教学中最需要加强的。教人做人,是教师的使命。[3]无论线上还是线下,教育"立德树人"之根本不会变。

在教室里,无论是给学生一个笑容,还是走到学生身边拍拍肩膀,都是教师与学生间简单而有效的沟通方式。那么,在互联网上有没有合适的心理沟通和心灵交流途径呢?这也是笔者在《未来学校:重新定义教育》一书中提出的一个问题:人工智能和人类智能如何才能更好地相互补充?怎样才能用人工智能推进人类智能,从而共同推进教育的发展?[4]

网络教学中师生间建立积极有效的沟通交流,形成心灵上的互联,意味着教师要成长,要蜕变,成为新型教师。在某种意义上讲,可以把新型教师的使命称为"助学",也就是通过进行师生间更有深度的对话,教师更深入地关注学生的心灵,在学生与知识、学生与教师、学生与父母、学生与社会等不同关系中搭建沟通的桥梁。具体实施时,教师必须摆脱传统教育中的角色定义。当今教师的主要工作更多地体现在知识传授上,而知识传授是人工智能教学很容易实现的。新型教师除讲授基本知识外,更应该关注学生的心理状态、心灵问题,丰盈学生的心灵,帮助学生感受更多的真、善、美,增强学生的社会适应能力,协助学生更好地成长,这也是新型教师从"经师到人师"转变的导向。

其次,整合教师力量,调整教育形态,充分发挥网络教育资源共享的优势。疫情下的在线教育,基本上是把课堂从教室搬到网络上,教师还是对原来的班级进行授课,缺乏教师间、学生间的资源整合,教育形态并没有发生本质性的变化。如,一位教师在教室里教30个学生,在云课堂上还是教这些学生。这样的网络教育,并没有充分发挥互联网背景下教师彼此之间协作整合的力量,没有充分体现出学校教育、家庭教育和社会教育通过网络进行融合后本应具有的更好的教育效果。

后疫情时代,可以通过调整教育形态,更充分地发挥教师的力量。比如,可以先让一部分教师奠基根本:对基础知识开授大课,"母乳"式地将基础知识教授给学生。接着让另一部分教师发展专长:围绕不同的专业内容,提供更精确、更深入的教学,扩大学生对所学内容的选择空间,促进教与学双方的个性化发展。通过调整教育形态,一方面,让教师在做主播的过程中呈现自己最擅长的一面,充分发挥自身教育优势,并为每位教师赢得更多的成长时间和空间,促使教师在专业能力上提升;另一方面,学生接收到更优质、更丰富的教育资源,这对自身发展也是大有裨益的。

再次,提升教师网络教学的基本素养和技能。虽然早已进入网络时代,但教育和网络的联系并不紧密;尽管教育信息化工作推动了很多年,但很多学校和教师并没有真正重视信息化教育。习惯了教室教学,教师又怎么会改变已有的教育模式,开展信息化教育教学呢?因此,即使教室里配置有多媒体教学设备,很多教师还是习惯看课本、板书,致使信息化设备闲置。[5]尽管疫情期间教师们响应教育部号召投身网络教学,但实践过程中发生的较多事件也反映出教师开展信息教学的基本素养和技能的匮乏。如,有的教师全情投入讲了一节课,却因没有打开麦克风,出演了一场"默片";有的教师不懂基本的软件操作,因网络卡顿退出直播间后,就不知如何继续上课……后疫情时代,教师如何提升自己的网络素养,用充实的网络技能武装自己,是迫切需要解决的问题。

此外,应充分发挥社会教育机构在互联网教学中的作用。此次疫情期间,线上辅导机构迅猛发展,并积极主动地参与到教育中。从一定程度上讲,社会教育机构的从业者,就是一群新型教师。这些教师过去主要是对学生进行补习,对学校知识进行补充。疫情期间,他们积极拓展教育的渠道,同学校教师一样,也成为基础知识的传授者、品格的引导者,在一定程度上成为教育的主体。社会教育机构的教师们通过参与网络教学,既在教书育人中实现自我价值,也为学生成长成才提供有益指导。后疫情时代,这一教师群体不应回到补习的道路上,而是要继续在教育教学上往前探索,促成教师队伍的多元化、教育途径的多样化、教育资源的丰富化,与传统学校教师共同推进在线教育的健康发展。

二、后疫情时代:学生从被动应对到自主规划

"计算机要从娃娃抓起",这句20世纪80年代就已耳熟能详的话,直到今天仍没能变成现实。尽管现在的学生是信息时代的网络原住民,但父母、教师特别防备他们使用手机、电脑等电子产品,甚至不少父母和教师把网络当作威胁学生正常发展的洪水猛兽。网络游戏让学生沉迷、社交媒体使学生受到诈骗、不良信息侵扰学生心灵等消极效应的存在,使得全社会倾向于让学生们远离网络。这就导致在生活中依赖网络,而在教育中逃避网络这一荒谬现象。

这次疫情迫使全国进行网络教学,人们才开始重新审视网络在教育中的作用。实际上,此次大规模的在线教育实践证明,学生是可以通过互联网进行学习的,而且在线学习效果并不比在教室学习差。如,有研究表明,有些学生在课堂上不愿意交流或发表观点,但在线上学习过程中比较活跃,与老师和同学交流更为顺畅,而且传统教学的师生和生生交流受时间、地点限制,在线教学通过课程论坛空间等可供学生随时随地交流,增加了师生交流的机会。[6]也有媒体调查显示,80.3%的教师对线上教学效果较为认可,84.07%的学生对在线学习的感觉较为良好。[7]

此外,在网络教学的实际开展中,出现了很多成功的教学案例。如,笔者发起的新教育实验的江苏海门实验区在疫情期间,一方面积极研发课程资源,通过在具有点播、互动、后台管理和错题库收集等功能的线上平台开展网络教学;另一方面通过多种途径(如微信群、学校公众号、在线平台的通知栏)积极进行家校互动,家校合作对学生进行学习指导、答疑

助学,并给出及时反馈评价。围绕这次疫情中的网络教育所做的调查发现,网络教学在相当程度上达到"停课不停学"的目标。由此可见,我们应正视网络在学生学习、成长中的作用,发挥互联网在教学中的优势,开展灵活多样的教育教学。也就是说,我们要打破传统班级授课的束缚,将教育路径扩展到线上,充分利用网络互联时代的优势开展教育。

当然,此次在线教育也反映出学生在网络学习中的很多问题。如,有的学生在电脑屏幕前竖起一张自己的照片蒙骗老师,有的学生假借电脑有问题逃避在线听课……这些现象也促使我们进一步思考后疫情时代学生应如何在网络教学中进行有效学习。笔者认为,以下四种能力可能是影响后疫情时代在线教育效果的关键因素,也是需要对学生进行特别培养的素质。

第一,学生需要提升自我控制能力。自我控制能力是指学生面对干扰时控制和调节注意力,以及抑制冲动的能力。[8]这一能力是和学生的内驱力联系在一起的,过分关注学习者以外的因素而忽视他们自身的因素是不可取的,[9]学生只有真正理解学习对自己的意义,才会在这个基础上发展出向上的动力。只有在内驱力的推动下,学生面对诱惑时才能坚守目标,控制自己,并且在不断抵抗外界干扰的过程中逐渐提升自我控制能力,最终形成真正的自律。

第二,学生需要提升自主学习能力。这一能力通常指表述学习需求、确定学习目标和选择学习资源的能力,自主学习能力强的学生往往更愿意且更有准备地独立执行和完成学习任务。[10]在自主学习上,笔者特别重视阅读能力的培养和提高。学生对资料的理解、分析和重新建构的能力,是阅读能力的主要组成部分。学生的阅读能力越强,说明知识背景越丰富,能从教师的讲述中提取出的信息就越多。如果学生能够听懂并且理解教师讲述的内容,就意味着可以进行更深入的思考乃至创造。笔者在过去近30年里一直大力倡导阅读,推动全民阅读,正是出于这样的思考。

第三,学生需要提升自我规划能力。自我规划能力,即指制订学习计划的能力。[11]尽管实际学习中,并不是每一步都会完全按照规划进行,但明确的规划可以保证学习的方向不会出错,学习的路径不会偏离。此外,通过自我规划,学生可以把学习目标逐一分解,从而落实到一节节的课堂、一门门的课程、一天天的求学之中,最终积累形成良好的学习效果。

第四,学生需要提升未来智能的能力。2020年8月的"湛庐大师行"活动中,英国人工智能协会会长罗斯·卢金(Rose Luckin)教授在与笔者的对话中表示,未来人们应该具备七种智能:一是学术智能(academic intelligence),这是关于对事物的整体性理解和解决复杂性问题的智能,即人们应该进行跨学科的学习,应该以项目制的方式进行。二是社交智能(social intelligence),这是与人沟通交往和良好合作的智能。卢金教授特别重视这一智能,她认为,从根本上讲,一个人的智能是与其社会互动能力紧密相连的。人类要想在21世纪不断取得进步,就需要充分利用社交智能,因为这是人类独有的智能,是人工智能所不具备的能力。在清华大学2020届毕业生中,有一个被称为"神仙班级"的自动化系65班,似乎就验证了卢金教授的分析。自动化系65班连续两年在该系16个班级中平均成绩保持第一,被选为清华大学"无人监考"试验班级,毕业时全班除1人选择出国深造外,25人成功取得"保研"资格。这个班成功的秘诀就是集体自习。他们改良传统的集体自习模式,由班长找来全班各科成绩最优秀的同学,请他们作为"学科带头人"组建各学科总结小组,每天晚上,总结小组成员在班级群分享自己总结的课程内容。共同求真、团结一心、彼此信任……这样一些特质逐渐成为全班的主色调。我们相信,这样的团结协作学习现象,在后疫情时代会越来越多。

除此之外,元认识智能(meta-knowing intelligence)、元认知智能(meta-cognitive intelligence)、元主观智能(meta-subjective intelligence)、元情境智能(meta-contextual intelligence)以及自我效能感(perceived self-efficacy),也是后疫情时代人们所需的必备智能。

结合卢金教授指出的未来人们应具备的智能对学生现状进行分析可以看出,今天的学生最欠缺两大能力:一是跨学科跨项目的学习能力,也就是学术智能。二是与人沟通交往和良好合作的能力,也就是社交智能。

实际上，这两种能力都可以从在线教育中找到发展路径。如，由于在线教育提供了极为丰富的教育资源，学生们可以便利地获取与所要解决问题相关的材料，加之与线上同学及时沟通交流，可以形成对问题的整体性理解和认识，学术智能由此得到锻炼和发展。尽管当前教育中并没有足够重视学生社交能力的培养，但网络教育需要学生们自主选择适合的课程，主动与教师、同学进行沟通交流，这也会促使学生提升社交智能。

三、后疫情时代：父母从简单配合到积极参与

新冠肺炎疫情让我们迎来了有史以来最长的一个寒假，父母与子女相处的时间增多了。从教育规律看，亲子陪伴时间增多会改善亲子关系，而亲子关系是家庭教育的基石，由此会提升家庭教育效果。[12][13]但调查研究发现，这次疫情期间父母子女相处时间增加，家庭关系却愈发紧张。有数据表明，疫情期间，学生无论是溺水身亡，还是跳楼自杀的比例，都比疫情之前要高得多。[14]调查结果凸显出家庭教育中的一个重要问题：为数不少的父母并不懂得如何与子女进行恰当的沟通和交流，不懂得如何与孩子建立起良好的亲子关系，更不懂得如何开展有效的家庭教育。

后疫情时代，无论是社会关系还是家庭关系，都会发生深刻的改变。对相当一部分父母来说，未来在家工作将成为常态。如2020年7月，全球著名的综合IT科技集团日本富士通公司宣布的一项决定中指出，集团办公室减少50%，原则上鼓励非生产一线的员工在家上班。[15]尽管富士通并没有因为疫情而遭遇困境，但它已经在疫情下重新思考、积极行动，并进行劳动制度改革。这家公司的改革基础是，疫情期间员工在家上班不仅没有对正常业务产生多大影响，部分事务的效率还大大提高了。如，比起登门拜访，采用视频会议方式联络客户的效率更高。而且公司内部调查显示，80%以上的员工认为在家办公利多弊少。要知道，日本企业尤其是大型日企，历来被认为是日本社会保守势力的一个象征。富士通公司这次的工作调整，与其说是在疫情冲击之下的改革，不如说是因疫情发

现了新的趋势，故顺势而为。不仅日本，中国、美国以及全球各个国家都有类似的情形发生。如，2020年5月，推特首席执行官杰克·多尔西（Jack Dorsey）就向员工发送电子邮件告知，即使为遏制新冠肺炎疫情而实施的限制措施解除，除维护服务器等需要到岗上班的员工要前往办公室外，其他员工此后可以永久性在家工作。[16]可以预测，在不久的将来，会有更多身为父母的员工进入在家办公的状态，父母会有更多的时间和子女相处。因此，如何与子女交流，如何实施有效的家庭教育，如何与子女一起成长，成为后疫情时代父母需要重点解决的问题。

为什么疫情期间亲子相处时间的增多不仅没让亲子关系更为紧密，反而导致尖锐的对立冲突？其中一个很重要的原因就是，时至今日，许多父母仍把分数、考试放在第一位，甚至放在唯一重要的位置。父母把上课看成是唯一的学习途径，相对忽视子女在生活中的各种技能、素养、习惯、人格等的提升，忽视子女在学习中的成就感和幸福感。要解决亲子冲突这个问题，无论是从教育的科学性、儿童成长成才的规律来说，还是从父母自身的教育需求来说，父母首先需要做的是更新和改良基本的家庭教育理念，始终牢记：幸福比成功更重要，成人比成才更重要。

家庭教育是教育的起点和基点，也是一切教育的基础。无论对个人、集体，还是对整个社会来说，家庭教育都发挥着不可替代的基石作用，[17]而父母是家庭教育的主导者，父母进行教育的方式方法对教育成效起着至关重要的作用。父母帮助子女分析数学题、检查作业、报听写，并不是完全的家庭教育，只是家庭教育的一部分，家庭教育不是简单地部分复制学校教育。家庭教育的目标在于培养子女良好的习惯，提升子女在学习中的成就感和幸福感，激发子女更多的兴趣，协助子女树立理想，挖掘潜力。

后疫情时代，父母应该意识到，父母不是子女教育的简单配合者，而应积极参与孩子的教育，成为子女教育的创造者和实施者。比如，父母可以向子女强调生活的仪式。仪式会让每一天都变得特别，让每个人感受自己存在的意义。如，子女做家务时，父母要及时给予表扬，每晚与子女共读一小时,劳动节与子女一起做公益等。再如,父母要重视子女良好习惯的养成,如阅读的习惯、自我管理的习惯、遵守时间的习惯、早睡早起的习惯等。如果可能,父母应积极参与到子女的习惯养成中。拿笔者自己来说,小时候每天早上5:30就被父亲揪起来练毛笔字。尽管当时并不能理解父亲的要求和行为,但早起的习惯让笔者一生都受益无穷,因为每天都额外收获了最少两个小时的工作时间。在家庭教育中,父母要"以身作则"。以父亲强迫笔者早起练字这个例子来说,它实际上代表了父亲的以身作则,因为父亲比笔者起床更早,为笔者做了表率。父亲曾荣获教育部颁发的全国优秀教师的奖项,笔者在很长时间里都没有特别思考这件事,直到前两年无意中翻出父亲的这个奖状,想到了榜样的力量。或许正因父亲言行的耳濡目染,让笔者对一线教育、一线教师如此推崇。父亲以言传身教的方式给了笔者最好的家庭教育。

后疫情时代,家庭教育中父母与子女的陪伴重在质量。若为人父母不能够积极教导,甚至希望子女早日离开自己的身边,就决定了不可能有一个真正良好的家庭教育。父母要适应互联网时代的教育,这说起来很难,其实做起来很简单:鼓励子女探索新事物,一起探讨适合的学习路径和方法,彼此分享生活中的幸福时刻,父母与子女共同成长。实际上,家庭生活本身就是家庭教育,高品质的家庭生活,就是家庭成员在共同过一种幸福完整的教育生活。

四、后疫情时代:国家从教育基础建设到促进公平与个性

两千多年前,孔子就已提出"有教无类""因材施教"的教育理念。千年以来,这个理念一直指引着我们在教育路途中摸索。当今网络互联让"有教无类""因材施教"不再只是教育理想,而成为可规划甚至可抵达的明确目标。从国家、社会、学校等层面都可以明确看到,在线教育能够推动教育公平与教育个性的共同发展,也就是能够同时推动有教无类和因材施教的真正落实。

社会主义初级阶段的中国,如何利用政府组织能力强、号召能力强、动员能力强的优势,如何实现更好的布局、更快的推进、更深的教育变革,是后疫情时代需要认真研讨的首要问题。

就疫情下的在线教育而言,从网络基础建设看,我国教育系统做出了巨大努力,教育部推出"国家网络云课堂",充分显示出我国为应对意外而进行教育调整能力的增强。"停课不停学"的教育实践充分展现出我国教育资源整合能力得到提高,借助网络开展大规模在线学习的组织能力得到提高,学校主动对接家庭促进家校共育的能力也有所提高等。[18]尽管仍有部分偏远地区、乡村地区存在网络教育受限的情况,但从整体上看,我国的网络教育工作,尤其是网络基础建设工作已经走在世界前列。但从人们的实际需求看,尽管我国建有中小学教育网络云平台,但并非所有学校都能从该平台找到合适的教育资源,政府提供的课程资源还不充分。因此,政府需要对互联网在线教育进行整体谋划、立体开展。为了让所有学生接受公平的、满足个人发展需求的网络教育,政府一方面要增强教育基础设施建设,尤其要加强对弱势群体(包括农村地区、偏远地区)的辅助,以保证网络教育的公平性,如将网络延伸到偏远地区、农村地区,真正实现全国网络全覆盖,也可以进行网络费用的补助等;另一方面要积极引进和吸收优质教育资源,丰富网络课堂类型,在为学生提供精彩知识讲解的同时,注重满足学生个性化发展需求,如鼓励各学校、各地区研发卓越课程,鼓励将精品课程共享到国家教育资源平台,以及引进国外优质课程(如哈佛大学的公开演讲等)等。此外,也要鼓励教师、学生和家长给网络平台提建议,以促进平台的完善,从而更好地满足教师、学生的教育需求。

多年来,笔者一直认为,阅读是推进教育公平最简单有效的工具,因为阅读是一个人由内而外的能力养成的过程,是通过养成一个人的学习能力来推进教育公平。而在线教育则是通过建设由外而内的环境,通过帮助人们获得更多资源来推进教育公平。信息化时代不仅可以通过互联网聚集更多教育资源,引进良性的竞争,让教育资源向更丰富、更优质的方向发展,而且丰富优质的资源能够帮助人们在前行的道路中不断汲取更多养分,帮助每一个人成为更好的自己。相信通过阅读和网络这两种一内一外、相辅相成、互相促进的路径,一定可以在最短时间内最大限度地推进教育公平。

参考文献

[1] 教育部.教育部介绍疫情期间大中小学在线教育有关情况和下一步工作考虑[EB/OL].2020－05－15[2020－11－22].http://www.gov.cn/xinwen/2020－05/15/content_5511824.htm.

[2] 朱永新.未来学校:重新定义教育[M].北京:中信出版社,2019:134＋178.

[3] 艾伦,张鹏.智能化不会使教师沦为工具[J].中国现代教育装备,2019(18):1－4.

[4] 朱永新.未来学校:重新定义教育[M].北京:中信出版社,2019:181.

[5] 孔珍.小学教师信息化教学素养现状与提升策略[J].教育观察,2020,9(31):42－43＋87.

[6] 李艳,陈新亚,陈逸煊,张帆.疫情期间大学生在线学习调查与启示——以浙江大学竺可桢学院为例[J].开放教育研究,2020(5):60－70.

[7] 人民日报.线上开课堂,学习不打烊[EB/OL].2020－07－16[2020－11－22].http://education.news.cn/2020－07/16/c_1210704827.htm.

[8] 吴筱萌,蒋静,吴杰伟.混合式学习环境下学生网上讨论的成效及影响因素研究[J].现代远程教育研究,2011(5):59－65.

[9] 田爱丽,于天贞,万芮.中学生慕课学习体验:内涵、现状及优化路径——基于上海G慕课平台的实证分析[J].现代教育技术,2020(8):65－72.

[10] 何克抗.灵活学习环境与学习能力发展——对美国《教育传播与技术研究手册》(第四版)的学习与思考之二[J].开放教育研究,2017(1):21－28.

[11] 李彤彤,武法提.在线学习者效能的结构及关键影响因素研究[J].电化教育研究,2017(9):49－56.

[12] 蔡迎旗,谢娜.武汉市0～3岁婴幼儿家庭教养现状及改进建议[J].学前教育研究,2017(12):37－48.

[13] 李海云,刘潞.我国家庭亲子关系研究进展[J].教育理论与实践,2020(17):19－22.

[14] 范国睿.后大流行时代的教育生态重建[J].复旦教育论坛,2020(4):12－28.

[15] 人民网-日本频道.富士通将居家办公定为基本的工作方式,取消交通补助[EB/OL].2020－07－10[2020－11－22].http://japan.people.com.cn/n1/2020/0710/c35421-31779241.html.

[16] 新华网."推特"允许员工永远居家办公[EB/OL].2020－05－14[2020－11－22].http://world.people.com.cn/n1/2020/0514/c1002-31708638.html.

[17] 翟博.树立新时代的家庭教育价值观[J].教育研究,2016(3):92－98.

[18] 朱永新,杨帆.重新定义教育:未来学习中心的形态构建与实践畅想——朱永新教授专访[J].苏州大学学报(教育科学版),2020(4):83－91.

作者简介

朱永新　苏州大学新教育研究院教授、博士生导师,全国政协常委、副秘书长,民进中央副主席

电子邮箱

zyxjy@126.com

通信地址

苏州市姑苏区东环路50号苏州大学凌云楼1013室,苏州大学新教育研究院

Chapter 2

后疫情时代我国教育改革的新形势、新挑战、新对策*

薛二勇　傅王倩　李　健

> **摘　要：** 新冠肺炎疫情爆发后,我国开展了全球最大规模的"停课不停学"教育。后疫情时代,基于教育教学内外影响因素的变化,我国教育改革面临新形势,即教育理念的深度变革、教学方式的混合发展、学习方式的灵活变化、教育治理的数据运用、家庭教育的作用凸显。与此同时,教育改革面临新挑战,主要是线上教育与线下教育的融合问题、自主学习与自我管理的差异问题、家庭教育与学校教育的协同问题、基础设施与信息素养的公平问题。为此,教育改革的新对策为,运用大数据服务教育治理能力提升,提升教师线上线下融合教育的能力,通过信息化助力个性化学习的开展,精准教育过程性评价助力教育改进,利用信息技术促进家校的高效协作。
>
> **关键词：** 后疫情时代；在线教育；互联网+教育；教育改革；家庭教育

新冠肺炎疫情爆发后,我国在教育领域明确提出"停课不停学",开展了大规模的在线教育。据工信部统计,"大屏点播"覆盖全国 31 个省(自治区、直辖市)1.2 亿移动互联网电视用户；"小屏点播"提供价值 600 余万元的学习资源和工具,满足学生通过手机、电脑的自学需求,覆盖全国 20 个省(自治区、直辖市)1 381 万用户；"直播教学"通过搭建网络直播平台实现远程教学,覆盖全国 30 个省(自治区、直辖市),帮助 3 240 万名师生开课。[1] 与此同时,世界上多数国家纷纷利用在线教育,采取让学生在家

---

* 本文系教育部哲学社会科学研究重大课题攻关项目"习近平总书记关于教育的重要论述研究"(项目编号：18JZD006)的阶段性成果。

学习的方式应对新冠肺炎疫情的冲击。此次大规模、普及性的在线教学实践探索,是全世界在线教育发展过程中的里程碑式事件。[2] 以在线教育为主要形式的"停课不停学",不论是对维持社会稳定,还是对学生成长,均发挥了巨大作用。国务院新闻办公室发布的《抗击新冠肺炎疫情的中国行动》白皮书指出,2020 年 4 月 29 日以后,全国疫情防控进入常态化阶段。疫情防控从战时状态向常态状态转变,经济社会发展、日常生活逐渐回归常规状态,我国进入后疫情时代。线上线下相结合的教育成为主流形态之一。[3] 后疫情时代,在线教育的持续推进、大规模线上线下教育相结合的教育实践要求、教育治理体系和方式的变化,对传统的教育改革构成巨大挑战。为此,基于教育政策过程理论,通过对后疫情时代教育改革形势的分析,形成教育改革的出发点;基于教育改革新挑战的判断,提出具有前瞻性、针对性、操作性的对策建议。

一、后疫情时代教育改革的新形势

新冠肺炎疫情期间的大规模在线教育实践,对传统的学校教育产生了极大的影响,在线教育从辅助形态走向真实的、全面的、主流的教育形态,成为教育发展的新常态。在线教育和线下教育结合成为未来教育的重要形态,迫切要求教育体系改革,建构从教育实践出发又服务于教育实践的完整的结构化、系统化、清晰化、逻辑化的教育体系。如图 1 所示,后

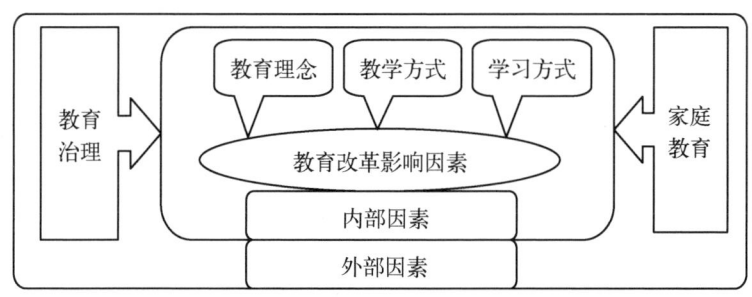

图 1　后疫情时代教育改革的影响因素与分析维度

疫情时代,虽然教育形态发生了重要变化,但其核心依然是教育教学,教育改革的新形势主要围绕影响教育教学内外的因素展开,内部因素主要是教育理念、教学方式、学习方式,外部因素主要是教育治理、家庭教育。这些影响因素的变化构成后疫情时代教育改革的新形势。

1. 教育理念的深度变革

新冠肺炎疫情期间"规模化"的在线教育几乎成为我国大中小学教育的唯一方式,整个教育系统承担着重大任务,促使教育观念发生深刻变化,基于班级授课制的教育观转向基于个人教育安排的新教育观。在教育发展史上,班级授课制是影响最为深远且依然占据主导地位的教育教学方式,由教师在规定的场所对一定规模的学生展开有秩序的教育,教学活动主要采取面对面的线下授课方式,强调整齐划一、集体学习的理念。在线教育主要借助网络等教育技术开展教育教学,突破时空的局限性,开展教育教学活动,强调个别指导、个性学习的理念。"互联网+教育"突破了传统班级授课制对教育教学的同一时间、同一空间的限制,一方面,大量课程资源"上架",使学生可以灵活选择自己感兴趣的内容资源,满足个性化发展的需要;另一方面,优质课程资源为薄弱学校、偏远地区等提供了有力支持,有助于促进公平,提高质量。

2. 教学方式的混合发展

传统的教学方式是教师和学生面对面交流,而在线上教学模式中,师生处于时空分离情况下的异步人际交流。[4]知识不再局限于教师,而是呈现出非正式、社会性、情境性、分布式网络传播等特性。[5]单纯以教师作为知识唯一传播者的时代出现巨大变化,以互联网为主要依托的教育,教师需要协调各方力量以促进教学活动的有效开展。混合教学方式,即传统的教师课堂教学与现在的学生在线学习相结合的方式应运而生,把传统教学方式的优势和网络教学的优势结合起来,突破教学时空的界限。混合教学方式的逐步开展,必然对教师的教学知识和能力提出新的要求,传统的教师讲授的角色转变为指导和引领学生学习的角色。教师需要更新教育理念,不断提升教育信息素养,引领学生适应互联网时代的教育变革,充分利用现代信息技术,使教学更加丰富、多样、个性化,提升教学效率、效益。

3. 学习方式的灵活变化

若教育是僵化的、机械的,培养出来的学生也会是僵化的、机械的;若教育是灵活的、随机应变的,培养出的学生也会受到潜移默化的影响。[6]传统学校教育通常制定严格的规章制度对学生进行高效的管理,课堂教学方式虽然充分发挥了教师在教学中的主导和主体作用,但是不能很好地发挥学生的积极主动性,学生创新精神和创造能力的培养仍然是明显的薄弱环节。[7]以教师讲授为主导的教学在一定程度上不利于学生创造性思维的养成。在线教育则防止照搬、套用线下课堂教学方式,充分发挥信息技术的优势,开展以学生为中心的多样化学习。[8]一方面,在线课程不受时间、场所等局限,学生根据自己的时间安排,灵活选择学习时间,受到学生和家长的认可;另一方面,在线教育很大程度上满足学生自主选择的需求,大大强化了学生的自主性学习,学生选择自己感兴趣的内容和领域,有助于实现个性化发展。网络教学具备异步交互的优良特性,通过网络有效地对某个论题进行深入讨论,弥补课堂讨论由于时间有限而造成的讨论浮于表面层次、感性成分居多、难以深入等缺陷。[9]在线教育打破线下教育时间的有限性,能够增加讨论的环节与时间;打破面对面的交流方式,对学生的充分交流有很大帮助;而且,小组之间的协同作业,极大地加强了生生间的沟通,促进合作学习,有利于养成合作能力。

4. 教育治理的数据运用

基于在线教育开展的伴随式评价,包括学生学习时长、讨论次数、登录次数、在线作业完成情况、知识点掌握状况、课程学习情况等的实时评价,能够让教师及时掌握学生学习的情况,进行动态调整,借助大数据、人工智能技术,对学生的学习进行个性化评估。[10]教师可以通过在线教育非常方便地为某个教学目标创建一组学习活动序列,随时监控学生的学习活动,判断学生在学习过程中是否达到标准,决定是否进入下一个学习活动;学生可以快速地进入某个学习活动序列,从而进行高效的个人或小组学习。[11]通过大数据的实时监控与集中反馈,教育管理部门、学校、教师等能够及时掌握学生的学习情况,及时监测学生的学习效果,改进教育方式。通过集中、及时的大数据量化处理,在很大程度上避免教育决策者的主观印象和判断,为科学的教育治理提供数据支持。

5. 家庭教育的作用凸显

新冠肺炎疫情期间,在线教育以学生居家学习的方式开展,学生由"在校上学"转变为"在家上学",教育环境从学校的集体学习环境转换为家庭的个体学习环境,家庭教育的影响愈发凸显。教学方式在线化、教学场景家庭化,教师在以往课堂教学中的部分教育权力、主导作用有所削弱和减少,加之中小学生的自主学习性较差,自我控制能力较弱,认知和心理发展不稳定等综合因素,共同要求家长在督促与辅导学生在线教学、开展防疫和心理健康教育、与教师交流互动等家校合作中承担比以往更重要的责任,甚至需要家长居家直接参与发展学生综合素质能力的家校共育活动。[12]调查显示,23.4%的家长表示一直陪伴小孩在线学习,29.6%的家长表示经常陪伴小孩在线学习,家长辅助孩子在线学习占前三项的分别是在线学习督促提醒(74.81%)、下载和上传作业(50.54%)、登录学习平台(47.25%)。[13]家庭的学习环境相比学校存在较多的不可控因素。学校能够相对有效地控制校园环境中的干扰因素,保障课堂教学的质量;而学生在家上学面临的干扰较多,例如娱乐平台的吸引、电子游戏的诱惑、家庭生活的影响等,这对在线教育产生较为明显的消极影响。家长对在线教育的引导、监督作用凸显。

二、后疫情时代教育改革的新挑战

信息时代,教育信息技术飞速发展,极大地改变了教育教学方式。智能时代,教育信息技术跨越式发展。国务院于 2017 年 7 月发布的《新一代人工智能发展规划的通知》提出,利用智能技术加快推动人才培养模式、教学方法改革,构建包含智能学习、交互式学习的新型教育体系。[14]"互联网＋教育"的理念是为学习者提供优质、灵活、个性化教育的新型服务模式,是在线教育发展的新阶段。[15]后疫情时代,随着在线教育大规模实施,教育教学飞速变革,教育综合改革推进面临新挑战。

1. 线上教育与线下教育的融合问题

单纯持线上教学暂时代替线下教学的替代论,根本就不能发挥混合式教学的最优化。[16]部分教师单纯将线上教学作为线下教学的简单替代,以传统的教学方式开展线上教学,忽视了教育环境等因素的变化,影响了线上教学效果。教师如何更新教育教学观念、方式,接受并学习在线教育的理念与技术,对于教育教学的改进至关重要。与传统教学相比,混合式教学侧重于培养学生的创新能力,其教学效果直接体现在学生的自主学习和科研创造能力上;就教学方法而言,混合式教学强调师生之间和学生彼此之间的多元互动,其教学效果直接体现在学生的合作和沟通交流能力上;就教学质量而言,混合式教学合理选择和有效利用资源适应信息化社会发展的需求,既有利于学生扩大知识面,拓展思维空间,又有利于学生提高科学探索能力。[17]混合式教学的效果,在很大程度上取决于教师的态度和能力准备,取决于教师如何从传统的面对面课堂的角色,过渡和转化到混合式教学所需要的更为复杂的角色。[18]

新冠肺炎疫情期间开展的在线教育,部分教师准备不足,网络上关于教师化身主播、教师不熟悉教育软件、教师反应迟钝等问题的反映此起彼伏。这在很大程度上反映出社会对在线教育依然比较陌生,教师的教育信息技术素养有待提升,学生的线上学习准备不足。调查显示,7.73%的中小学教师认为在线教育不需要提前备课;教师在线教学的方式占前三位的分别是:统一观看国家或区域平台课程与教师集中答疑(56.04%),播放名师课程与教师辅导答疑(48.46%),教师直播课程(29.25%);[19]

66.8%的教师选择"互动不充分"[20]。直接使用已有教学资源是新冠肺炎疫情期间在线教学方式的主要渠道。在线教育对部分学科教育造成极大影响,体育课在线教学使得体育教学互动信息缺失,体育教学情境创设遇到阻碍,体育教学方法遇到空缺以及体育教学效果评价出现盲区。[21]线上教育对于需要较强操作力的物理、化学等实验课造成不良影响,虽然对理论层面知识学习具有一定的促进作用,却不利于学生实际操作能力的培养。

2. 自主学习与自我管理的差异问题

伴随"互联网+教育"的深度发展、在线教育的深入推进,学生自主学习的内容、渠道逐步变多。在线教育实施过程中,教育本身的督导监控难度较大,学生"学"的自主作用突出,教师"教"的主导作用不够,当学生学习的自由度大而且缺乏必要的督导监测时,教育目标有效达成的难度加大。后疫情时代,随着正常教育教学秩序的全面恢复,如何培养学生学习的主动性、积极性,充分发挥混合式教学的优势显得尤为迫切。

学生的自觉性和自律性是影响在线教育开展并深入推进的重要因素。具备独立与自制能力的学习者才能够顺利完成远程教育中的学习任务,培养自主学习能力是当前亟待解决的问题。[22]在线教育受学习环境、学生自主学习能力的制约,教师无法有效管理、监督学生的学习过程,其效果主要依赖学生的自主学习。中小学学生的年龄为6—18岁,其自我控制能力相对较弱,容易受到外界因素的干扰,出现线上上课时开小差、打游戏、注意力转移等问题,这对线上教育的效果产生消极影响。线上教育的成效很大程度上取决于学生学习时的自我控制能力,而不同地区、学校、群体学生的自我控制能力有较大差异,导致学习效果存在很大差异。

3. 家庭教育与学校教育的协同问题

新冠肺炎疫情期间,学校和家庭进入协同育人的状态,家校合作的短板和难题逐步显现,主要表现为:家校协同的意识和机制缺乏,家长工作与辅导孩子学习的"新工学矛盾"突出,孩子居家在线学习的监督指导要求与家长的知识和能力不够匹配等。学生居家在线教育导致上学场所发生变化,父母与孩子独处的机会增多,家长既要指导孩子的学习,又要保持良好的亲子关系,家庭教育的知识和能力尤为重要。然而,我国的大部分家长缺乏家庭教育的准备,对于如何开展家庭教育,如何作为维持学校与学生关系的重要纽带,如何指导孩子的学业及成长等问题的处理差别较大,导致教育效果差异巨大。

校外培训等问题虽然在新冠肺炎期间有所缓解,却转移为线上培训,家长"重智育,轻他育"的现象依然十分常见。随着"停课不停学"政策的实施,部分家长给孩子报线上培训班的现象逐步增多,线下校外培训转换为线上校外培训,增加了孩子的课业负担,影响了孩子的全面发展。再加上在线教育主要是智育,德育、体育、美育、劳育的开展遭遇困难,学生片面发展的问题愈发突出。家长担负教育者的角色,承担引导孩子全面发展的责任,要帮助孩子"扣好人生第一粒扣子",需要更新家庭教育观念,提升教育能力。

4. 基础设施与信息素养的公平问题

我国区域经济社会发展呈现梯度发展的格局,信息技术基础设施、能力建设也存在梯度发展格局。教育信息技术基础设施、能力建设较差的区域,极易与发达区域形成新的教育鸿沟,导致区域间、城乡间、学校间、群体间教育质量的差距。中西部地区经济社会发展相对落后,偏远地区信息技术基础设施配备不足。随着教育信息化由1.0阶段迈入2.0阶段,教育信息化发展中区域不平衡、投入不可持续、应用效能不高等问题日益突出。[23]新冠肺炎疫情期间在线教育实际效果调查显示,东部地区的教师较中部地区和西部地区教师对教育效果的评价更高;对于在线学习时长,无论是家长还是教师,都反映东部学生学习时间更长,西部地区学生在线学习持续2小时以上的百分比(13.20%)显著低于东部(15.94%)、中部地区(15.93%)的学生。[24]

城乡之间公共教育资源的配置不够均衡。虽然随着学校标准化建设、薄弱学校改造计划等政策项目的实施,城乡学校之间的硬件建设逐步标准化,但由于历史原因,教育信息技术设施依然存在较大差异,存在较为明显的数字鸿沟,导致教育效果的较大差异。部分偏远山区网络覆盖率低、通讯信号差,导致学生和教师上网课难、即时交互难、学习反馈难。各类学生家长对在线教育的满意度调查显示,虽然整体满意度属于较高水平,但城乡间存在显著性差异,其中城市学生家长满意度最高(均值 M = 3.61),乡村学生家长满意度最低(均值 M = 3.51),留守/流动学生家长的满意度显著低于一般学生家长。[25]

三、后疫情时代教育改革的新对策

1. 运用大数据服务教育治理能力提升

教育治理是把教育领域内各主体纳入行政范畴,充分发挥其能动性,在持续协调、引导各方达成共识的基础上,不断改进目标和手段的一种新型教育行政方式。[26]教育是国之大计、党之大计,教育治理是多方利益协同和融合的过程与结果。疫情防控关键时期,教育治理要服从国家大局需要,遵循教育规律,针对现实问题,尊重学生身心发展特点,重视教育资源的配置和教师队伍水平的差异。[27]后疫情时代,应充分利用信息技术手段,基于大数据分析教育政策问题、利益协同问题、学校管理精准有效问题、教和学效率效益问题,将各种数据工具作为科学决策的重要依据,调整和优化教育治理体系。汇聚、分析学生学习过程数据,运用多种数据方法分析、解释、运用数据,为改进教学效果,提升教学质量,科学进行教学决策,满足个性化学习提供依据;优化和满足学习者个性化学习需求,发挥教师主导教学作用的线上线下混合教学模式的特点,为促进学习者的个性化自适应学习提供新方案。

现代信息技术为教育治理的科学化提供了新的可能和重要保障。为此,应构建信息化的教育治理平台,通过数字化推进教育治理体系和能力的现代化;逐步升级教育信息化的软硬件配置水平,逐步统一不同区域、学校之间的数据收集程序、标准、方式等,实现教育数据之间的比较、追踪、共享等。地方应当结合自身教育信息化的基础条件,顶层设计与基层探索相结合,建立多元教育利益相关者协同参与、汇集多元声音、考虑多方需求的渠道,主动创新教育治理的体制机制,形成富有活力、基于数据的教育治理体系。学校治理实践中,充分利用现代教育信息技术,推进学校治理方式的科学化;线上线下混合式教育过程中,充分运用数据平台对学生学习过程进行实时分析,利用实时监测数据,快速有效地做出教育改进;充分利用信息化的技术手段,采用设立平台或设置小程序的方式,加强学校、家庭、社会的协作,汇集多元教育智慧,满足多方教育需求,提升多主体对教育的参与感,构建全员、全过程、全方位的"三全育人"体系。

2. 提升教师线上线下融合教育的能力

新冠肺炎疫情期间大规模在线教育的实践发现,教师的线上教育能力是提升教育效果的关键。线上教育与线下教育相融合作为新的教育模式,要求教师的教育理念、方法、技术、手段等做出相应的调整。新冠肺炎疫情期间的线上教育是被动开展的,后疫情时代线上教育的深入推进则是大势所趋,教师要主动探索线上教育的最优实践模式,积极地把传统的线下教育与线上教育相结合,改变简单地把线下教育搬到线上,把混合式教育认为是"线上+线下简单结合"的认识,激发学生自主学习的动机,为学生提供选择任务的机会,鼓励学生独立解决问题,充分发挥不同教育方式的优势,提升教育质量。

线上教育与线下教育融合的教育方式,要求教师的教育方式、设计、评估等做出相应调整。线上教学应当通过多种形式组织教学活动,寓教于乐,激发学生在线学习的兴趣,最大化提高在线教学质量,让学生摆脱线上教学的枯燥形式,轻松愉快地汲取知识。[28]教师应考虑多种情境下的教育环境,使教育目标、教育设施、教育手段、教育技术有机结合起来,发挥混合式教育的优点。对于未来教师,应在教师职前教育中加入教育信息技术的内容,提升在线教育的基础能力;对于在职教师,要在各类教师培训中加入教育信息技术的内容,提升在职教师在线教育、线上线下教育相融合的实践能力。

3. 通过信息化助力个性化学习的开展

传统的班级授课制由于班级规模、教师配置、教学时间、教育环境等的限制,无法有效地满足学生的个性化发展需求,信息技术在教育中的运用为破解个性化学习的难题提供了可能路径。教育大数据为个性化学习提供了数据和技术支持,使个性化学习由散在的、个体经验取向逐渐转为数据驱动、基于个体学习者的学习风格和学习需求。[29]通过智能化的信息化数据平台,及时、准确记录个人的学习行为数据,通过对学习行为的科学判断,实时制定适合个人需求的教育内容与方法,呈现不同的内容组织方式,采用不同的测评方式,安排不同的学习进度等,促进有效学习。

建立优质教育资源库,为学生呈现多元化的教育内容,全方位地为学生提供丰富、灵活的教育选择机会,促进学生的个性发展。制定系统、细化的教育内容数据标准,方便、快捷、有效地记录和储存教育信息,利用多种教育平台产生的多种学习数据,分析判断不同年龄、不同学段、不同群体的学习特点和需求等,提供适合不同学生学习特点、满足学习需求的教育内容。基于大数据技术,将零碎的教育内容系统化,构建完整清晰的知识链条,推进教育内容的多元化并实时更新,突破学习时空的局限,为学生随时随地的学习提供机会。

4. 精准教育过程性评价助力教育改进

教育评价是教育改革的"牛鼻子",传统的教育评价由于评价的技术、手段、方法、成本等因素的影响,往往很难做到实时的过程性评价,终结性评价始终占据主导地位,对学生的评价较为僵化,一锤定音、"高分低能""唯分数"的现象频频出现。通过信息技术与教育的有机结合,可以基于数据分析,以量化直观、实时呈现的方式对学习过程进行科学、客观的过程性评价,及时改进教学过程、学习过程,提升教和学的质量。

基于信息技术实时反馈教育效果,根据学生生理、心理的变化,监测其学习状态,精准定位不同学习内容、类型的重点和难点,提高教育教学的针对性和实效性。通过对教学状况的实时分析,教师第一时间掌握教学效果并进行改进,调整优化教学内容、安排和方法,提升教学的针对性。以信息技术支撑和推进考试招生制度改革,采用智能抽题、情景模拟、虚拟现实等方式改革教育评价方式,有效破除唯考试、唯分数、唯升学等问题,依托人工智能等技术实现对学生学业成绩、学习态度、人格发展等多维度综合性测评,将评价数据纳入学生学业水平考试结果,实现过程性评价与终结性评价相结合,发挥以点带面、示范引领的效能。[30]

5. 利用信息技术促进家校的高效协作

建立家庭与学校的伙伴关系是创设良好教育环境的重要环节。学校与父母通力合作时,学生在学校和生活中可以表现得更好。[31]传统的家校合作,社区和学校是开展家校互动的重要场所,也是家长参与家校合作的重要活动形式。[32]信息技术不发达的时代,家长会、教师家访等面对面交流是家校合作的主要方式,信息技术飞速发展的今天,应该充分利用信息技术手段,拓展家校合作的渠道,扩大家校合作的范围,增加家校合作的便利,提升家校合作的质量。

后疫情时代对家校合作提出了新的更高要求,家庭成为学生在线学习的重要场所,家庭教育对学校教育起到重要的支撑作用。不同的区域应构建适合学校实际、家庭状况的家校合作平台,智慧校园的建设和运行应纳入家校合作平台,使学校管理者、教师、家长及时了解学生的学习情况,监测学习进度。通过实时教育信息数据,家长实时了解孩子的在校学习状况,学校实时了解学生的在家学习状况,在准确判断学习情况的基础上,家校合作,合力育人,培养德智体美劳全面发展的社会主义建设者和接班人。

参考文献

[1] 工信部(2020).工信部组织基础电信企业深入推进学校联网攻坚助力"停课不停学"

[EB/OL].2020-02-17[2020-08-26].https://tech.sina.com.cn/roll/2020-02-17/doc-iimxyqvz3649037.shtml.

[2] 解艳华,刘利民.这次世界规模最大的"教育实验"将推动中小学学习模式"革命"[EB/OL].2020-03-12[2020-08-26].https://www.thepaper.cn/newsDetail_forward_6495224.

[3] 新华网.北京:中小学教学仍将线上线下相融合[EB/OL].2020-08-16[2020-09-01].https://baijiahao.baidu.com/s?id=1675120369121093870&wfr=spider&for=pc.

[4][10] 万昆,郑旭东,任友群.规模化在线学习准备好了吗?——后疫情时期的在线学习与智能技术应用思考[J].远程教育杂志,2020,38(03):105-112.

[5] 余胜泉,程罡,董京峰.e-Learning新解:网络教学范式的转换[J].远程教育杂志,2009(03):3-15.

[6] 王竹立.后疫情时代,教育应如何转型?[J].电化教育研究,2020,41(04):13-20.

[7][9] 余胜泉,路秋丽,陈声健.网络环境下的混合式教学——一种新的教学模式[J].中国大学教学,2005(10):50-56.

[8] 张惠敏,梁为,陈浩,纪显俐.面向未来的新型教育教学组织体系构建与实施路径研究——深圳市长周期"停课不停学"实践反思[J].中国电化教育,2020(08):33-40.

[11] 叶荣荣,余胜泉,陈琳.活动导向的多种教学模式的混合式教学研究[J].电化教育研究,2012,33(09):104-112.

[12] 郑旭东,万昆.规模化K12在线教学中家校合作的实施逻辑、内容与建议[J].中国电化教育,2020(04):16-21.

[13][19] 新华网.疫情下的中小学在线教育大数据画像[EB/OL].2020-04-13[2020-09-02].http://www.xinhuanet.com/2020-04/13/c_1125846623.htm.

[14] 中华人民共和国国务院.《新一代人工智能发展规划》[EB/OL].2017-07-20[2020-09-01].http://www.gov.cn/zhengce/content/2017-07/20/content_5211996.htm.

[15] 陈丽."互联网+教育"的创新本质与变革趋势[J].远程教育杂志,2016(4):3-8.

[16][18] 冯晓英,王瑞雪,吴怡君.国内外混合式教学研究现状述评——基于混合式教学的分析框架[J].远程教育杂志,2018,36(03):13-24.

[17] 解筱杉,朱祖林.高校混合式教学质量影响因素分析[J].中国远程教育,2012(10):9-14+95.

[20] 上海教育新闻网.《新冠疫情期间中小学在线教育互动研究报告》发布[EB/OL].2020-04-03[2020-09-03].http://www1.shedunews.com/zixun/guonei/gedi/2020/04/03/2114667.html.

[21] 闫士展.新冠疫情背景下体育在线教学的理论审视、现实反思与实践进路——"疫情下的学校体育"云访谈述评[J].体育与科学,2020,41(03):9-16.

[22] 赵宏,陈丽.远程学习者自主学习能力培养方法研究[J].电化教育研究,2012,33(10):56-63.

[23] 杨宗凯,吴砥等.教育信息化2.0:新时代信息技术变革教育的关键历史跃迁[J].教育研究,2018,39(4):16-22.

[24][25] 21世纪经济报道.疫情期间在线学习效果如何?中西部家长满意度高于东部[EB/OL].2020-08-24[2020-09-02].http://k.sina.com.cn/article_1651428902_626ece2602000r9nv.html.

[26] 中华人民共和国教育部."以教育信息化全面推动教育现代化专家谈"实现教育治理现代化的必由之路[EB/OL].http://www.moe.gov.cn/s78/A16/s5886/s7986/201607/t20160721_

272532.html.

[27] 钟秉林,朱德全,李立国,洪成文,柳友荣,张东,薄存旭,蒋华林,廖伟伟,管华,周序,王硕旺,张务农.重大疫情下的教育治理(笔谈)[J].重庆高教研究,2020,8(02):5-24.

[28] 张惠敏,梁为,陈浩,纪显俐.面向未来的新型教育教学组织体系构建与实施路径研究——深圳市长周期"停课不停学"实践反思[J].中国电化教育,2020(08):33-40.

[29] 师亚飞,彭红超,童名文.基于学习画像的精准个性化学习路径生成性推荐策略研究[J].中国电化教育,2019,(05).

[30] 中国教育网.教育部科技司司长雷朝滋:超大规模在线教学给中国教育变革搭建了新起点[EB/OL].2020-05-19[2020-09-01].http://edu.china.com.cn/2020-05/19/content_76063105.htm.

[31] Psychology Today. How Does Your School Use Technology to Connect Families? [EB/OL]. 2019-08-06[2020-08-28]. https://www.psychologytoday.com/us/blog/the-moment-youth/201908/how-does-your-school-use-technology-connect-families.

[32] Epstein, J. L. School, Family, and Community Partnerships: Preparing Educators and Improving Schools[M]. Boulder, CO: Westview Press, 2001: 99-150.

作者简介

薛二勇　北京师范大学教育学部、中国教育政策研究院教授、博士、博士生导师,教育部"长江学者奖励计划"青年学者

傅王倩　北京师范大学教育学部讲师、博士

李　健　北京师范大学教育学部、中国教育政策研究院讲师、博士、硕士生导师。系本文通讯作者

电子邮箱

jianli209@bnu.edu.cn；eryongxue@bnu.edu.cn

Chapter 3

顺应中的教育坚守与追求

——面向后疫情时代的思考

刘庆昌

> **摘　要：** 学校教育在应对疫情中的变化集中表现为两方面：一是教育技术价值的凸显；二是教育人文意义的缺席。这两种现象所显现的教育的变化，成为后疫情时代教育思考的基础。对教育来说，后疫情时代意味着确定性观念的弱化、对话理性的实在化和教育思想结构的震荡。但无论如何，学生的和谐发展和教育自身的文明化，仍然是教育系统在后疫情时代不变的坚守和追求。
>
> **关键词：** 教育技术；教育人文；教育文明；后疫情时代

异常事件一旦发生并持续，尤其是当它对社会生活产生较大范围和较高程度影响的时候，人们就会产生一种感觉，即自己连同所在环境发生了内在的变化。就像尚未结束的新冠肺炎疫情，它不仅直接影响到普通人的日常生活，还由此间接改变了社会各领域的工作节奏和方式，当然也改变着工作者的心理状态，乃至对人文生活的价值判断。在此背景下，敏锐的思想者意识到一个时代性的转折也属顺理成章。就教育系统而言，作为对突发性疫情的应对，决策者与一线实践者为尽可能保证教育进程与秩序的稳定性，必然要做出认知和行动上的改变，这也意味着教育系统的决策者和实践者必然会理性地对由来已久的工作思维和方式进行调整，以应教育过程持续运行之急需。现在看来，一些曾处于边缘但有意义的举措被系统地采纳，与此同时，一些曾深化为集体无意识但属于教育本质层面的意义反而相对边缘。这无疑是一种值得重视的变化，而这种变化也合情合理。尽管如此，相较于曾经的教育生活常态，教育决策者和实践者仍然会出现思维上的波动。他们不仅需要继续保持指向环境的应变姿态，而且会在预见意识的驱动下思虑未来疫情过后的教育生活。作为其结果，所谓教育的后疫情时代自然会成为兼具现实性和虚拟性的思想背景。实际上，无论我们持有何种态度，疫情已经改变教育的样貌，应该说，这样的改变在一定程度上会促成新的惯性。即使本次疫情在未来成为记忆，它也会成为教育生活必然变化的基础。我相信具有理性能力的人不会容许自己仅仅满足于对挑战性事件的应对，而是会未雨绸缪，对未来新的环境和条件下的教育做出预判，而且会以应对的过程为契机，对教育进行更周延的思考。回顾疫情以来的教育变化，我们自然感知到一些重要的现象，也能够建构出一个教育的后疫情时代意象。基于特殊阶段的感知与思维，我们也有条件借助反思，梳理应对过程中意识到的不变的教育意义，这将是后疫情时代必须坚守和追求的。

一、疫情中的两个现象

回顾2020年初春，由于疫情蔓延的趋势尚不明晰，持续时间、波及范围和影响程度也难以判定，教育系统一时陷于危机，面临挑战。政府的教育行政部门雷厉风行，及时做出"停课不停教、不停学"的决策，而其前提是确保师生的生命安全和身体健康。在限定的条件下，能够保证决策目标实现的基础自然浮出水面，这就是充分发挥网络教育技术的优势，有效组织和运行课程资源，并系统构建与在线教学相匹配的教学管理系统。事实上，这的确使学校教学在疫情期间有序进行，把教育的损失降到了最低。当然，与此同时，一些现象也引起教育研究者和实践者的关切。值得注意的是，这种关切虽然发生在疫情期间，却关乎后疫情时代的教育判断和选择。

1. 教育技术价值的凸显

疫情期间，人们热议最多的莫过于教育技术问题。由于学生居家学习成为几乎是唯一的选择,网络教育、在线教学不再只是教育技术专家的希望,而成为学校教学实际运行的必然依托,"腾讯会议""企业微信""雨课堂""钉钉"等网络信息平台广泛应用。客观事实使人们更加直接地感受到教育技术的力量。我们完全可以想象,如果疫情发生在没有网络信息技术的时代,学校的教学只能在无奈中停顿,整个教育系统的秩序紊乱也会成为必然。存在决定意识。教育技术的现实力量自然也会唤醒和强化人们对教育技术价值的认知。对于教师和学生来说,最直观的感受是曾经发挥辅助作用的教育技术手段成为疫情下教学活动日常的伴随;但对于教育技术专家和教育信息化的钟情者来说,疫情下的教学常态实际上为他们贡献了强调教育技术价值的契机。即便是非教育技术专家的普通教师,也深感近二十年来的教育信息化工作推进对疫情期间教学运行起到强有力的支撑作用。尽管从课程资源、教师的信息素养、硬件条件等方面看,仍无法满足"停课不停学"的理想需求,但教育信息技术的价值已经充分显现。

事实上,为应对信息时代的挑战和发挥现代信息技术的作用,2012年9月5日第一次全国教育信息化工作会议召开,这次会议的立意宏阔,涉及教育模式和学习方式的创新、信息技术与教育教学的全面深度融合,以及教育现代化、建设学习型社会和人力资源强国。2015年又召开了国际教育信息化大会,习近平总书记在致大会的贺信中指出:"因应信息技术的发展,推动教育变革和创新,构建网络化、数字化、个性化、终身化的教育体系,建设'人人皆学、处处能学、时时可学'的学习型社会,培养大批创新人才,是人类共同面临的重大课题。"[1]可以看出,教育信息化问题已经从教育发展战略提升到国家发展战略和人类社会未来发展的高度。在此背景下,学校教育系统的信息化建设进入一个新的阶段。但落实到教育活动操作的层面,最显著的变化应是信息技术与学校教育教学的全面深度融合,与此相适应的则是学校教育信息化建设的突飞猛进。这也是本次疫情期间,学校能够较好实现"停课不停学"的物质和技术基础。

从实效来看,教育信息技术在疫情期间的最大作用,主要体现在为教学内容的传输提供了网络平台,直接解决了师生隔离状态下的远程教学问题,使他们不至于因空间上的隔离而中断有计划的教学运行,当然也为师生教学的深层互动提供了技术上的现实性,理论上也可以向学生提供不差于正常条件下的课程学习资源。因而,学校和家庭只要能够解决信息设备问题,广义的知识教学计划基本可以实施,局部的、高水平的在线教学也能够取得较好的效果。如果再做延伸的思考,教师和学生在新的教学方式运行中,他们自身的教育信息素养和能力也能自然获得训练和提升,这在某种意义上也可以被视为教育技术运用产生的间接价值。更值得注意的是,历经一个周期(学期)的在线教学,师生基本上适应了网络环境下的教和学,这对于新技术与学校教育教学的全面深入融合,客观上无疑起到让师生有效适应教育技术深度介入教学过程的作用。我们由此可以预见,在后疫情时代,教育技术与师生及其教学的联系会更有机,从而使得基于网络环境的各种教学模式实践也会因师生良好的适应性准备而更加顺遂。

2. 教育人文意义的缺席

也许只有在某种极端状态下,事物的完整性,尤其是事物的本质特点才能够被关注。新冠肺炎疫情在一定程度上给教育的完整性和本质呈现提供了一次机会。它既让我们意识到技术在特殊条件下所具有的特殊价值,同时也让我们感知到技术在教育过程中的作用的界限。就疫情期间的在线教学来看,虽然信息技术保证了教学内容和与此相关的教学指令的网络传输,但学校教育的日常生态被新的学习环境替代。曾经的师生现场建构的精神空间被转化为信息设备连接而成的物理空间,作为结果,课堂生活的社会属性和情感属性极度降低。这充分说明了教育的完整意义既不是单纯的知识教学可以促成的,也不是依托技术的网上学习可以完成的。

教育技术价值在疫情中的凸显,显然是因为教育技术之于知识教学的作用。换一个角度,也说明知识教学在学校教育中具有基础地位,以致人们在特殊背景下相对满意于远程在线教学的效果,甚至会粗放地认为,尽管效果不太理想,但学校教育的进程并未中断。在这样的情形中,实际隐藏着人们把教育窄化为知识教学的认识偏差。应该说此种偏差在日常认识中就普遍存在,只是在互联网支持的在线教学中表现得更为突出。若问其原因,一方面是教育日常思维的影响,另一方面则是在线教学在人们的视野中只留下了知识教学的形象。由于知识教学在学校教育中居于基础地位,因而这一过程的基本运行很容易让人们在特殊条件下对学校教育整体持有基本的满意。然而,当人们回过神来的时候,就会发现疫情状态下的完全在线学习仅仅是一种应急和权变之策,学校教育的完整意义,甚至其本质意义,却因教育条件和方式的不得已改变而自然缺席。意义完整的现代学校教育不能脱离系统的知识教学,但在知识教学的基础上,还要培育学生的情感态度价值观,并进一步服务学生的和谐发展。

如果我们不满足于学生成为一个单向度的人,那么他们的情感态度价值观及和谐发展应该更重要。而客观地看,在线教学显然不具有实现这种教育目的的优势,因为被隔离于不同空间的师生,虽然可以通过视频实现"面对面"的交流,但这种"面对面"最多相似于个体化的教学,远不如班级教学状态下集体"面对面"具有的教育影响力。须知"集体面对面(face to face)教学形成的是一种教育环境和教育生态,若个体的学习、教育不能与环境和生态达成和谐与平衡,那就不是一种健康的教育"。[2]当然也可以说,那就不是一种完整意义和真正意义上的教育。而当提及教育的完整意义和真正意义时,我们实际上是在维护教育必须具有的人文意义,具体地说是在唤醒教育以人为目的的重要理念,是在追求教师与学生的心灵互动。即使在网络环境下,技术也只是手段,学生的发展才是教育的目的。"如果过于关注'技术',而忽视了'教育'的真正发生,必然会导致教育为技术所异化,背离教育的本质。"[3]从本次疫情中的在线教育实际来看,由教育生态置换而导致的师生及生生互动严重不足,应是教育完整意义和本质意义减损的重要原因。不过,这也不意味着正常条件下的学校教学互动足够充分,是疫情这一极端状态让我们更清晰地意识到教学中的人际情感和思维互动所负载的教育真谛。

二、教育的后疫情时代

公共卫生意义上的疫情尚未结束,但我国大中小学的教育秩序已基本恢复正常。表面来看,学校的教育教学活动与疫情发生之前并无明显差异,但我们相信教育者的思想生态已经发生微妙的变化。教育者对于教育技术的价值和教育的人文意义不可能没有思虑,不同人之间的区别主要表现在对问题思虑的自觉程度和深刻程度上。如果把思维仅局限于教育领域,那么疫情在教育中激起的涟漪必将平复,毕竟在历史过程中生成的传统完全有力量逐渐遮蔽偶然的疫情带来的物质和精神变化。但如果把思维从教育领域延展到整个社会系统,进而从本土延伸到整个世界,就会发现一次不同寻常的疫情很可能成为使教育传统发生变异的强劲力量。恐怕只有在这样相对广阔的思维中,"后疫情时代"这一概念才具有认识和实践的意义。本次疫情到目前为止显然已经超出公共卫生事件的范畴。从影响空间上说,已经蔓延到全球;从影响到的社会领域来说,已经波及经济、政治和文化;从影响的严重性上说,已经严重阻滞全球化的进程。因此,完全可以说,整个世界虽非完全因为疫情,但疫情的确成为世界全方位和深度裂变的重大诱变因素。随着时间的推移,一个不同于疫情之前的新世界会逐渐成型。无论它好与坏,也无论我们是否愿意接受,这个新世界都将成为我们生活的新背景。在此意义上,人们把这个新世界的产生视为后疫情时代的开始并非夸大其词。而我们关心的是教育在后疫情时代的可能性变化,这就需要我们理性把握教育的后疫情时代。所谓教育的后疫情时代,在我看来当然是指一个具有新特征的、教育运行于其中的历史时期;但从对它的认识上讲,则是要把握其或将持续作用于教育活动系统的重要特征。

1. 确定性观念的弱化

物理学中关于粒子处于摇摆震荡状态、海森堡的测不准原理等,已经颠覆机械决定论的观念,并进一步弱化人们关于事物确定性的信念。这一变化更重要的效果是使复杂性思维观念具有了科学的认识论基础,理论上必然有利于人在与环境互动中的主动性和敏感性的增强。我们注意到激进的认识者对于不确定性持积极欢迎的态度,这不只是因为不确定性是一种客观的事实,还因为不确定性具有改变人们思想和行动墨守成规的潜质。单就思想的产生和发展来说,"不确定性"至少可从海森堡的测不准原理提出算起,时间上已近百年,而与此种思想相关的人物则有爱因斯坦、普里高津等。然而,日常世界的人们对于事物的确定性仍然情有独钟,盖因普通个人的生活经不起剧烈而异常的变化。这种对确定性的情感自然会被人们带到社会生活的各个领域。具体到教育,学校教师在没有外力驱动的条件下,普遍倾向于恪守传统。即使处于教育变革的氛围之中,他们对于新理念和新方法仍会有习惯性的抵制。这种抵制的实质,与其说是一种指向教育变革的消极态度,不如说是他们对存在于教育传统中的确定性的留恋。

当然,程式化的教育生活和相对稳定的环境也在强化着人们的确定性思维。如果环境没有突发性的异变,教育者就会在某种常规下按部就班地从事自己的工作。必须说明,普通的教育者也不会在理性上否认不确定性的存在,但他们又会有意无意地回避和抵制某种不确定性。本次新冠疫情的发生和持续,无疑动摇了人们长期相对稳定的心理世界。生动而残酷的现实,客观上使人们被动地认识到不确定性并非自己主观可以回避和抵制的。当这一切成为事实后,一方面在消极的方向会促生人们的无奈,另一方面则会在积极的方向刺激人们确立应对不确定性的自觉。教育的后疫情时代是与其他社会领域共在的一个时代,在其中,国际风云变幻必然影响各个国家的政治、经济和社会综合决策,而且会影响到国际组织努力方向的顺应性调整。为了应对新环境带来的挑战,国家决策系统势必对国民的素养和能力提出新的要求,进而要求教育系统有所改变。处在这一时期的教育者，他们实际经历了疫情带来的心理危机和职业生活应变，自然形成了对不确定性变化的心理承受能力，同时也会形成对未来各种未知不确定性事件发生的心理准备。乐观而言，在教育的后疫情时代，教育者对于旨在顺应各种突发性挑战的新思想和新方法，会具有比以往更积极的接受态度。

2. 对话理性的实在化

何为对话理性呢？简而言之，就是在相互尊重和理解的人文生活实践中生成的，作为判断、评价和实际行动准则的实践逻辑。在教育生活中，它一方面体现了把受教育者作为思维和行为主体的观念，另一方面体现了教育者力图使受教育者远离物化和奴化处境的意图。如果说确定性观念的弱化是新冠疫情突发与持续在人们意识中形成的被动性结果，那么对话理性的实在化则属于教育的后疫情时代人们极可能做出的主动选择。之所以如此，主要是因为对话在教育思想界早已被人们倡导，而在新世纪以来的教育改革中已经成为高度普及且具有方向性的理念。但实事求是地讲，由于传统教育伦理原则的惯性作用，加之过去重视知识教学的传授型教育模式仍然占据主导地位，学校教师纵然在思想上能够接受对话教育的原则，但一旦步入课堂，展开教学过程，其实践活动仍然容易具有非对话的品格。应该说，进入后疫情时代，传统的教育伦理原则和占据主导地位的传授型教育模式不会立即改观，但疫情本身带给人们的对生命进而对作为生命体的受教育者的重新审视，必然会在一定程度上牵动教育者的对话理性。毕竟实现教育对话原则的最大障碍，并不在于支撑对话的语言和思维的技术，而在于作为教育者的教师如何看待作为教育对象的学生，简而言之，也就是主要取决于教育者的学生观。教育对话原则的实现显然需要教师努力使学生摆脱物化和奴化的处境，因为只有这样，他们的主体性才有可能展现，也才有可能与教师进行平等、自由的心灵相互作用。这一道理已经存在于人文主义的教育思想之中，只是缺乏特殊的机缘使这种道理转化为教师的教育德性。本次新冠疫情客观上成为一种特殊的机缘,它不仅让作为教育者的教师,甚至让全社会成员对人的生命及其价值有了充分思考的机会。

生命的一次性本就显现了它自身的珍贵;生命主体的唯一性即不可替代性则显现了其自身的高贵。因而,珍惜生命,尊重生命主体,事实上已成为人文主义思想的基础和前提。突如其来并快速蔓延的新冠疫情,又一次让人们感受到生命的脆弱和可贵。可以断言,对生命的珍惜、关怀和敬畏,必将成为后疫情时代学校教育的重要主题。但是,仅仅局限于这一层面是远远不够的,原因是与教育的深层本质关系淡薄的生命关怀意识,很容易被简单化为朴素的人道主义精神。对于教育者来说,他们固然有义务从提升学生生命质量和激发学生生命活力的角度对学生实施生命教育,但更重要的是,应该以教育的姿态善待作为生命主体的学生,与学生进行教育性的对话。这里的对话显然不限于日常交往的层面,甚至也不限于知识信息交流的层面,而是与现代性教育伦理相关的,是以师生双方心灵敞开并进行深刻的认知和价值互动为其实质的。这样的对话"也因此成为师生个体展现并进一步获致自我人性的基本路径,甚至可以说,对话就是教学中人性的基本姿态"。[4]其实,这样的观念就蕴含在教育人文主义的思想传统中,与具体的疫情发生并无关系,但我们相信,携带着疫情期间教育记忆和反思的后疫情时代,会向对话的教育理性发出积极的呼唤,从而使教育的对话理性在更加有利的条件下由观念而实在化。

3. 教育思想结构的震荡

从历史的经验来看,疫情中的教育运行以至疫情自身作用于日常生活的细节必将淡出记忆,教育生活和一般日常生活也将回归常态,但这只是生活运动的表象,曾经鲜活的细节一定会在人们的思想深处留下不同性质的痕迹。就目前来说,疫情低风险地区虽然延续着管理上的新举措,但学校内部的教育教学过程的确已经与疫情之前并无二致。然而,教育领域的思想震荡才刚刚开始萌动。这种情况无疑显著地表现为教育思想领域的自觉反思,这当然不意味着教育思想的震荡仅仅是教育思想领域的事情。思想者某种意义上是教育领域全体成员的代言者,如果说他们有什么特别之处,那就是他们以自己的职责行为保留和组织了疫情带来的反思,并把这种并非虚构的反思反馈给教育领域的其他成员,最终使疫情的影响不只留下消极的后果。实际上,高度文明的现代社会已经融汇了几千年历史中正反两方面的经验,任何突发事件也许在其起因上具有新奇特征,但严格地讲很难促生全新的思想元素,而对于已有的思想结构,必然会起到震荡作用。震荡之后的思想结构,短期内可能会发生过度的反向运动,但随着时间的推移,原有的思想结构一定会在新的水平上实现新的平衡。就学校教育而言,自近代以来,因教育与经济系统的联系逐渐紧密,教育在古代化民成俗的基础上愈来愈重视人之于社会生产的工具属性,以致"人究竟是目的还是手段"成为一个基本的教育哲学问题。以此为逻辑起点,人的全面发展和片面发展自然也成为问题,与此相联系的则是科学主义和人文主义思想在互动中的冲突与融合。

　　经历了疫情的冲击,生命的价值一时备受关注。理想主义者会更自信和诗意地弘扬人的价值;现实主义者也会基于现实的逻辑接受自己意识中的"人是目的"观念。这两种有差异的思维,因其结果均指向人自身的利益,应在教育的后疫情时代和睦相处,不用说,这一变化的最积极成果应是教育的人文思想在实践者那里不再是一种脱离实际的说辞。这样的成果当然要归功于直接危及人生命的重大疫情,它让最普通的人也能意识到,在人的生命面前,其他一切都处于次要地位。再由此延伸下去,更本质的人的精神的存在价值和自我实现的意义,在疫情过后也会更容易被人们重视。在本次疫情中,技术的支持虽然在形式上解决了教学运行的难题,但学生居家学习中的各种不适应也暴露出平常被遮蔽的学校教育缺陷。我们知道,学生的不适应集中体现为自觉、自律、独立等品质和能力的孱弱,质言之,学生主体性的残缺在失去教师约束和同学陪伴的条件下暴露得淋漓尽致。这分明昭示了学校教育虽然不可能忘却"育人"的责任,但其主导性的思维还是与知识教学和相关训练过程捆绑在一起的。而备受教育人文主义者诟病的教育技术主义倾向,正是这种客观实际的自然后果。顺便指出,教育人文主义并不是一个新概念,其本质就是教育生活中的人文主义倾向。只有在类似于疫情肆虐这种极端状态中,人的片面发展的害处才会高强度显现,反过来,人的全面发展的价值也才能从较遥远的理念变为实际支配教育行为的教育者个人信念。

无论是关于"人是目的"与"人是手段"的冲突,还是"人的全面发展"与"人的片面发展的"的纠结,说到底还是价值理性与工具理性的平衡问题,而这一问题的实质则是人们思考同一对象时所选择的参照系存在差异。在个人与社会的统一中,人既是目的,又是手段;在理想与现实的互参中,人最好能全面发展,但人很可能只是获得片面的发展。历史的进步与社会的发展,事实上是在看似对立的两个方面不断整合与重组的过程中进行的,所谓教育思想结构的震荡就发生和存在于这一历史辩证的过程之中。即使考虑到自然的遗忘现象,我们仍然可以肯定,追求效率和某方面效果的科学和技术思维仍将得到强化,而为教育赋予意义的人文价值思维则将不再信誓旦旦而难以操作。疫情中的在线教学在使教育技术价值凸显的同时,也使教育人文主义者不能不正视教育技术的作用和技术理性的价值;而在线教学和学生居家学习暴露出的学校教育的不足,也会让教育技术主义者正视和审视教育人文精神之于教育的特殊意义。在后疫情时代,教育思想的内在结构经过必要的震荡过程,应能在更高水平实现辩证和平衡。

三、 必要的教育坚守和追求

如果把新冠疫情影响下的生活环境视为极端状态,那么基于网络技术的在线教学就是极端状态下的教育操作。极端状态下的事物,其纯粹的结构容易浮现出来,而此纯粹结构因曾经的修饰物和遮蔽物脱落,其深层的完美和残缺也容易暴露。回顾持续了一个学期的在线教学,不难意识到知识的传授以及与此紧密相连的知识应用在学校教育中的基础地位。正是这种基础地位,使得人们能够粗放地认为:学校教育的效果固然有所减损,甚至教育之"育"的意义明显衰退,但学校教育并未因疫情的影响而中断。然而,在及时的反思中,我们几乎不需要努力便意识到,学校教育绝不仅仅是要完成知识教学的任务,在此之外的学生人格发展、心理健康、社会性建构、主体性完成以及情感态度价值观的培育,才是更贴近教育真谛和本质的问题。疫情中的学校教育,其最大的变化是教学形式的变化,教育技术为此提供了简明的现实性,并为其进一步的复杂化提供了可能性。这一因顺应疫情而形成的经验,对于未来信息技术与学校教育教学的深度融合无疑具有重要的推进作用,但其积极的意义不局限于此。它客观上也使人们更加清晰地认识到,学校教育不变的意义是,后疫情时代的教育必须坚守和追求具有递进关系的两个方面。

首先是作为生命主体的学生的和谐发展。和谐发展是一个古老的教育观念,仅就自觉的教育思想而言,远可以追溯到亚里士多德,近可以说到苏霍姆林斯基,其要义是,人的发展应在基本的素养领域之间形成符合规律与符合个体效能最大化的结构均衡,近似于人的全面发展这一观念。实事求是地说,学生和谐发展或是全面发展的理念已经深入人心,但教育的现实纠结和特定的历史发展阶段特点决定了此种理念至今仍具有理想色彩。而且,在教育实践中,学校教师即使心存教育的理想,也会被普遍的知识教学模式同化,积重难返的应试教育流弊也会左右教师的教育思维和行动,这也应是技术主义容易在学校教育过程中扎根的重要原因。本次疫情使教育技术的价值得以充分显现,这一方面实属必然,另一方面也会在一定程度上使教育技术理性自然反弹,如不对其做理性的处理,必然会使人的和谐发展观念比以往更为边缘。正因此,在后疫情时代,对人的和谐发展的坚守才显得尤为重要。当然,这也是一个不可忽视的契机,因为极端状态所激起的理性反思,在教育思想结构的重整上,会具有平常生活所不具有的力量。

其次是服务于学生和谐发展的教育文明化。纵观教育的历史发展,在今天已经充分显现出教育文明化和专业化两个主题。其中的专业化在某种意义上也属于教育文明化问题,只是它更偏重纯粹认知和技术的侧面,在日常思维及其语境中实际上成为与狭义的伦理、政治相对应的专业化问题。基于此,我们所说的教育文明化自然是偏重教育人文内涵的,更强调教育生活中的伦理关系和以师生心灵世界为对应方的教育性交往关系。进一步讲,教育文明化在我们这里,主要是指教育自身随着历史的进步,在与物质相对应的精神侧面和与技术相对应的价值维度不断提升的过程。有一点很值得欣慰,即疫情状态下的在线教学使人们普遍意识到学校教育现场中的集体化教育交往之于教育的特殊意义。疫情期间,不仅仅是教师,更重要的是居家学习的学生,深切地感受到失去日常教育生活场域而产生的不适应。学生们也许对平常的教育生活并没有很满意,但当这种生活的基础突然消失的时候,他们更能够体悟到它内在的价值。究其深层的原理,则不外乎曾经虽不完美却是完整的教育生活被意外的事件解构,以致教育被简化为相对单纯的知识教学。然而,教学不只在理论上,在现实意义上也不等同于教育。即便在课程改革运动中,教学的目标被设定为知识与技能、过程与方法及情感态度价值观三维结构,也必须有整体的教育氛围而非相对单纯的线上教学平台可以使其实现。这充分说明,与认知的和技术的元素紧密结合的教育专业化是具有明显局限性的。只有专业化的和文明化的双重追求相生相长,才能使教育具有有利于人和谐或全面发展的完整性。

应该说,教育的后疫情时代正在逼近。理性的人类必然不会错过郑重审视教育的重要机会。面向未来深思教育本身,一系列的问题会跃入我们的意识:疫情让传统教育暴露出什么问题?疫情使何种事物的价值得到彰显?疫情刺激了什么积极因素的作用?疫情又刺激了什么消极因素的作用?疫情边缘化了什么积极因素?疫情又边缘化了什么消极因素?我相信,这一系列的问题在未来必定会不断地牵动我们的思考,并会借助我们的思考进一步影响我们的教育思维和行动。对突发性事件的自觉顺应,既在改变曾经被司空见惯的稳定状态,同时也使变化中不变的教育意义得到彰显。作为相对直接的效果,教育中的技术理性与人文理性会更加有机地结合,同为教育目标的知识传承与育人成才会更加相融共生,共作教育手段的情感互动与思维共振也会更加相得益彰。若能有此收获,则疫情导致的短期教育危机,可在我们的理性积极作用下成为使教育更加完美的宝贵机遇。

参考文献

[1] 习近平.致国际教育信息化大会的贺信[N].人民日报,2015-5-24(2).

[2][3] 杨扬,张志强,吴冠军,张丰,吴勇毅,苏德,周跃良,王鉴,李政涛,朱德全,李芒,辛涛,袁振国."疫情下的信息技术与在线教学"笔谈[J].基础教育,2020,17(3):48-60.

[4] 刘铁芳.起兴、启发与对话:走向生命整全的教学技艺[J].全球教育展望,2019(9):24-38.

作者简介

刘庆昌　教育学博士,山西大学教育科学学院教授、院长,主要从事教育哲学和课程与教学论研究

电子邮箱

lqc@sxu.edu.cn

Chapter 4

后疫情时代的教育挑战及教育治理变革
——一种系统分析的视角*

鲍传友　曾汶婷

> **摘　要：** 后疫情时代风险和不确定性日益增加，信息化成为人们生存的主要方式，而且管理日趋数据化。基于组织变革的系统模式分析，由疫情带来的人的观念与社会环境的变化，使教育目标及任务、方法及技术手段、人员及结构等诸多要素面临新的挑战。在后疫情时代更加复杂的治理情境下，教育需要在治理目标、治理主体及其关系、治理内容与结构上深刻变革，以回应后疫情时代的教育挑战。
>
> **关键词：** 后疫情时代；教育挑战；教育治理；系统分析

2020年初，一场突如其来的疫情深刻地影响了人类的生产生活，人员及物资流动受限，经济出现系统性停滞；教育系统也受到巨大冲击，学校延期开学，居家学习成为上半年大中小学生的生活常态。这场突如其来的疫情打乱了整个世界的宁静和秩序，给所有人的工作和生活带来了前所未有的挑战。学校作为社会系统的重要组成部分，在突如其来的危机面前经受了巨大冲击。各级政府、学校和全社会的努力，以及现代信息技术手段的广泛运用，最大限度地降低了疫情对学校教育带来的负面影响。然而这一过程仍暴露出教育发展中潜在的问题以及现行教育治理体系的若干缺陷。比如，学校的线上学习设备严重短缺，教师线上教学能力准备

---

* 本文系北京市教育科学研究"十三五"规划2018年度重点课题"基于管办评分离的学区治理结构和机制研究"（项目编号：BACA18041）的阶段性成果。

不足,线上学习效率低下和难以检测,线上教学资源良莠不齐,学校应对危机的资源与能力不足等。这些问题在很大程度上制约了教育系统的功能,成为未来教育治理改革需要直面的现实问题。

一、后疫情时代的基本特征

尽管世界范围内疫情仍在肆虐,但中国率先控制了疫情的蔓延,人们的生活和工作正在恢复正常。相信在人类的共同努力下,疫情终将过去,成为这个世界留给人类的一段悲怆和艰难的记忆。然而,进入后疫情时代,人类难以再回到疫情以前的世界,人们需要接受和适应一些新的变化。

1. 风险和不确定性日益增加

正如德国社会学家乌尔里希·贝克(Ulrich Beck)所言:"在全球化发展背景下,由于人类实践所导致的全球性风险占据主导地位的社会发展阶段,在这样的社会里,各种全球性风险对人类的生存和发展存在着严重的威胁。""进入风险社会后,风险具有'飞去来器效应'——任何人、任何国家如果自以为得益于风险,也必将被风险所'回报',没有谁可以独善其身。"[1]新冠肺炎疫情在全世界的大流行正是对这个判断的最好佐证。人类社会在高速发展的同时,也正在面临新的风险和更多的不确定性。这些风险将具有更多的不可预测性,其严重程度超出预警检测和事后处理的能力。评估的难度增加,风险造成的灾难不再局限在发生地。毫无疑问,在后疫情时代的中国,在发展速度日益加快的同时,风险发生的可能性和不确定性都在大大增加,风险管控和治理的难度也在增大。

2. 信息化成为人们生存的主要方式

疫情期间,人们被迫居家,只能通过网络购物消费、娱乐交往,乃至工作和学习,信息技术在社会生活中的广泛影响和其应对危机的强大功能得以充分展现。可以预见,进入后疫情时代,信息化生存将成为人们交往、工作和学习的主要方式之一。但与此同时,虚假信息、恶意编造的谣言、不健康信息在各种社交平台上也泛滥成灾,严重扰乱视线,混淆视听,甚至左右着公众对事件真相的判断。因此在后疫情时代,在网络互动逐渐取代面对面的交流,成为人们日常交往的主要方式时,如何确保信息的准确性和及时性,如何防范不良信息的干扰,将成为信息社会治理的重要任务。

3. 管理日趋数据化

中国疫情防控的成功不仅展现了中国特色社会主义制度和领导体系的强大力量,更是人民群众相信科学和依靠科学的结果,病毒溯源、快速核酸检测、健康码、病例追踪、人脸识别、常规动态管控、精准防控、疫情信息通报、医疗资源和食品的精准投送等,无一不是现代科技手段的应用。大数据管理成为快速控制疫情的重要手段和工具。进入后疫情时代,数字化不仅是一种管理方式,也会是一种生活方式,甚至是一种新的政治文明。唯有实行大数据管理,才能从根本上解决管理的精准性和有效性问题,才能真正走向管理的科学化。

二、 后疫情时代教育面临的挑战

显然,疫情不是一个孤立的事件,它不仅改变了人们的生活和工作方式,更重要的是改变了人们对世界的认知,也在重新塑造这个世界,从而建构一个全新的社会环境和教育环境。学校组织作为社会子系统,必然受到环境变化的深刻影响。在后疫情时代展现出的新的社会特征背景下,学校教育将面临哪些新的挑战,应该如何变革,是值得深入思考的问题。

管理领域关注组织变革由来已久,有很多成熟的变革理论和模式,比如勒温（Lewin）的变革三阶段模式，罗宾斯特-克茨（Robinstuart-Kotze）的情景变革模式等，都从某个角度、某个因素出发，探讨了组织变革的一般规律，尝试解释组织变革的动因和趋势。其中影响比较大的当属哈罗德·莱维特（Harold Leavitt）1983年提出的组织变革的系统模式。他将组织变革概括为四个方面，分别是任务、人员、技术和组织结构（见图1）。[2] 其中，任务是指组织设立的目标和任务；人员是指组织领导人员及员工的态度、技能、期望、信念和风格等；技术是指组织的制造产品、维持经营的技术装备和工艺方法；组织结构包括权责分工、机构设置、集权程度、协调方式等。莱维特指出，这四个方面的变革是紧密相连的，具

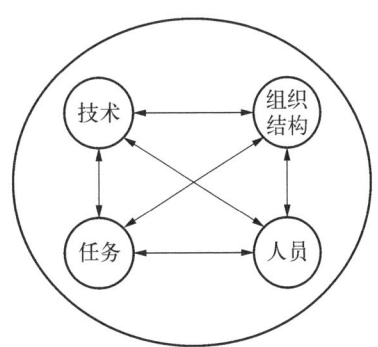

图1 组织变革的系统模式

有相互依赖性。以企业为例，调整产品结构，改产某种技术先进的新产品，就相应地要求变革生产技术，要求相应提高组织全体成员的素质，调整组织结构和管理等，因此这四方面的变革是同时发生的。[3] 这个模型为我们分析教育组织变革提供了很好的框架。

由于疫情深刻地改变了人们对生活和世界的认识，改变了人们的生活方式和生活环境，教育系统的技术、结构、任务和人员等要素及其关系也在不断变化和调整，从而给教育带来了一系列新的挑战。

1. 对教育目标和任务的挑战

长期以来，教育更多关注学生认知层面的发展，以分科学习为表征的知识体系主要指向学生的未来应用场景。此次疫情使我们重新反思学什么、怎么学的问题。首先，生存和生活问题是开展一切其他社会活动的前提，学生除了提高认知能力以外，也需要具备基本的生存能力和健康的生活习惯，而以往的教育系统以知识教育为主，忽略了科学知识与健康生活之间的联系。疫情还使人意识到自然危机的严重性，人类生命的脆弱性。

除未来可能用到的学科知识以外,学生首先需要认识到生命的脆弱和珍贵,其次要掌握必备的生活技能以应对当下的突发状况。而以往的学校教育目标以学习成绩为主,在国家课程体系中也没有独立的健康教育课程,[4]这已无法适应未来的环境挑战。此外,在传统课堂中,教师除了教学,还要监督学生的学习,但线上教育使师生时空分离,弱化了教师的监督职能,如果学生的主动性和自主性没有得到调动和培养,其学习效果将大打折扣。因此,培养学生的自控力,让学生学会自主学习变得尤为重要。

2. 对教育方法和技术手段的挑战

疫情防控常态化以后,社会生产生活秩序基本恢复,师生也回到了课堂,然而在线学习已经成为大多数学生习惯的新的学习方式,学校无法忽视网络和技术的力量而重新回到一个时空固定的学习模式,这对当下教育方法和技术手段提出了新的要求。

传统的教学模式中主要以教师传授为主,教师垄断了知识的权威。虽然以学生为中心的课堂教学改革已经呼唤多年,但在教学方式方法不变的情况下,师生主体关系很难发生真正转变。在家学习、线上教学等以现代技术手段为基础的教学形态,不仅打破了传统的教学时空限制,也迫使教师转变角色,真正尊重学生的学习兴趣、学习需要,让教育在非现场的场景中发生,因而学生主体不仅是一种理念,更是一种完成教学任务,提高教学效率的最为有效的方法和手段。

随着信息技术的发展,互联网+成为很多行业创新的手段和存在方式。然后,长期以来教育领域对技术的反应并没有我们预期的那么强烈,即便是在装备精良的学校,技术也远未成为推进教学改革的重要力量,更遑论那些欠缺技术设备的学校。技术应用意识不强、频率不高、效率低下等现象在当下的学校中十分普遍。疫情发生后,让大多数学校重新认识到技术的力量,以及对于未来教育教学改革的价值和意义,必须把技术因素作为学校变革和发展的重要变量。

3. 对教育工作者的挑战

席卷全球的疫情既是对政府公共危机应对意识和能力的考验,也是对每个人的素质、能力和公共意识与精神的检验。学校作为育人的场所,理应回应后疫情时代对社会治理和人的能力发展所提出的新要求。

首先,对教师来说,必须强化危机意识,"事不关己高高挂起""两耳不闻窗外事,一心只'教'圣贤书"显然不能适应后疫情时代的需要,未雨绸缪,培养忧患意识和危机应对能力,将成为每位教师专业能力的必要组成部分。

其次,因疫情防控需要而被迫居家学习,使人们真正认识到信息技术对学习方式的影响,也促进了人们更多地关注和使用网上学习资源,改变了人们的学习观念和学习习惯。线下与线上混合教学和学习将成为后疫情时代的一种新模式,这对教师的信息技术使用能力提出更高要求。实际上,在疫情期间,不少教师由于缺乏过硬的信息技术能力,线上资源使用和开发能力不足,在教学情境发生重大变化时,难以自由切换和组合调整,出现诸多不适反应,造成"在家学习"流于形式和学习效率低下等诸多问题。网络学习的去中心化、流动化和个性化,大大拓展了学生的学习空间,形成以学生为单位的学习中心,学生可以向学习空间输出资源和信息;教材不再是唯一的知识源,自我生活实践以及他人知识共享可以与教材结合起来,形成具有流动性的"知识流";学习制度安排不再统一,而是可以根据个人需求和特点灵活调整。这都需要教育工作者具备先进的教学理念、复杂的思维能力和应变能力。

最后,疫情期间的教育开展不仅与学校自身的努力有关,更展现了社会广泛参与对教育发展的意义和重要性。进入后疫情时代,面临"不确定性"日益增多的教育环境,仅仅靠学校内部的教育力量已经很难应对这些变化,教育工作者的范畴将日益扩展,家长、热心教育的人士和专业人员将通过各种途径参与到教育中来。线上教育的开放性使得学生有更多自由选择自己的"教师",这些群体的加入将拓宽以往有关教育人员的规定范畴,使得教育管理变得更加复杂。

4. 对教育结构的挑战

疫情之前,学校普遍具有原子化的特征,即学校之间交流少,资源几乎不共享。一些学校由于线上教育理念比较先进,早已开发不少线上课程,而且教师的线上教学能力较强;而一些学校无论是教学资源还是师资,都存在困难。即使在一个片区,教育资源也存在不均衡的现象。学校与家长、社区的互动交流也有限,后者在学校教育中只处于边缘地位。学校如同一个"黑箱",主要向家庭和社会输出信息和产品,而较少从家庭和社会吸取信息和资源,导致学校教育系统的回应性差,容易引起与其他利益主体的矛盾。这次疫情让我们看到学校、家庭和社会亟需更深入紧密的联系,学生学习场景的转换要求更有效的家校合作,疫情防控问题要求学校与社区协同努力。

教育系统具有明显的层级性。长期以来,从中央政府到地方政府,从地方政府到各级教育行政管理部门,从教育行政管理部门到学校,形成纵向的长管理链条,从而降低了应对危机时信息的传导效率,减缓了学校的响应速度,不能及时回应环境的要求。

在后疫情时代,学生的学习场景将突破传统的教室空间,走向家庭,走向社会,这要求打破学校的原子化状态,以满足不同场景下学生的发展需求。危机常态化的背景下,教育系统需要提高其自身对环境变化的回应性,以往层级式的教育系统发挥的作用有限,这要求建立基于学校的信息反馈系统。同时,在面对公共性突发事件时,学校不应作为孤立的主体面对环境中的风险,而应该是从家庭、社会中得到及时反馈,并快速将情况上传到教育决策部门。这都要求改变现有的教育组织结构,建立更具回应性的学校教育系统。

三、后疫情时代的教育治理变革

随着自然和社会系统的不确定性增加,后疫情时代将成为一个危机常态化的时代,教育系统将面临更复杂的治理情境,学校教育在目标、人员、技术和组织结构方面面临的诸多转变对传统常规化的教育治理思维形成挑战,教育治理需要从目标、主体、内容、结构和方式等方面予以系统性变革和回应。

1. 教育治理目标的变革

疫情让人们重新审视过去的生活方式和追求,重新思考学校教育的理念、目标和内容。学校教育不仅要关注学生的认知发展,也要关注学生的身心健康;不仅要关注学生的学习成绩,也要关注学生的自主学习能力;更重要的是,要加强科学精神和人文素养教育。教育目标上的这些变化使得许多非学校教育因素正悄然加入学生的学习过程中,学生正从学校化社会走向学习化社会,[5]这也就要求教育治理目标的相应变革。教育治理的最终目标不仅是培养杰出的人才,而且是培养和呵护身心健康的人。比学习成绩更重要的是生命和道德,因此要联合学校、家庭和社会强化生命教育和道德教育,对学生进行道德与责任感教育、个人防护与公共卫生知识普及等,从而促进学生的生命和谐发展。同时,要注重发展学生崇尚科学的态度和理性思维,培养学生的科学素养和人文底蕴,既从价值观和信念上形成对自然的敬畏感,又从科学上了解人与自然和谐相处的法则。

2. 教育治理主体及其关系的变革

疫情终究会结束,但是环境中的各种不稳定因素仍然在增多,自然灾害、政治动荡和公共卫生事件等仍然在世界各地频繁上演,这将使后疫情时代的社会更复杂。教育系统必须具备更高水平的公共危机管理意识,以适应各种突发性和偶然性的环境变化。不仅政府应该具备危机意识,提高公共危机管理能力,教育系统中的每一个主体都应该提高公共危机意识,并具备承担危机管理责任的能力,只有这样,才能使整个教育系统的风险防范与危机化解能力得到增强。

其一,强化政府职能。在集体行动中,个人的理性行为结果不一定符合公共利益。因此,在社会规模的危机管理任务面前,需要一个强大的组织者来统筹规范个体行为。为了应对疫情带来的冲击,从中央到地方,从地方到社区,从社区到每家每户,疫情防控层层把控、步步落实;企业和公共部门在政府的统一指挥下各司其职,确保了人财物资源的有效供给。这让我们认识到政府强大的组织和动员优势。后疫情时代教育治理体系中,政府仍然处于中枢地位,需充分发挥集中动员优势,协调各主体的行动,从而在紧急情况下形成强大合力。

其二,管理重心下移。虽然危机常态化下的教育治理仍强调政府的主导作用,但在应对公共危机时,如果局限于政府单一主体,将很难保障及时的回应与应对,由此将导致系统难以应对环境突发状况,错过化解危机的最佳时机。詹姆斯·C.斯科特(James C. Scott)在《国家的视角》一书中剖析了那些为人民和景观的现代化而设计出的项目是如何忽视生态和社会生活的基本事实,甚至在产生致命结果时仍被继续推行的原因,他指出:"实践知识、非正式过程和不可预见的偶发事件面前的随机行动的作用是不可替代的。"[6]而这种随机行动是具有不易言传、经验化和地方化特征的。地方性的知识和经验在应对随机事件时体现出更强的适应性和灵活性,因此地方的功能应该得到重视。这里的地方可以理解为相对于中央政府的地方政府,也可以理解为相对于政府教育行政部门的学校,后者对教育情景的把握往往好于前者。

突发性公共危机事件往往先从局部发生,地方化和情景化信息的获取十分关键,而掌握这些信息的往往是基层组织。因此,首先应建立基层信息传导机制,提高基层信息反馈能力。一旦危机出现,基层政府或学校需利用网络信息手段及时向有关决策部门发出信号,决策层的反馈及时传导到执行层,从而提高危机应对的精准性。为提高应急速度,中央政府还应授予地方政府制定具有地方针对性的预案体系及紧急情况应急处置预案的权力,政府应该授权学校形成"一校一案"的应急处理方案,同时,地方政府和学校承担相应的应急处理责任。[7]其次,对资源掌握情况最为了解的是地方教育行政部门或学校。在同一地区,有的学校硬件设施多而教师配备少,有的学校网上资源多,而有的学校几乎没有。这都可以通过基层的自主互通来实现资源的均衡配置,从而保障每个学生能有设备和网络进行线上学习,每所学校有网上资源可供教师教学。

3. 教育治理内容的变革

一是危机应对常态化。在危机应对上,需要调动各主体的主动性。政府可以通过制定学校应急处理指南、家庭教育指导手册等手段来强化学校、社区和家庭的危机意识,提高其应对危机的能力。要加大投入建设危机预警机制,在紧急情况发生时及时向各主体发出信号,做好危机监控及信息分析工作。要建立常态化的应急机制,以确保危机发生之时各主体依法行使权力,承担各自职责。要进一步加强教育改革与发展宏观战略研究,明确危机发生时如何快速启动应急机制,如何协调统筹政府内部各部门之间的权责关系、政府与学校及社会主体的权责关系等,以确保各方能在第一时间明确权力与职责,采取主动行动,从而提高统筹的科学性和管理的有效性。

二是转变教育资源供给方式。长期以来,政府承担着教育资源主要供给的责任,市场和社会的供给力量不足。疫情期间,单纯依靠政府的教育资源输出无法满足如此大体量的教育供给,[8]于是高校、企业和社会公益组织充当了补给的角色,与政府及其相关部门共同组成了教育资源的供给网络。这一转变打破了长期以来政府垄断资源供给的局面,使得企业等社会组织有了实在的参与感,也丰富了学校可使用的线上教育教学资源。后疫情时代,需以学校为中心整合各主体提供的资源,在更大的虚拟范围内走向教育资源的联合体。[9]这次疫情中线上教育企业、高校、中小学在提供教育资源方面发挥了重要作用,其中在线教育企业在技术和平台方面优势突出,主要负责实现基于互联网的线上教学资源开发。实体学校间的隔阂被打破,学校教育资源作为一种具有非排他性、不可分割性的公共资源,将通过学校之间的分享变得更丰富,学校之间需要形成资源共享联盟,以实现互通有无的目标。

三是线上教学管理成为教育治理新任务。后疫情时代是线上线下教育融合的时代,在充分保障线上教育资源供给的前提下,加大对线上教学的管理,政府要发挥线上教学的管理职能,包括加强在线教育法律法规顶层设计、完善在线教育行业认证和准入制和建立在线教育预付费管理制度和风险金备金制度。[10]通过一系列的法律和制度来规范网上教育资源和网上教学的开展。除此之外,政府还应发挥引导和监督的功能。一方面要通过制定政策引导更多在线教育企业和社会非营利组织加入,为其提供更多更好的发展平台,来调动企业参与资源供给的积极性;另一方面要在学校与企业、社会组织的互动过程中监督其依法采购,确保师生利益得到保障。

四是家校社合作将走向制度化。传统教育制度以学校为单位分场合和时间开展教学,学校具有相对封闭性和孤立性。学校之间、学校与社会和家庭之间都少有资源、信息和能量的交流。疫情期间,许多学校苦于线上学习资源的匮乏,无法有效组织教育教学活动,反映出传统教育制度的弊端。教育系统中各主体需要不断进行交互,以提高系统自我优化和适应外部环境的能力。后疫情时代,需建构各级各类学校之间以及学校组织与在线教育公司、社会教育组织、家庭和社区互联互通的新机制,[11]以破解学校的封闭化状态。

此次疫情中,家校、校社矛盾以及家长与学生矛盾频出,原因在于一些学校缺乏与家长和社区沟通的有效机制,同时缺乏对家长的教育指导,导致各方信息传递不及时,出现矛盾和冲突。可以通过建立具有广泛社会基础的决策咨询委员会,确保家长、社区等的诉求在教育系统中被考虑、采纳和得到反馈。通过建立健全政府重大教育决策调研论证、公众参与、社会听证、质询等程序和制度,教育协商议事制度,社会各方建言教育的正式渠道,就重要教育事项,听取社会各界人士对教育的意见和建议。[12]

4. 教育治理结构和方式的变革

德鲁克(Peter F. Drucker)在《管理的实践》一书中阐述了技术的变革

对管理层的要求,他指出新技术不但不会造成垄断的状况,反而会要求高度的分权、弹性和自主管理。[13]现代信息技术在疫情中发挥的信息传递作用启示我们,技术的进步将带来信息的普及、公开和透明化,使得主体的认知参与能力大大提升,从而在一定程度上改变传统的垂直封闭性的官僚制组织。后疫情时代需要构建基于网络的治理结构。

疫情期间,学校需要同时兼顾疫情防控和线上教学,很多任务已经超越学校的专业范畴,单靠学校自身很难胜任多项工作。因为疫情防控工作涉及教育、医药卫生、交通等众多部门之间的配合与协调,而线上教学则需要教育、电信、公安等多部门协同来保障秩序和网络环境。应通过计算机网络将政府各部门的信息及决策串联起来,加大部门之间的沟通,增强部门之间的资源传递,使得政府的整体行动更具统一性,建立政府内部更紧密的横向连接。

政府应通过信息技术随时对危机发展的状况进行跟踪,并及时向学校和社会公众反馈,从而将政府、学校、社会三者有机地联结起来。由于每个学校情况不同,因此政府需要向学校放权,将治理重心下移,让学校自己根据实际情况采取必要措施。这要求各级政府、各个行政部门切实转变职能,重点通过信息网络技术平台加强服务和监督管理职能,而把具体应对的决策权下放到学校,并提供学校必要的技术及财政支持。履行政府职能的方式也应由以行政手段为主转向综合运用经济、法律、信息和必要的行政手段,[14]以提高服务和监督的科学性和及时性。

参考文献

[1] 乌尔里希·贝克.风险社会[M].何博闻,译.南京:译林出版社,2003:15-16.
[2] 吴志宏.教育行政学[M].北京:人民教育出版社,2000:84.
[3] 孟领.西方组织变革模型综述[J].首都经济贸易大学学报,2005(01):90-92.
[4] 殷梦昆.健康教育要以深刻变革适应时代需要——新型冠状病毒肺炎疫情防控带来的思考[J].中国学校体育,2020,39(05):60-61.
[5][10] 冯建军.后疫情时期重构教育新常态[J].中国电化教育,2020(09):1-6.
[6] 詹姆斯·C.斯科特.国家的视角[M].北京:社会科学文献出版社,2004.
[7][12][14] 钟秉林,朱德全,李立国,洪成文,柳友荣,张东,薄存旭,蒋华林,廖伟伟,管华,周序,王硕旺,张务农.重大疫情下的教育治理(笔谈)[J].重庆高教研究,2020,8(02):5-24.

[8] 李政涛.基础教育的后疫情时代,是"双线混融教学"的新时代[J].中国教育学刊,2020(05):5.

[9][11] 范国睿.后大流行时代的教育生态重建[J].复旦教育论坛,2020,18(04):12-28.

[13] 彼得·德鲁克.管理的实践[M].北京:机械工业出版社,2006:66.

作者简介

鲍传友　北京师范大学教育学部教授、博士生导师,主要从事教育管理与政策、教育领导力研究

曾汶婷　北京师范大学教育学部研究生

电子邮箱

bcyfirst@sina.com

通信地址

鲍传友　北京市海淀区新街口外大街19号北京师范大学英栋楼551室

Chapter 5

重大疫情下学校关闭对中小学生学情影响的国际实证研究综述*

张佳伟　顾月华　滕诗琪

> **摘　要：** 新型冠状病毒肺炎疫情爆发后,学校关闭作为非药物干预措施的一种,在全球范围内广泛施行。本研究聚焦中小学生学情分析,回顾了国际上关于学校关闭对学生家庭、教育公平、学生学业学习、学生身心健康方面影响的实证研究,并为未来的研究指明了几个方向:首先,就重大疫情下学校关闭对学情的影响,可以进一步聚焦改进教与学的分析;其次,要重视重疫情期间学校关闭所带来的儿童心理问题;最后,脆弱性理论可以成为建构重大疫情下有效教育支持系统的一个方向。
>
> **关键词：** 重大疫情;学校关闭;中小学生学情;实证研究;文献综述

新型冠状病毒肺炎(COVID-19)疫情被世界卫生组织列为"国际关注的突发公共卫生事件"。非药物干预策略和社会隔离措施对于缓解重大疫情的传播具有重要作用,而众多干预策略中的一项就是"学校关闭"。学校关闭(school closure)是一种非药物干预的有助于保障公共卫生应对流行性疾病传播和扩散的重要手段,包括关闭校舍,暂停课堂现场教学,停课和教职工及学生的解散或撤离。[1][2] 2020年3月18日,联合国教育、科学及文化组织估计,受COVID-19疫情影响,107个国家实施了全国性学校关闭,影响了8.62亿儿童和青少年,约占全球学生人数的一半。[3]国际

---

* 本文系2020年度江苏省重点智库课题"突发公共卫生事件中教育精准施策机制研究"的阶段性成果。

上已就减少全球学习中断开展研究,如 2020 年 3 月,经济合作与发展组织(Organization for Economic Co-operation and Development,简称 OECD)在全球范围调研了教育系统如何应对疫情以及大规模在线教育面临的挑战。近年来围绕重大疫情中教育系统的研究多从公共卫生的角度展开,但关于疫情发生后学校关闭的关键问题——中小学的学情分析,仍缺乏专业性研究与建议。

因此,本文采用文本分析的方法对既有的国际实证研究进行梳理,以文献的可获得性和高质量为原则,将检索范围确定为社会科学研究中最具权威性的 Social Science Citation Index(SSCI)数据库,时间限定为 2000—2020 年。为了保证检索结果的全面性,在文献检索过程中,笔者以"pandemic""public health emergency""school closure""school closing""student""education""learning""influence""online learning"为关键词进行多种组合检索,共检索到 548 条结果,从时间上看,主要集中于 2020 年(具体年份和数量见图 1);内容涵盖教师教育、如何帮助教师为在线教育做好准备、大学相关(学生实习、大学线上教育的情况、大学应对新冠肺炎疫情的经验、大学生心理健康)、疫情时期教育评价问题的思考、对中小

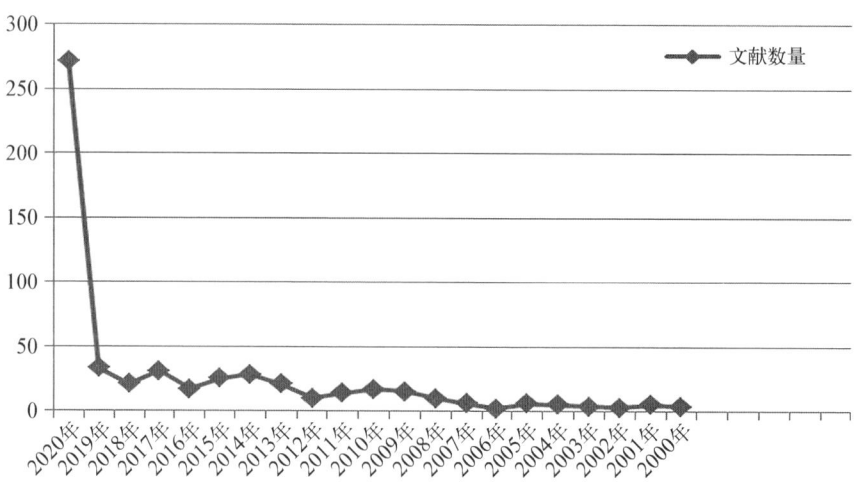

图 1　论文发表年份与数量

学生的影响等方面。本研究剔除重复的、模糊的、与中小学生无关的以及非实证研究文献后,剩余22个实证研究的文献为本文综述的对象。

一、疫情期间学校关闭的作用

新型冠状病毒肺炎疫情期间我国采取的一系列严格的非药物干预策略和社会隔离措施取得了极大的效果。关闭学校作为非药物干预措施中的一种,在疫情期间广泛施行。学校关闭需要付出巨大的代价,肖恩·T.布朗(Shawn T. Brown)等人[4]基于美国宾夕法尼亚州的数据,利用计算机模拟,从经济学的角度对2009年H1N1流感期间学校关闭的代价进行了研究,结果显示,在很具有代表性的宾夕法尼亚州,每一天学校关闭的平均成本估计为12万美元。他们认为,学校关闭的成本可能比没有学校关闭缓解措施的流感总成本高出5—40倍。在付出巨大的代价以后,学校关闭在减少儿童面对面的接触从而减缓疫情传播速度,遏制疫情发展的过程中起到怎样的作用?学者们对此也进行了一些研究。

1. 学校关闭对儿童接触模式的影响

夏洛特·杰克逊(Charlotte Jackson)等人[5]对2019年H1N1流感期间英国的一所中学关闭对学生接触模式的影响进行了研究。结果显示,在典型的上学日和放学期间,报告的平均接触总数分别为70.3(标准差40.8)和24.8(标准差22.5)。因此,学校关闭使得学生日常接触次数减少45%(95%置信区间33.8—57.2),相对减少65%(95%自举置信区间52—73),而其中减少最多的是同一所学校里学生的联系。埃姆斯(K. T. D Eames)等人[6]也对学校上学期间和学校假期之间的儿童接触模式进行了研究,结果显示,总体而言,除家庭接触外,所有类型的接触行为均有极显著差异。学生们报告,学期期间每天平均有18.51次接触,而在学期假期中,平均每天有9.24次接触——减少了50%以上。这两项研究都表明,学校关闭在减少儿童接触方面具有显著作用。

2. 学校关闭对控制传染病的作用

惠勒、埃哈特和耶恩(C. Wheeler, C. Erhart & M. Jehn)[7]在亚利桑那州进行了一项关闭学校对学龄儿童流感发病率的影响研究,他们的定量分析结果表明,关闭学校可预防或推迟学龄儿童中42%的潜在流感病例。与成人和非学龄儿童相比,在冬季学校关闭期间,流感在学龄儿童中传播的速度会减慢。埃拉赫·阿卜拉希(Elaheh Abdollahi)等人[8]在加拿大安大略省就学校关闭对新冠肺炎发病率和ICU住院率的影响的研究表明,当学校的持续关闭时间从3周增加到16周,学校儿童之间的接触受到60%—80%的限制以及轻度症状者没有进行自我隔离时,学校关闭降低了7.2%—12.7%的发病率。当轻度症状者的自我隔离纳入实施20%时,相应情境下发病率和ICU住院率的平均降幅分别超过6.3%和9.1%。在整个疫情期间,学校关闭使ICU入院的总体幅度下降3.3%—6.7%。但是他们的研究结果也显示,如果没有在症状出现前和症状出现阶段采取中断传播链的措施,学校关闭对于减轻新冠肺炎负担的影响可能是有限的。

二、学校关闭的影响

英国的流感大流行防备战略认为:"关闭学校在减少临床重要结果方面的益处与次要的不良影响相平衡。"[9]少年期和青春期是一个人生理、认知、心理、行为和社会发展的关键阶段,对于处于这一时期的中小学生来说,疫情本身以及疫情可能对他们自己及其家庭构成的潜在威胁,与同龄群体的面对面关系受到限制,各类考试的取消或推迟使他们对自己的未来产生更大的不确定性等,不仅会影响青少年的健康,还会危害他们的成长。

1. 学校关闭对学生家庭的影响

（1）社会经济方面

关于学校关闭给学生家庭带来的经济影响，维多利亚·蔡（Victoria Tsai）等人[10]在美国进行了一项农村学校意外关闭 8 天对社会和经济影响的研究，结果显示，学校关闭给 36 个（17%）家庭造成困难，主要表现为不确定的关闭时间带来的焦虑、儿童保育安排和工资损失。家庭中有一个成年人失去工资和家庭收入低于 25 000 美元的，与学校关闭期间的整体困难有显著的关联。爱普生（Erin E. Epson）等人[11]调查了科罗拉多州一个学区的计划外学校关闭对家庭的影响，结果显示，在接受调查的 113 户家庭中，7 个（20%）家庭遇到困难，5 个（14%）家庭报告说有 1 个或更多的成年人错过工作，3 个（9%）家庭报告了工资损失，1 个（3%）家庭报告了因错过学校补贴餐食而产生的困难。学校正常开学期间可以为儿童提供一定的保护和看护，突发公共卫生事件影响下的学校关闭，使得儿童照顾的责任转向家庭，这一转变对于使用日托服务或依赖弱势老年亲属的家庭以及双职工家庭来说，会加剧他们的经济负担，甚至可能导致双职工家庭的孩子处于无人看管的状况，给学生的家庭带来困难，也给学生的发展带来不利影响。

（2）家庭中儿童照顾的分工方面

贡杜拉·佐奇（Gundula Zoch）等人[12]对德国家庭疫情期间的儿童护理安排研究结果显示，在危机期间，父母将照顾孩子、家庭教育和工作生活结合起来有一定困难，相当一部分年龄较大的学生必须自己照顾自己。母亲在有较大和较小子女的家庭中担任主要照顾者。伊娃·福多（Éva Fodor）等人[13]的研究也显示，育儿工作量的上升引发了父母责任分配的变化：女性的负担增加了，尽管平均而言男性的付出也增加了。他们的数据表明，在匈牙利，受教育程度最高以及在家庭办公室工作的女性往往会在儿童护理上花更多的时间。这些研究表明，学校突然关闭可能会迫使妇女退出劳动力市场，重返家庭，进而加剧现有的男女不平等。

(3) 有子女照顾需求的医护人员家庭方面

伊丽莎白·T. 泰(Elizabeth T. Chin)等人[14]对学校关闭的作用及有子女照顾需求的医护人员缺勤的地理差异进行了分析,结果显示,在全美国家层面,可能有 7.4%—8.7% 的医护人员子女得不到照顾,学校关闭预计将减少 8.4% 的重症监护病房和医院的高峰需求,但可能会因医护人员照顾子女产生的缺勤而扰乱医疗保健系统,特别是在那些已经受到 COVID-19 感染的县。儿童保育补贴可能有助于规避学校关闭和医疗工作者缺勤的风险,因此在制定政策时,必须考虑到对医护人员子女的照顾。

2. 学校关闭对教育公平的影响

学校关闭所产生的性别效应是,女童的处境更加艰难。在许多发展中国家,女童仍然是一个相对弱势的群体,根据联合国教科文组织的数据,学校关闭期间,大约 90% 的学生失学,其中有 8 亿多女孩。这些女孩中,有相当一部分生活在世界上最不发达的国家,在这些国家,接受教育已经是一件很困难的事情。在社会经济和家务劳动方面,联合国儿童调查基金会的报告也显示,5—14 岁的女孩每天做家务的时间比男孩多 40% 以上,[15]学校突然关闭后,女童很可能因为需要进行长时间的家务劳动,学习时间少于男孩,导致学习落后甚至辍学。学者在这方面也做了一定的研究,胡斯曼和斯米茨(J. Huisman & J. Smits)[16]的研究表明,当看护人不在家时,女孩有辍学的风险,因为她们通常必须(部分)顶替不在家的看护人(这些人可能因与疫情相关的工作、疾病或死亡而离开)承担家务。同时,女童是性健康和生殖健康方面的弱势群体,学校突然关闭很有可能导致女童怀孕和(强迫)婚姻的风险增加,从而导致女童辍学。目前这方面还没有高质量的实证研究。

学校关闭给来自较低社会家庭经济背景儿童的教育带来困难。学校关闭以后,世界各国普遍采用线上教育的方式进行教育教学,学生进行线上教育需要满足一定的条件:一定的设备、可靠的互联网络连接和相对稳定的学习环境。OECD全球调研结果显示,从学生适应线上学习的能力及环境来看,在OECD 36个成员国中,平均有9%的15岁学生在家没有安静学习的地方。OECD成员国中,平均有11%的学生在家没有可用于学习的电脑。OECD国家平均有4%的15岁学生在家不能连接互联网。[2]赫尔曼(G. Herman)等人[17]利用2018年国际计算机和信息素养研究(ICILS)的7个国家的数据进行了研究,结果表明,无论是国家之间还是国家内部,学生拥有的数字技能不同,对在线教育的准备程度也有很大不同:女孩比男孩准备得更好,来自社会经济优势背景的儿童比来自弱势背景的儿童准备得更好。梅根·库菲尔德(Megan Kuhfeld)等人[18]的研究也证明,在新冠肺炎疫情下学校关闭期间,获得技术和远程教学的机会不同,可能会扩大不同社会经济地位学生之间的成绩差距。凯瑟琳和皮埃尔(Catherine & Pierre)[19]评估了学校关闭对加拿大15岁青少年的社会经济成就差距的影响,以及疫情对教育不平等的影响,结果表明,使用国际学生评估数据项目进行测量的社会经济技能差距,在学校关闭期间可以增加30%以上。这些实证研究结果表明,学校关闭以后,掌握较少数字技能的社会经济弱势背景下的儿童可能会遭受更大的不平等。

3. 学校关闭对儿童生理的影响

(1) 对营养不足儿童的影响

在一些经济发展水平较低的国家,长期营养不足所导致的发育迟缓和消瘦在低收入家庭的儿童中尤其普遍,对于许多贫困儿童来说,学校不仅是学习的场所,也是健康饮食的场所,学校提供的膳食是他们营养的主要来源。学校关闭后,贫困儿童的营养问题也受到学者的关注。科拉帕特·马萨科恩(Korapat Mayurasakorn)等人[20]对泰国儿童的营养问题进行了研究。泰国的国家早午餐工程每天为近630万名(占泰国所有学生的60%)学前和小学阶段的儿童服务,为成长发育中的儿童提供必不可少的营养。而学校关闭后,学校膳食工程也相应地按下了暂停键。在泰国,学校开学时间比原本预计的晚了43天,对于一个错过学校膳食的孩子来说,这 43 天会导致 1—2 千克的体重下降。金赛(Kinsey)等人[21]预测了费城(美国一个贫困率高的城市,许多学龄儿童将学校餐食作为他们食物的主要来源)在学校关闭期间会错过的餐食数量。结果显示,仅仅 3 天的学校关闭就可能导致每个孩子少吃 6 顿饭,或全市范围内共错过 405 600 顿饭,一周之内,6 顿饭占孩子总食物摄入量的 29%。

(2) 对肥胖儿童的影响

在一些经济发展水平较高的国家,突发公共卫生事件导致的学校关闭和家庭隔离等,使得儿童的户外活动和体育运动减少,作息和饮食不规律等容易加剧儿童的肥胖问题。安(R. An)[22]使用一个微观模拟模型预测了新冠肺炎大流行对美国儿童肥胖的影响。方案 1 假设因疫情学校关闭 2 个月;方案 2 假设方案 1 后的 3 个月夏日体育活动减少 10%;方案 3 假设在方案 2 之后学校再关闭 2 个月;方案 4 假设在方案 3 之后学校继续关闭 2 个月。结果显示,在预测一年的时间内,与未受新冠肺炎疫情影响的对照方案相比,方案 1、方案 2、方案 3 和方案 4 分别使体重指数(BMI)平均值增加了 0.056、0.084、0.141 和 0.198 个单位,儿童肥胖患病率分别增加了 0.640、0.972、1.676 和 2.373 个百分点。与女孩、非西班牙裔白人和亚洲人相比,疫情对男孩、非西班牙裔黑人和西班牙裔儿童肥胖的影响更大。

学校关闭导致贫困儿童营养摄入不足,以及加剧儿童肥胖问题,都会对儿童的身体健康产生不良影响,进而影响到学生的学习状态。

4. 学校关闭对学生学业的影响

关于学校关闭对中小学生学生学业成就的影响,梅根·库菲尔德(Megan Kuhfeld)等人[18]基于对缺课文献的估计和对 500 万名学生夏季学习模式的分析,对新冠肺炎疫情相关的学习损失做出了一系列预测。根据他们的预测,从 2020 年秋季开始,与一般学年相比,学生返校后在阅读和数学方面的学习增量将分别达到 63%—68% 和 37%—50%。此外,学校停课期间学生成绩一落千丈并非普遍现象,前 1/3 的学生在阅读方面可能有所收获。

目前,国际上关于学生学业表现的研究主要聚焦于大学教育教学、线上教育本身的发展等,对中小学的研究较少。中小学生的学习能力、学习动机、自我效能感和自控力的差异对学生学习的影响,学校关闭期间以在家中进行线上教育来替代传统的课堂教学,学生特别是流动儿童、贫困儿童等相对弱势的群体的适应性问题等,也需要更多研究者的关注。

5. 学校关闭对青少年心理健康的影响

新冠肺炎疫情主要通过疫情本身及因疫情引起的各种变化、学业压力、人际关系等诱发青少年的心理危机。[23]学校关闭以及一系列非药物隔离措施的施行,扰乱了儿童和青少年的正常生活秩序,对他们的身心健康产生了极大的影响。

在青少年抑郁和焦虑水平的影响因素方面,一项对土耳其新冠肺炎疫情大流行期间在家隔离青少年焦虑水平的影响因素的研究结果显示,"先前被转介进行精神治疗""家庭或环境中有一名新冠肺炎阳性患者"以及"利用电视作为获取新冠肺炎疫情信息的主要途径"会导致青少年压力和焦虑水平的升高。[24]埃利斯(Wendy E. Ellis)[25]的研究显示,新冠肺炎带来的焦虑与更多的孤独感和更多的抑郁有关,特别是对那些花更多时间在社交媒体上的青少年而言。除了新冠肺炎的压力外,在疫情期间,花很多时间跟朋友线上联系会导致更严重的抑郁,而与家人相处的时间和学习有助于减轻抑郁症状。

在疫情对青少年身心健康的影响方面,凯蒂·白(Cátia Branquinho)等人[26]就新冠肺炎疫情对葡萄牙青少年和年轻人的影响做了一项质性研究。结果显示,新冠肺炎疫情对青少年生理方面最突出的影响是头痛和肌肉疼痛;在心理方面,青少年进行愉快的个人发展活动的时间更多,但看屏幕的时间更长,抑郁、焦虑和孤独的症状也更多,药物使用更多。莱昂哈德·K.莱兹(Leonhard K. Lades)等人[27]的研究认为,锻炼、散步、园艺等活动有利于情绪健康,但是在家接受教育的儿童和青少年在情感体验方面的活动较少。

在青少年的情绪弹性方面,张清(Zhang Q)等人[28]对新冠肺炎疫情下中学生情绪弹性的问题进行了研究,结果显示,七年级和八年级学生的情绪弹性存在显著差异,特别是从负面情绪经历中恢复的能力。他们进一步研究了情绪弹性与学生学习管理之间的关系,结果表明,情绪弹性与学习管理技能之间存在显著相关,情绪弹性高的个体能够更快地从负面情绪中恢复过来,表现出更好的适应能力和健康的心理。

三、 总结与启示

既有的国际实证研究可以为我们进一步开展疫情与学情分析的相关本土化研究提供借鉴。从现有文献来看,未来研究可以在以下三个方面进一步深化。

1. 就重大疫情下学校关闭对中小学生学情的影响,进一步聚焦改进教与学的分析

学情是个综合的概念。研究者指出,应提高"学情"的准入标准,成为"学情"要满足以下两个条件:首先,它对教学效果的影响是经过科学论证的;其次,存在科学有效的教学手段可以弥补它对教学产生的影响(谢晨,胡惠闵,2015)[29]。目前关于疫情下学校关闭对学生学业产生的影响的实证研究较少,而且主要针对的是学生的学习效果开展实证分析,但如何弥补,以及疫情后学生的学习适应性问题,仍缺少追踪性研究。布里苏埃拉和加西亚-塞尔勒(Brizuela & García-Sellers)[30]强调,儿童从一种适应模式转换到另一种适应模式所发生的变化并不完整或完美,需要学校及教师的介入促使儿童优化适应模式。重大疫情结束后,学校将有序开学复课,但居家学习的状况对学生的影响具有持续性。因此,未来研究可以关注复课后学生适应性的持续表现,以及与居家学习适应性的相应指标及

在线学习状况的关联。同时,也应更有针对性地对流动儿童居家学习期间的线上学习行为模式进行建模分析。学生在线上学习的过程中会留下学习轨迹,产生大量的数据,例如留存率或者辍学率、观看视频、网页点击记录、任务完成情况等等,通过对学习行为的分析,找出影响教学成效的一些表象和潜在的行为模式的关系规则,从而有针对性地对教学活动进行相关指导和反馈。

2. 重视重大疫情期间学校关闭带来的儿童心理问题

集体创伤事件有短期和长期的影响,包括创伤后压力、焦虑和行为障碍。贫困儿童由于潜在的心理社会压力因素(如家庭不稳定)、发展和行为障碍而特别脆弱。生活在父母监控程度较低的非结构化环境中的青少年更有可能进行久坐活动,包括长时间地使用手机电脑,以及无意识地受伤和参与危险健康的行为。社会隔离加上弱势家庭经济压力增加,增加了家庭暴力、虐待和忽视儿童的风险。[31]教育工作者、学校社会工作者和辅导员是学生情感支持的重要来源,而且往往是最先观察心理健康危机或不安全状况的警告信号的人。被授权的记者在早期认识和干预方面也发挥着关键作用。然而,在学校关闭期间,教育者在提供情感支持、观察警告信号和对有危险的孩子进行干预方面的能力是有限的。我们必须与学校和社区领导人合作,创建和传播与有危险的学生进行远程接触的方法、识别警告信号的指南,以及干预指示,如进行进一步评估的家访和危机热线。

3. 脆弱性理论可以成为建构重大疫情下有效教育支持的一个方向

从已有文献来看,在重大疫情发生时,教育公平问题是一个重要的考量,其中就涉及公共危机管理中的"脆弱性"问题。脆弱性是突发事件形成与发展的本质原因(刘铁民,2010)[32]。自1974年美国学者怀特(G. F. White)首次提出"脆弱性"这一概念以来,脆弱性在生态学、灾害学等自然科学领域以及社会学、经济学等社会科学领域得到广泛应用,成为当前研究公共危机管理的重要理论工具。由于学科视角的不同,对"脆弱性"这一概念的界定角度和方式有很大差异(李鹤,等,2008)[33]。在社会科学领域,脆弱性是指"社会个体或群体应对灾害事件的能力,这种能力基于他们在自然环境和社会环境中所处的形势"[34]。1998 年,澳大利亚应急管理署(Emergency Management Australia,简称 EMA)正式将脆弱性概念引入应急管理领域,提出脆弱性是"社区与环境对危险的易感性和康复力的程度"。在重大疫情发生引起的学校关闭中,一些重点人群,如低收入家庭中的儿童、特殊需要儿童以及女童,等更容易受到风险的影响,因此,可以借助脆弱性的概念维度,从自然属性(学生自身的基本信息及家庭背景信息)、技术属性(条件和环境,包括网络、终端等的情况)、社会属性(学校背景和特征,包括公办、民办,以及学校的教学组织和指导等)和管理属性(重大疫情的应急管理、人口管理及教育政策)等四个方面对重大疫情下学校关闭的学情脆弱性的影响因素做系统分析,并建构有效的教育支持体系。

参考文献

[1] WHO: Measures in School Settings[EB/OL].(2012-01-04)[2020-04-20]. http://www.who.int/csr/disease/swineflu/notes/h1n1_school_measures_20090911/en/index.html.

[2] 徐瑾劼.新冠肺炎疫情下全球教育体系的应对与在线教育的挑战——基于 OECD 全球调研结果的发现与反思[J].比较教育研究,2020(06):3-10.

[3] United Nations Educational, Scientific and Cultural Organization. COVID-19 Educational Disruption and Response[EB/OL]. 2020. https://en.unesco.org/themes/education-emergencies/coronavirus-school-closures.

[4] Shawn T Brown, et al. Would School Closure for the 2009 H1N1 Influenza Epidemic have been Worth the Cost? A computational simulation of Pennsylvania[J]. BMC Public Health, 2011(11): 353-364.

[5] Charlotte Jackson, et al. School Closures and Student Contact Patterns.[J] Emerging Infectious Diseases, 2011(17): 245-247.

[6] Eames, K. T. D., et al. The Impact of Illness and the Impact of School Closure on Social Contact Patterns[J]. Health Technology Assessment, 2010(14): 267-312.

[7] Wheeler, C., Erhart, L. M., & Jehn, M. Effect of School Closure on the Incidence of Influenza Among School-Age Children in Arizona [J]. Research Articles, 2010 (125):

851–859.

[8] Abdollahi, et al. Simulating the Effect of School Closure during COVID‐19 outbreaks in Ontario, Canada[J]. BMC Medicine, 2020(18): 230–238.

[9] Department of Health. Impact of School Closures on an Influenza Pandemic: Scientific Evidence Base Review. 2014. [EB/OL] https://assets.publishing.service.gov.uk/government/uploads/system/uploads/attachment_data/file/316203/School_Closures_Evidence_review.pdf.

[10] Victoria, Tsai, et al. Evaluation of Unintended Social and Economic Consequences of an Unplanned School Closure in Rural Illinois[J], Journal of School Health. 2017(7): 546–553.

[11] Epson, Erin E., et al. Evaluation of an Unplanned School Closure in a Colorado School District: Implications for Pandemic Influenza Preparedness[J]. Disaster Medicine and Public Health Preparedness, 2015(9): 4–8.

[12] Gundula Zoch, et al. Who Cares When Care Closes? Care-arrangements and Parental Working Conditions during the COVID‐19 Pandemic in Germany[J/OL]. European Societies. 2020‐10‐26. https://doi.org/10.1080/14616696.2020.1832700.

[13] Éva Fodor, et al. The impact of COVID‐19 on the Gender Division of Childcare Work in Hungary[J/OL]. European Societies. 2020‐09‐22. https://doi.org/10.1080/14616696.2020.1817522

[14] Elizabeth T. Chin, et al. Projected Geographic Disparities in Healthcare Worker Absenteeism from COVID‐19 School Closures and the Economic Feasibility of Child Care Subsidies: a Simulation Study[J]. BMC Medicine, 2020(18): 218–226.

[15] UNICEF. Girls Spend 160 Million More Hours than Boys Doing Household Chores Every day.[EB/OL]. 2016‐10‐7. https://www.unicef.org/media/media92884.html.

[16] Huisman, J. & Smits, J. Effects of Household- and District-level Factors on Primary School Enrollment in 30 Developing Countries.[J]. World Development 2009; 37: 179–193.

[17] Herman, G., van de Werfhorst, Emma Kessenich & Sara Geven. The Digital Divide in Online Education: Inequality in Digital Preparedness of Students and Schools before the Start of the COVID‐19 Pandemic[J/OL]. 2020‐05‐11. DOI: 10.31235/osf.io/58d6p.

[18] Megan Kuhfeld. Projecting the Potential Impact of COVID‐19 School Closures on Academic Achievement[J]. Feature Articles, 2020(49)8: 549–565.

[19] Haeck, Catherine & Lefebvre, Pierre. Pandemic School Closures May Increase Inequality in Test Scores[J]. Canadian Public Policy-Analyse de Politiques, 2020(SI): S82–S87.

[20] Korapat Mayurasakorn, et al. School Closure, COVID‐19 and Lunch Program: Unprecedented Under Nutrition Crisis in Low-middle Income Countries. [J]. Journal of Paediatrics and Child Health, 2020(56): 1013–1017.

[21] Kinsey, et al. Planning for Food Access During Emergencies: Missed Meals in Philadelphia[J]. Alph Open-Treasured Research, 2019, 109(5): 781–783.

[22] An, R. Projecting the Impact of the Coronavirus Disease‐2019 Pandemic on Childhood Obesity in the United States: A Microsimulation Model[J]. Sport Health, 2020(9): 302–312.

[23] 刘学兰.新冠肺炎疫情下青少年心理危机的成因及干预[J]. 现代教育论丛, 2020(05):

29-35+96.

[24] Kılınçel, et al. Factors Affecting the Anxiety Levels of Adolescents in Home-quarantine during COVID‐19 Pandemic in Turkey[J/OL]. Asia Pacific Psychiatry, 2020. https://doi.org/10.1111/appy.12406.

[25] Ellis, Wendy E., et al. Physically Isolated but Socially Connected: Psychological Adjustment and Stress Among Adolescents During the Initial COVID‐19 Crisis[J]. Canadian Journal of Behavioural Science-revue Canadian Des Sciences Du Comportment, 2020(52): 177-187.

[26] Branquinho, et al. "Hey, we also have something to say": A Qualitative Study of Portuguese Adolescents' and Young People's Experiences Under COVID‐19[J]. Journal of Community Psychology, 2020(48): 2740-2752.

[27] Leonhard K. Lades et al. Daily Emotional Well-being during the COVID‐19 Pandemic[J]. British Journal of Health Psychology, 2020(25): 902-911.

[28] Qing Zhang. Impact of COVID‐19 on Emotional Resilience and Learning Management of Middle School Students[J]. Clinical Research, 2020(26). https://www.medscimonit.com/abstract/index/idArt/924994.

[29] 谢晨,胡惠闵.学情分析中"学情"的理解[J].全球教育展望,2015,44(02):20-27.

[30] Brizuela, B.M. & García-Sellers, M.J. School Adaptation: A Triangular Process[J]. American Educational Research Journal, 1999, 36(2): 345-370.

[31] Rajmil L, de Sanmamed M-J, Choonara I, et al. Impact of the 2008 Economic and Financial Crisis on Child Health: A Systematic Review.[J]. IJERPH, 2014, 11(6): 6528-6546.

[32] 刘铁民.脆弱性——突发事件形成与发展的本质原因[J].中国应急管理,2010(10):34-37.

[33] 李鹤,等.脆弱性的概念及其评价方法[J].地理科学进展,2008,27(2):18-25.

[34] Dow, K. Exploring Differences in Our Common Future(s): The Meaning of Vulnerability to Global Environmental Change[J]. Geoforum, 1992, 23(3): 417-436.

作者简介

张佳伟 苏州大学师范学院副院长,教育学院副教授,东吴智库研究员

顾月华 江苏省教育厅副厅长

滕诗琪 苏州大学教育学院硕士研究生

电子邮箱

jwzhang@suda.edu.cn

1784791924@qq.com

20204218045@stu.suda.edu.cn

Part2
疫情下的在线教育

Chapter 6

非常态中的教育政策常态：中国"停课不停学"应急性政策特征及理论启示*

陈霜叶　蔡　琦

> **摘　要**：2020年1月底，中国在全世界率先提出新冠肺炎疫情期间全国大中小学普遍实行"停课不停学"的紧急应对政策。2020年9月全国大中小学全面重开，这一应急性政策结束。研究者收集了2020年1月底至3月政策变化最集中时期教育部与大部分省市在线公布的政策文本、政策发布时间及相关事件，通过扎根式编码分析，提取归纳了政策变化阶段及其特征。本研究提出，"停课不停学"虽然是短期性、非常态的应急政策，但其政策过程与变化集中体现了近些年中国教育政策过程中的政策愿景式目标设定、因地制宜与底线原则、舆情回应式政策反馈、"补丁式"政策迭代的新型样态特征。本文通过扎根式文本分析，捕捉了互联网舆情环境下教育政策过程的新特征，丰富中国教育政策研究的本土性新知识，在政策渐进主义基础上，初步探索了中国案例的理论化。
>
> **关键词**：新冠肺炎疫情；停课不停学；后疫情时期；政策过程；舆情回应；渐进主义

一、发掘非常态中教育政策常态的研究价值

2020年的新冠肺炎疫情造成全球前所未有的"大停顿"。世界各地教育系统也出现了自现代学校教育制度建立以来首次大规模学校关闭的情况。这种"极端"公共卫生危机一方面带给人类社会巨大的损失和悲伤，

---

* 本文系国家社会科学基金教育学一般课题"新型教育舆情与政策回应策略研究"（课题批准号：BGA170049）的阶段性成果。

另一方面又为观察研究政策常态与非常态提供了一个残酷但宝贵的自然实验机会。[1]

教育部在2020年1月27日发布了《教育部关于2020年春季学期延期开学的通知》,指出地方所属院校、中小学校、幼儿园等学校春季学期开学时间,由当地教育行政部门按照地方党委和政府统一部署确定。[2]通知颁布时正值中国学校的常规寒假期间。两天后,面对春节后提早开学的升学年级学生和原定寒假后2月中旬开学的各学段学生,1月29日,教育部发言人在新闻发布会上表示,因为疫情,"不能面对面课堂上课,我们就搭建云课堂,让孩子们在家也能开展学习""停课不停教、不停学既是战疫情应急之举,也是互联网+教育的重要成果应用展示,任务艰巨,使命光荣"。[3]至此,中国教育短暂性地进入一个全新应急模式:"停课不停学"。相应的政策也被直接称为"停课不停学"政策。

虽然这是一个面对非常规风险的应急政策,但是其发展过程以及政策背后有以下三方面问题值得深思和研究。

第一,从理解中国教育政策实践的角度,在时间如此紧迫、不确定性如此之高、政策任务全新、相关执行准备完全不足的情况下,何以能在两个多月的时间里在全国各级学校实现"停课不停学"?除了整个国家与教育系统既有的超强动员力与基层各方的积极配合之外,还有哪些政策本身的特点使得这项看起来"不可能的任务"成为可能?

第二,从总结实践经验的角度,中央与地方的政策制定者如何快速地将一个全新的任务转化为一个可快速执行、可实现的政策任务,并在非常有限的时间里控制风险、快速调整并将相关经验进行扩散?政策实践者通常是"做"政策。在如此特殊的时期,政策实践者实际上使用了哪些"日用而不知"的默会政策知识,推动了"停课不停学"从一个类似颠覆性创新目标变成一个可实现的"熟悉任务"?

第三,从贡献理论的角度,"停课不停学"政策是一个非常典型而且极端的有限理性(bounded rationality)与有限认知(limited cognition)的决策案例。这个政策同时又具有"颠覆性创新"的初创项目特征。因此,这个政策案例本身又具有哪些进行中国政策研究理论化的潜力呢？

基于上述问题，我们认为"停课不停学"对做扎根中国教育政策现实研究有着独特价值。该政策提出的时候，完全没有任何国际经验可以借鉴，也就是民间俗称的"没有作业可抄"。因此，"停课不停学"政策从诞生起就具有有限理性、渐进摸索、快速决策、面对高度不确定性以及没有其他政策借鉴的独特环境与条件。这和林德布洛姆（C. Lindblom）1959年就提出的渐进调试（muddling-through）理论相契合。[4]

渐进主义（incrementalism）是基于理性主义模型提出的决策分析模型，它认为政策不是一成不变的，而是在各参与主体之间的价值观与事实的互动和不断的调适中实现其目的。20世纪70年代，美国学者将渐进分析方法广泛应用于美国财政预算政策的分析，并通过大量的实证研究证明，美国预算政策即便是小的调整也会导致政策结果发生小量或巨大的变化，从而验证了渐进调试模型在政策中的适用性。[5]2011年在著名英文期刊《政策与社会》（*Policy and Society*）"纪念渐进主义50周年"的特刊中，埃里森（C. R. Allison）和圣马丁（D. Saint-Martin）在综述评论中指出，渐进主义创生50年后，依然是一种有力的政策分析视角与工具，但它也需要和更多新近发展的理论视角进行结合，才能更好地解释政策过程。[6]2020年7月《加拿大公共政策》（*Canadian Public Policy*）期刊发表了罗伯森（J. Robson）对新冠肺炎疫情期间的收入保障政策研究。她提出在新冠肺炎疫情背景下，政策变化与迭代加速，渐进主义演化出"快速渐进主义"（rapid incrementalism）的新形式。[7]

教育政策研究者纷纷看到，渐进主义也适用于分析教育政策的变化。譬如1985年，有学者发现赞比亚建国后的教育政策发展和改革过程是一个渐进的变化。[8]澳大利亚学者里特尔（A. Ritter）发现，渐进模式能够很好地解释学校反毒品政策过程中的细微调整。[9]在中国，沈伟博士使用渐进调适模式分析代课教师清退政策，指出资源、合理性、合情性、能动空间可以促进中国教育政策的渐进发展。[10]李孔珍对北京市新课改政策实施过程的分析也发现，政策实施初期采取激进方式，第二阶段转向渐进模式。[11]阙明坤等人以民办学校分类政策为例,分析了中国教育政策制定过程中除了利益博弈之外,逐渐调试也是政策过程中的重要部分。[12]

作为应急性政策,中国的"停课不停学"在实施过程中也不断地调整和改进。从政策的结果与效果看,全国各级各类学生的"停课不停学"都得到不同程度的实现。那么,面对这样一种前所未有的新情况,中国的"停课不停学"政策是如何快速回应和推进的呢?本文采用渐进主义视角,运用扎根理论的方法,基于疫情期间国家及各省市颁布的有关"停课不停学、停课不停教"的政策文件文本以及文本颁布的社会脉络与文本关系,提取相关本土化概念,解释"停课不停学"政策的变动过程、机制和特征。

二、 研究设计与数据

针对本文的研究目的——探索中国疫情期间教育非常态应急状态中的常态特征与模式,两位研究者基于中央和地方在疫情期间推出的"停课不停学"政策文本进行扎根分析。本文两位作者以研究者的身份从2020年1月底教育部发布的第一个政策通知开始就随时跟踪,并收录中央和东部、中部、西部三个区域重点省份与城市的政策文本出台时间与前后重大舆情波动,由本文第二作者汇集成详细的Excel数据库。2月中旬,两位作者已经对既有文本进行自下而上的扎根编码,之后不断增补新出文本并讨论编码的扩充与变化。值得一提的是,本文第一作者在疫情期间一直参与"停课不停学"的舆情咨询工作,所在团队有近10份咨询报告获得中央与地方政府部门采纳。这种以学者身份的参与经历也是作为数据分析与确认的一种三角印证资源。

1. 数据来源

本研究通过网络搜集,对官方正式发布的有关疫情期间"停课不停学"的文件进行收集整理。收集的文件时间跨度为2020年1—3月,文件主要来自两个官方渠道：教育部及各省市教育厅官方网站和官方公众号。所选择的政策文本是相关内容的"通知""公告""通报"和"实施方案"。官方网站上简单的延期开学通知、疫情期间学校的防控要求指导不包含在内。

经过搜集和整理，我们共搜集66份与"停课不停学"政策相关的政府文件和公告，包含4份教育部的指示文件和通告，52份来自全国22个省、5个自治区和4个直辖市的相关文件，以及10份地市级教育部门的方案文件。

2. 扎根理论的分析过程

本文运用NVIVO12.0软件对收集到的文本进行编码分析，并用Excel工具对文件发布时间进行排序，对编码进行汇总和整理。具体编码步骤如下：第一步，自由编码。将案例的所有资料进行初步的自由编码，尽量将资料中的所有信息点纳入编码，建立自由节点，尽量保留信息的原始状态。第二步，主轴式编码。对初步的自由编码再编码，尽量以本土性政策表述为归纳概念或分类的方式编码概括。第三步，根据码号出现的频次高低进行排列并分析，提炼出政策变动过程和动力机制，最终形成本研究的案例分析结果。具体文本编码示例如表1所示。

表1 "停课不停学"政策文本编码示例

一级编码	二级编码	自由编码示例	文本原文范例
因地制宜，分类实施	强调对农村地区的特别关注	偏远农村地区网络情况	特别关注偏远农村地区。各地要充分考虑到部分农村地区和边远贫困地区无网络或网速慢等情况，协调安排电视频道播出有关课程和资源，解决上述地区学生在家学习问题。（甘肃）
	强调关注薄弱学校	薄弱学校帮扶工作	做好薄弱学校帮扶工作。……将通过定点帮扶或公办带民办结对帮扶等方式，确保全市每一所普通高中都能够按要求在延期开学期间正常开展在线教学。（广东深圳）

(续表)

一级编码	二级编码	自由编码示例	文本原文范例
因地制宜，分类实施	关注特殊人群	防疫阻击战一线人员子女、农村留守儿童、随迁子女、困难家庭子女的帮助	要特别关注防疫阻击战一线人员子女、农村留守儿童、随迁子女、困难家庭子女及学习有困难的学生学习帮扶落实工作。（安徽）
	关注不同学段差异	重点年级指导	要关注重点年级，高三、初三以学校为单位组织，要积极引导学生学会梳理重难点、强化薄弱点、研究新热点，力争做到"一班一案、一生一表"。（广东）
		小学、幼儿园教学活动指导	小学一、二年级可以指导学生居家综合学习实践活动为主，鼓励有条件的学校开展线上教育教学。鼓励有条件的幼儿园向家长提供适合幼儿居家游戏的各类资源和亲子互动的活动素材，提高亲子陪伴质量。（浙江）
五育并举	全面育人	德智体美劳全面发展	各级教育行政部门和学校要树立正确的育人导向，坚持德智体美劳全面发展，推进素质教育。（山东）
	生命和健康教育	生命教育、公共安全教育和心理健康教育	要注重疫情防护知识普及，加强生命教育、公共安全教育和心理健康教育。指导家长对孩子进行正确的疾病防控教育，增强孩子自我防护意识。（河北）
	红色教育	革命传统教育	红色文化：主要利用我省丰富的红色教育资源对学生进行革命传统教育。（江西）
	劳动教育	开展劳动教育	提倡和鼓励学生参加适当的劳动，开展劳动教育。（四川）

(续表)

一级编码	二级编码	自由编码示例	文本原文范例
家校共育，自主学习	家校合作指导	家庭教育指导	加强家庭教育指导。要为家长提供家庭教育基本知识，指导家长遵循孩子成长规律，了解掌握孩子不同年龄段的表现和成长特点，通过以身作则和言传身教，影响和帮助孩子养成好思想、好品格、好习惯。（河北）
	强化培养自主学习能力	学生自主学习	学生自主学习。由学校组织教师根据网上学习资源清单，结合本校实际，指导、推送给学生自主学习。学校要加强自主学习方法指导，提高学习效果。（湖北）
	引导良好作息	学习和生活习惯	要引导家长与学生共同制作假期活动计划，让学生保持良好作息习惯，适当进行体育锻炼，参与家务劳动，控制电子产品的使用时间，防止沉溺网络和电子游戏。（山东）
师生减负	控制学生课时负担	控制线上教育时长	严格控制线上教学时间。每日组织学生线上学习时间，小学每天线上教育时间原则上不超过2小时，初中高中原则上不超过3小时。（内蒙古）
	控制学生作业负担	严格控制作业量	严格控制作业量。学校要根据线上学习的实际，科学设计作业的形式和内容，布置弹性作业和分层作业。要统筹学生作业量，不得安排过多、过难和学生无法独立完成的作业。小学一、二年级不得安排书面作业，其他年级作业时间每天不超过半个小时；初中不超过1个小时，高中不超过2个小时。（安徽）
	控制打卡负担	不得强行要求学生每天上网"打卡"	不得强行要求学生每天上网"打卡"、上传学习视频、打印作业等，防止增加学生不必要的负担。（河南）

(续表)

一级编码	二级编码	自由编码示例	文本原文范例
师生减负	控制教师工作负担	不得强行要求所有教师进行录播或直播	确有需要的,可由教育部门统筹组织少数优秀骨干教师适当新录一些网络课程,作为必要补充,共享优质资源,不得强行要求所有教师进行录播或直播。(陕西)
	重视学生视力	重视指导学生保护视力	要高度重视指导学生保护视力,控制在线学习单元时长。(湖北)
确保教学安全与质量	激励教师	教师线上开课情况计入教师教学工作量	要将教师线上开课情况计入教师教学工作量,在开学后的考核评价中予以统筹考虑。(黑龙江)
	审核线上资源	学习类 APP 专项整治与审查	开展中小学生学习类 APP 专项整治工作。是否在教育部审查通过列表内选择使用 APP,是否在使用 APP 过程中存在利用搞题海、公布成绩排名、超纲超前教学等应试教育手段增加学生课业负担的现象。(河南)
	保证教学安全	巡课制度	建立在线巡课制度和教研员巡课制度,教研员责任到区到校,每天反馈,并进行网络评价。(广东深圳)

三、政策变化过程和动力机制

1. 政策变化过程

我们按照政策发布时间顺序对文本进行顺序排列,根据文本发布的数量和时间点进行了统计,统计结果见表2。由于各地方政策主要因应教育政策而推出和变化,因此我们根据教育部的四个政策划分了政策变动的三个不同阶段。

表 2 政策出台频次统计和阶段划分

阶 段	时 间	政策文本数量（份）
第一阶段	2020年1月27日—2月9日	32
第二阶段	2020年2月10日—2月14日	10
第三阶段	2020年2月16日—3月15日	19

第一阶段：教育部提出"停课不停学"，教育培训机构也推出"线上课程"。

2020年1月27日教育部发布延期开学通知后，部分省份积极响应，纷纷出台相应政策，根据教育部的规定积极准备线上教育资源和在线教学的落实。但也有部分省市只准备方案，但按住不发。

在这阶段，由于处于寒假阶段，各地政府和学校在线教学经验基本不足，所以都在寻找资源、制订方案的过程中。一些已有在线教学实践和平台资源的校外培训机构敏感地抓住机会，在不到一周的时间里就借助"学习强国"平台于2月1日率先推出覆盖各个年级主要学科的免费课程，吸引了大批家长和学生用户。2月5日中央电视台《新闻联播》节目还专门报道了"学习强国"平台与在线教育平台"学而思"网校携手开通针对新冠肺炎疫情免费直播课。之后，多家大型培训机构都入驻学习强国平台。

刚开播早期，这些机构专业搭建的技术网络和直播平台等也出现因人流量太大而崩溃的情况，但得益于中国正在成熟的互联网技术生态，这些技术问题很快就解决了。至此，这些校外培训机构在短时间内开发出的"照搬课程表"+"教师直播"方式就主导了下一阶段公立学校体系的第一波在线教育形态。

第二阶段：教育部回应第一波公立系统产生的舆情热点，规范"线上教学"方案。

2月8日是中国的元宵节。一些地方的初三和高三年级根据既定安排，在元宵节以后以网络教学形式进行复课。由于平台技术、教师信息素养、各方准备不足等各种原因,提前开始的毕业班线上学习暴露出平台线上直播的问题,学生在线学习造成身体和心理负担,在家学习的各种风波迅速酝酿成热点舆情。

教育部2月11日进行答记者问,2月12日发布了补充工作安排意见,强调为学生减负,控制线上讲授时长。面对直播课程的短板,先行省市教育部门积极调整,改变单纯依赖每个教师转战线上做"主播"的全面直播方式,考虑推出更多优秀的录播资源,通过电视、网络等多个平台播放,切实保障学生能够及时、随时、方便地获取学习资源。此后,各地对出台的政策又进行了修正,对线上授课时长及学生"打卡"等情况做了详细规定,落实学生减负。

与此同时,基于在线直播初期出现的一些"事故",为了保障线上教学的安全,不少省份也在"停课不停学"实施过程中修订政策,关注资源审核。安徽省的文件中指出:"严格落实网上教育教学内容和资源的审核把关机制,确保推送资源符合政治性、思想性和科学性要求。"[13]在2月12日教育部文件颁布后,安徽省又补充:"为确保各地线上教育教学课程资源的质量,省、市教育行政部门组织遴选省特级教师、正高级教师、名师工作室成员、教研员和市、县(区)骨干教师等优秀教师作为授课老师……课程资源采取先录后播、四级审核制度,努力提高课程资源的质量。"[14]广东省更是建立了教研员巡课制度,做到教研员责任明晰并及时进行反馈和评价。

第三阶段:因应不断发生的事故和舆情,各地特色方案在不断完善中推进。

在先行省市和学校的经验教训基础上,在教育部叫停一些引起舆情的做法之后,后续省市"停课不停学"的教育机制运行逐渐平稳。各省市经过上两阶段的运行,根据民情民意和实际情况,进入完善与微调方案的阶段。

面对民情民意,各省市教育部门对居家学习方案及时调整。例如,在类似"一名学生因家中缺少网课设备错过上课自杀"等新闻后,河南省在

"补充政策"中提到,要确保所有学生正常上课:"各市县要系统总结梳理网上教学工作进展情况,全面摸排每所学校的教学组织情况、每个学生的网上学习情况,准确掌握教学平台使用情况、学习渠道畅通情况、家庭线上学习硬件条件,做到不缺一项、不漏一人。"[15]

此外,疫情的发展趋势也影响了省市政策方案的制定。部分省份根据疫情逐渐平稳的走向,开始为各类学校的正式开学做准备,注重线上学习与正式开学后的教学的呼应性。

2. 政策变化的动力机制:应对舆情民意

中国是全球首个以"封城"方式应对新冠肺炎疫情的国家,在教育系统也开创性地推出"停课不停学"的政策。疫情发展高度不确定,"停课不停学"政策毫无参考和借鉴方案。我们发现,不论在教育部还是地方,推动政策调整的显性反馈主要来自舆情反映的突出问题。

关于民意与社会舆情对政策的推进作用,已有不少学术讨论。[16]布鲁克斯(Brooks)等学者在2006年阐述了他们的"民意—政策连接"(opinion-policy link)理论。他们发现,民意调查中对政策需求的偏好会显著影响相关领域的政策出台。[17]在中国,陈姣娥和王国华提出"自媒体触发模式",认为某些焦点事件会对政策议程有施压和推动作用。[18]新媒体时代,中国在政策议程和制定过程中已经开始出现一种"自下而上""由外而内"的政策反馈模式。

中国开创性地推出"停课不停学"的政策。应急性政策没有其他国家能够提供参考的方案,需要在不断学习、反馈调整中"增补"完善,俗称"打补丁"。面对来自新媒体平台的舆论,从教育部到地方的"停课不停学"政策都展现了开放性与灵活性,在保持防疫需求和满足所有学生群体的学习需求的大方针下,及时对政策进行调整。这一方面是因应国务院对行政部门必须回应舆情热点的工作任务要求,另一方面则是在前所未有的特殊情况下推动这项全新的政策,既需要以开放应对不确定,又需要关照社会大众的主要心理状况,减轻压力与负面舆情刺激,维持社会稳定。

从"停课不停学"发展中的推动事件来看,政策变化极大程度上受到舆情的影响。根据本文第一作者在此期间的政策咨询经验来看,政府采纳的报告都是经过多个专业智库与咨询机构根据舆情与调查分析上报的政策调整建议。从发展阶段来看,平均一到两周会有一轮政策调整,体现了其反应迅速的特点。这种回应式的政策制定模式已经在"停课不停学"政策实施过程中成型。

四、"停课不停学"政策内容分析

根据提取出来的码号,我们归纳了五类一级编码并对其进行了频次统计,发现在政策规定中提到的最多的是"因地制宜,分类实施",占比85%;接下来分别是五育并举、家校共育与自主学习、师生减负以及确保教学安全与质量(见表3)。

表3 一级编码频次统计

一级编码	频次	所占百分比
因地制宜,分类实施	26	85%
五育并举	24	78%
家校共育,自主学习	21	67%
师生减负	21	67%
确保教学安全与质量	20	62%

注:所占百分比 = 政策文本中拥有此项编码的省份数量/进入统计的省份数量(31个) * 100%。

1. 因地制宜,分类实施

"停课不停学"的政策目标是保障所有学生的教育连贯性,连贯性的保障需要根据各省市的教育资源情况"因地制宜,分类实施"。从表4中可以看到,教育部门从开始制定政策时就已经关注到地区间在线教育平台、资源的差距和薄弱地区与学校的问题,强调为不同学段的学生提供适合的教育资源。

表4 "因地制宜,分类实施"在政策不同变化阶段的频次统计

	强调农村地区	强调薄弱学校	关注特殊人群	关注不同学段差异
第一阶段	12	5	3	10
第二阶段	3	2	5	4
第三阶段	4	0	11	3

第一,绝大部分省份都特别关注城乡教育资源差异的问题。根据中国互联网络信息中心(China Internet Network Information Center,简称CNNIC)2019年8月30日发布的第44次《中国互联网络发展状况统计报告》,截至2019年6月,城市网民占网民整体规模的73.7%,农村网民仅占26.3%。[19]因此,为解决各地互联网接入条件差异的问题,教育部会同其他部门组织并上线了国家教育资源平台,供各省各学校通过电视免费观看;各省市也通过电视点播等形式尽可能为农村地区、偏远地区和弱势学校提供各类教育资源保障。

第二,各省市从一开始就强调不同学段的学习需求差异。各省市考虑不同学段的特点和要求,强调提供不同形式的教学,尤其优先关注毕业班学生的学习,强调为毕业班学生提供特别的课程和辅导。

第三,从表格中的频次变化上可以看出,关注特殊人群,提供人性化服务,是随着政策推进逐渐拓展、反复强调的关注点。对于某些特殊的学生群体,如留守儿童、随迁子女、困难家庭子女,他们怎样开展线上学习,从始至终都是政策强调的重点关注点。随着日益严重的疫情趋势,不少医护人员奔赴抗疫一线,医护人员家中子女的教育也在第三阶段逐渐被社会关注。此外,部分省份除了关注农村等弱势地区教育资源外,还关注到薄弱学校的需求。整体上来说,中国"停课不停学"的政策文本充分体现了对弱势群体的教育公平正义的关注。

2. 强调五育并举,开展健康导向的特色教育

从不同阶段出现频次的分布上看,各省份在政策文件中对五育并举的要求着墨颇多,一直强调培养学生核心素养和全面发展的导向。除了常规的五育并举的要求,多数省份的文件中也结合疫情防控的要求和需求,充分利用本地资源,根据学生需求和社会需求开展特色健康和生命教育。因应普遍性的居家隔离情况,学生的体育锻炼、生命教育、劳动教育、心理健康教育在居家学习阶段受到极大的重视。表5就呈现了三个阶段都重视五育并举的"全面育人"目标以及红色教育内容。"生命和健康教育"在第一阶段最受重视,居家的劳动教育在第三阶段最受重视。

表5 "五育并举"在政策不同变化阶段的频次统计

	全面育人	生命和健康教育	红色教育	劳动教育
第一阶段	12	14	7	13
第二阶段	9	5	6	6
第三阶段	8	6	7	10

3. 家校共育培养学生自主学习能力与良好习惯

从表6这三个编码的频次分布规律来看,家校合作指导一直是每个省市文件中都重点提到的内容。因为疫情的影响,学校关闭,家庭成为开展教育的中心场域。第一阶段的政策文本中就重点强调家庭与学校的合作。

表6 "家校共育,自主学习"在政策不同变化阶段的频次统计

	家校合作指导	强化自主学习能力	良好作息生活
第一阶段	13	9	7
第二阶段	4	7	5
第三阶段	6	8	9

家长辅导孩子完成居家学习并不是家校共育的最终目的,学生的自主学习才能使学生保持学习的积极性和形成良好的学习习惯。广东、湖北、浙江、山西、河北等省份在政策中都强调了学生线下自主学习的重要性。文件中强调的家校合作的重要目的之一就是希望家长督促孩子养成自主学习、自我管理的习惯。如广东省的文件中指出:"加强在线学习指导,提高学生自主学习能力。……要开展线上答疑和学习指导,向学生提供学习建议和学习资料,帮助学生树立自觉学习意识,提高自主学习能力。"[20]

4. 师生减负,明确线上学习的减负内容

在"停课不停学"政策实施过程中,根据不断出现的新情况与舆情热点,减负是政策完善过程中的新要求和新重点。2020年2月11日,针对第一波高涨的舆情,《人民日报》发表题为《莫把"停课不停学"的好经念歪》一文,批评了当时以"不停学"之名,行提前教学和假期补课之实;该文呼吁不要给仍处于假期中的学生增加额外负担,导致新的焦虑;防止"停课不停学"的内涵被曲解,背离了假期定位和政策初衷。[21] 2月14日,教育部发布工作安排意见后,越来越多的省份开始关注学生居家学习的压力问题。

表7 "师生减负"在政策不同变化阶段的频次统计

	控制学生课时负担	控制学生作业负担	控制学生"打卡"负担	控制教师工作负担	重视学生视力
第一阶段	3	2	1	4	10
第二阶段	5	4	4	5	1
第三阶段	9	4	4	9	5

从表7中可以发现,随着"停课不停学"政策的推进,控制学生课时负担与控制教师工作负担的出现频次越来越多。政策文件从一开始的居家学习、注重学生视力健康的规定上,逐步细化,在作业量、课时、课程设置等方面做出了更明确和细致的"禁止性"及"清单"要求。如黑龙江省为更好地落

实学生减负,对作业量进行了规定:"不得安排过多、过重的作业,不得强行要求学生及家长每天上网'打卡'、上传学习视频,不得向家长布置'作业'。"[22]

不仅学生要减负,教师也要减负。2月14日,教育部发布教师指导意见后,不少省份也关注到教师疫情期间的工作压力,给教师减负。

5. 确保教学安全与质量,纳入监督评价系统

从表8中可以看出,在政策实施过程中,对教学质量的要求也越来越细化。为了确保线上教学资源的安全与质量,安徽、广东等省还引入教学资源审核制度,确保资源免费、内容健康。

表8 "确保教学安全与质量"在政策不同变化阶段的频次统计

	激励教师	审核线上资源	保证教学安全
第一阶段	4	1	1
第二阶段	1	4	3
第三阶段	5	7	5

为了激励教师在疫情期间能够保持教学热情,教育部教师工作司向各地发出文件,要求将教师线上教学工作计入教学工作量,作为教学工作评价和评优的一项参考。但相比其他主题,仅仅根据编码出现的频次数简单来看,各地政策文本中对教学保障的关注相对其他问题偏少。

在2020年2月28日中共教育党组发布的《关于统筹做好教育系统新冠肺炎疫情防控和教育改革发展工作的通知》中,已经可以看到经过大约两个星期的摸索与调整,各地已经快速形成了一套基本可以共享的"停课不停学"教学组织形式与内容模式。

五、 识别非常态中的教育政策常态特征

从非常态的角度来说,"停课不停学"政策有其独特性。第一,它完全是因应一种极端非常态事件而出现的。未来出现类似情况的可能性非常

小。第二,它的"适用期"很短,主要"生效"时间是2020年1月底至3月中旬,不到两个月。第三,政策决策与调整的时间非常有限,不可能有充分的时间进行调研、思考和讨论,政策过程必须非常快速。第四,政策发展具有不确定性。疫情的发展状况在当时无法预知,因此政策过程的环境是高度不确定的。第五,它具有"颠覆性"。政策提出的"云课堂"全员在线学习完全超出常规想象,也完全不具有常规的人员、资源、制度等准备基础。在政策提出初期,政策实践中出现不少混乱与舆情风波。

对于这种独特时期的应急政策研究,学界讨论不太多,视角还不够丰富。有学者在2020年4月从完全理性角度评论当时的政策应对在设计、执行和反思三个环节都遭遇巨大挑战,认为这只是"应急响应"和"突进改革",欠缺专业性、前瞻性、系统性和战略性。[23]虽然"停课不停学"只是非常态紧急时期的阶段性、临时性政策,但我们认为从决策出台到实施与变化的整个政策过程,完整展现了一个非常难得的、无法应用完全理性的"自然实验"。有趣的是,在这种"极端"情境中发展的中国教育政策变化过程,却又"悖论式"地体现了非常态中的教育政策常态。

从政策进行中、后期和结束后的不同时间点来回看与评估"停课不停学"政策,看到的部分可能不同,结论也会相异。例如,《中国教师报》在2020年3月13日发表的时间线梳理文章,就分析了"停课不停学"如何"由乱入治"。这说明至少有部分人士已经观察到从这种混乱的、临时性的、前所未有的非常态中发现逐渐浮现的秩序性、规律化与常态化的部分。从研究的角度而言,这种非常态中浮现的常态就属于极端突出案例,值得挖掘其中的现实与学术价值。

基于此,以下部分将对识别的"停课不停学"的政策目标、原则设定、政策反馈与变化特征进行阐述与讨论。

1. 设定政策愿景性目标 (visionary goals)

目标一般是明确的、现实的、可以操作、可以实践和实现的。目标导向既定结果。愿景是更理想化、更长远、不太需要行动、没有明确期限的以及结果形态不甚明确的。

与一般性教育政策不同,"停课不停学"的政策目标本身就颠覆了日常的常规认识,即在不能以学校面授组织的形式下,继续维持全国 2.76 亿学生不中断的常规化学习。政策目标中提出的"云课堂"和在线学习形式虽然在中国社会已经出现,但是从未同时普及全国各个地区,覆盖每个有学生的家庭,更没有对每个教师、必要设备与操作平台进行过任何准备与演练。即使在上海这样的经济和教育水平非常发达地区,也是在方案形成前紧急向每个家庭调查在线学习的设备条件和基础的。

"停课不停学"既像目标又像愿景,目标用词与表述简明易懂。从目标角度看,它必须在疫情期间学校关闭时实现"不停学"。从愿景角度看,它更像一个方向、一种不计现实基础和实现代价的理想;全然实现的困难实在很大,在提出之初,很难想象出实现路径、方式以及结果,更不像两个月内可以完成的事情。最终,"停课不停学"就以愿景性目标这样一种看似矛盾冲突的悖论(paradoxical)目标出现了。

这种矛盾式的愿景性目标其实暗合西方政策研究中提出的"方向性目标"(directional goals)的研究转向。[24] 政策不是项目或者技术方案。因此其目标可能是多重的,并非全然操作性与结果导向的。

从中国的传统治理智慧角度看,唐太宗《帝范》言,"取法于上,仅得为中;取法于中,故为其下"。对这种超出务实任务的愿景性目标,这句话能够提供中国式的智慧启示。如果政策目标定得没有挑战性,那么实现的结果肯定还不如这个目标设想。因此,看起来不可能的挑战性目标其实是引导实践方向的;政策制定者未必预期百分之百地实现,能容忍"上"与"中"的差距,但需要用这种愿景来驱动行动者超越现实困难。①

2. 强调因地制宜与底线原则

政策渐进主义理论在后续的理论发展中也出现"必须,可以和不准"

---

① 感谢华东师范大学课程与教学研究所吴刚平教授分享自己参与课程改革经验时给我们的启示。

的政策发展模式。[25]形象地说,政策设定了一个行动与实践框架;如果政策是一个像框一样的物体,目标设定就是框的最高边界,而原则就是界定框的形态,底线就是两边与底部界限。

中国是一个地域辽阔、人口众多的大国。从中央到地方的政策制定者都已经熟稔和掌握了"因地制宜"这样一个政策默会知识。"因地制宜"既是对地方差异与地区发展不平衡的基本现实的尊重,也是对政策实践灵活性的认可,对下级发挥能动性、创新实践的鼓励,更是在紧急情况下制定应急政策中对政策制定者的"自我保护"。

自政策颁布以来,国家和各省市在原有的线上平台、电视节目、网络技术等多方面资源的基础上,积极开发和更新教育平台,统筹电视与网络资源,为学生居家学习提供了多种实现途径。但是从教育部第一次宣布"停课不停学"开始,从中央到地方的各级政策文本中都反复重点强调"公平"的底线原则,强调关注农村地区、薄弱学校、有需要的特殊人群家庭。随着政策的实施,例如后续政策调整中也迅速把医护人员子女群体纳入特殊人群家庭作为重点关注对象,提出针对性的实施要求等,陆续增加了"一人一策""一个都不能掉队"等原则要求。

"全面发展"和"五育共举"也是"停课不停学"政策中必须坚持的方向与内容。各地根据"必须纳入"的要求,因应疫情阶段发展和学生出现的情况,陆续强化防疫知识、视力保护、身心健康教育、生命教育、劳动教育和爱国主义教育。

3. 回应舆情的快速政策迭代与"打补丁"政策

随着互联网技术发展和中国网民的人数普及,网络舆情已经成为新型的民意表达形式。国务院在 2016 年就要求各部门必须在 24 小时内对重大舆情做出回应。近几年,中国教育领域的回应舆情式发展案例也越来越多。[26]各级官员与政策制定者对网络舆情高度敏感,极端重视。根据本文第一作者的观察与经验,不少官员在考虑政策内容和设计政策时,第一反应就是"不要出现舆情"。这也逐渐形成了一种中国式政策脚本

（scripts），即避免引发可预期的舆情争议。与此同时，这种舆情时代的政策经验也使得政策制定者与参与者熟悉并"自然接受""因应舆情的政策调整"。

"停课不停学"政策内容对于各地是全新的，政策的迭代速度更快。快速的政策迭代变化也是对这次高度不确定的疫情发展做出的恰当回应。同时，快速迭代调整也能更灵活、更开放地实施因地制宜与分类实施。

在"停课不停学"政策的实施过程中，正如前文对政策变化机制的分析，中间出现的几次或大或小的舆情都迅速被政策回应平息，"政策补丁"主要以明确的"不准"清单形式出现。这些"不准"是在出现聚集性负面舆情以后，在各级政府部门推出补充性调整意见中，以消灭错误式的"反制举措"（counter-measures）出现的。例如2020年2月12日教育部对"停课不停学"的几点指导意见中，就有"不得强行要求学生每天上网'打卡'、上传学习视频"；3月6日教育部办公厅印发《关于深入做好中小学"停课不停学"工作的通知》再次强调，"严格禁止普遍要求教师直播上课或录课"。

六、总结与启示

2020年的新冠肺炎疫情打破了以学校为场域、以班级面授课为主导形式的教育形式。我们从全国各省市颁布的关于"停课不停学"的政策中可以看到，应对这样的突发事件，中国教育系统展现了非凡的政策设计与实施，在两个多月的时间里实现以各种媒体形式支持的学生居家学习形态。[27]虽然在此阶段，在线课程也出现过一些舆情风波和各种困难，但是通过政策的不断调整，人员的动员与投入，"停课不停学"政策在短时间内快速迭代，迅速推进落实。

本研究通过对"停课不停学"政策文本的扎根式分析发现，我国教育政策的一些应急回应特征和经验，与其他学者归纳的国际紧急时期教育治理机制的全球代表性案例经验[28]是相似的：弹性化与底线思维。然而，中国教育政策系统本身已经具有的政策实践经验，譬如因应舆情的快速回应、因地制宜原则等，都是经过实践积累的本土性政策知识，甚至形成了中国教育政策的政策脚本。这些实践知识和政策脚本在面对非常态的政策环境和政策问题时发挥了基础性作用，能将陌生的政策内容与目标迅速转化为熟悉的政策工作机制。

"停课不停学"政策中浮现的"愿景性目标"与"快速政策迭代和'打补丁'政策"具有本土依存性，是高度情境化的"常态化"形式。政策受众与行动者必须通过分享的社会事件与社会过程才能"接纳"（或者"不抗拒"）这种"政策常态"。这就像"戴口罩"在不同国家面对的情况一样。这是具有中国社会情境特点的政策常态。

"停课不停学"政策具有典型的渐进主义特征。从林德布洛姆开始，学界基本认可美国是政策渐进主义的典范，很多相关理论的发展都是以美国政策作为案例和数据基础。[29]由此为线，深化研究"停课不停学"政策的渐进主义特征与贡献，应该能提供一种新的讲好"中国教育政策故事"的可能。这也有赖学界更多教育政策研究者合作努力，扎根于中国的特色案例，深化对政策实践的理解，推进有特色的政策理论化工作。

（致谢：非常感谢三位匿名评审专家的建议以及林小英博士和游蠡博士的建设性意见。）

参考文献

[1] 陈霜叶.停课不停学中的课程教学迷思与反思：教育规训制度的视角[J].教育科学,2020(3)：11-12.

[2] 教育部.教育部关于2020年春季学期延期开学的通知[EB/OL].[2020-01-27]. http://www.moe.gov.cn/jyb_xwfb/gzdt_gzdt/s5987/202001/t20200127_416672.html.

[3] 教育部.利用网络平台,"停课不停学"[EB/OL].[2020-01-29].http://www.moe.gov.cn/jyb_xwfb/gzdt_gzdt/s5987/202001/t20200129_416993.html.

[4] Lindblom, C. The Science of "Muddling Through"[J]. Public Administration Review, 1959, 19(2)：79-88.

[5] Anderson, S., Harbridge, L. Incrementalism in Appropriations: Small Aggregation,

Big Changes[J]. Public Administration Review,2010,70(3):464-474.

[6] Allison,C. R.,& Saint-Martin,D. Half a Century of "Muddling":Are We There Yet? [J]. Policy and Society,2011,30(1):1-8.

[7] Robson,J. Radical Incrementalism and Trust in the Citizen:Income Security in Canada in the Time of COVID-19[J]. Canadian Public Policy,2020,46(S1):S1-S18.

[8] Lungu,G. F. Elites,Incrementalism and Educational Policy-making in Post-independence Zambia[J]. Comparative Education,1985,21(3):287-296.

[9] Ritter,A.,& Bammer,G. Models of Policy-making and Their Relevance for Drug Research[J]. Drug and Alcohol Review,2010,29(4):352-357.

[10] 沈伟.教育政策制定过程分析:渐进调适的视角——以代课教师清退政策为例[J].教育发展研究,2010,30(Z2):87-91.

[11] 李孔珍.高中新课程政策执行的方式选择:由激进到渐进——以北京市为例[J].课程·教材·教法,2013,33(3):3-9.

[12] 阙明坤,费坚,徐军伟.教育政策制定的利益博弈与渐进调适:基于民办学校分类管理政策的分析[J].中国教育学刊,2019(7):1-7.

[13] 安徽省教育厅.安徽省教育系统新型冠状病毒感染的肺炎疫情防控工作领导小组关于加强疫情防控期间中小学线上教学管理工作的通知[EB/OL].[2020-02-07].http://jyt.ah.gov.cn/xwzx/tzgg/39902603.html.

[14] 安徽省教育厅.安徽省普通中小学新冠肺炎疫情防控期间线上教育教学工作方案[EB/OL].[2020-02-21].http://jyt.ah.gov.cn/sxzzgzc/tzgg/39848923.html.

[15] 河南省教育厅.关于做好新冠肺炎疫情防控期间中小学校网上教学工作的补充通知[EB/OL].[2020-02-17].http://www.haedu.gov.cn/2020/02/17/1581904502521.html.

[16][26] 陈霜叶.超越舆情应对:教育的公共性与政策回应[J].全球教育展望,2017(12):60-68.

[17] Clem,B.,& Jeff,M. Social Policy Responsiveness in Developed Democracies[J]. American Sociological Review,2006,71(3):474-494.

[18] 陈姣娥,王国华.网络时代政策议程设置机制研究[J].中国行政管理,2013(1):28-33.

[19] 中国互联网络信息中心.第 44 次中国互联网络发展状况统计报告[EB/OL].[2019-8-30].http://www.cac.gov.cn/2019-08/30/c_1124938750.htm.

[20] 广东省教育厅.广东省教育厅防控新型冠状病毒感染的肺炎疫情工作领导小组关于加强疫情防控期间中小学教育教学管理工作的通知[EB/OL].[2020-02-04].http://edu.gd.gov.cn/zxzx/tzgg/content/post_2886651.html.

[21] 赵婀娜.莫把"停课不停学"的好经念歪[N].人民日报,2020-02-11(012).

[22] 黑龙江省教育厅.黑龙江省教育厅关于延迟开学期间中小学校线上开课的指导意见[EB/OL].[2020-02-19].http://m.hljedu.gov.cn/tzgg/202002/t20200220_146192.html.

[23] 林克松,朱德全.教育应对公共危机的分析框架与行动范式:基于"新冠"重大疫情危机的透视[J].华东师范大学学报(教育科学版),2020,38(4):118-126.

[24] Howlett,M. & Rayner,J. Patching vs Packaging in Policy Formulation:Assessing Policy Portfolio Design[J]. Politics and Governance,2013,1(2):170-182.

[25] Howlett,M.,& Mignone,A. Charles Lindblom is Alive and Well and Living in Punctuated Equilibrium Land[J]. Policy and Society,2011,30(1):53-62.

[27] 祝智庭.正确认识和做好疫情期间的"停课不停学"[J].中国电化教育,2020(4):1-3.

[28] 逯行,王欢欢,吐尔逊艾力·巴孜力江,黄荣怀.国际紧急时期教育治理的机制与经验:基于扎根理论的全球代表性案例分析[J].现代远程教育研究,32(5):3-14.

[29] Pal, Leslie, A. Assessing Incrementalism: Formative Assumptions, Contemporary Realities[J]. Policy and Society, 2011, 30(1): 29-39.

作者简介

陈霜叶　华东师范大学课程与教学研究所教授

蔡　琦　华东师范大学课程与教学研究所硕士研究生

电子邮箱

shychen@ed.ecnu.edu.cn

cqyx0513@163.com

Chapter 7

后疫情时代在线教学如何走向新常态

——基于理念与技术融合的微观视角*

张彦杰 周 云

摘　要：进入后疫情时代，如何基于国际视野，整合疫情期间各国在线教学的新理念、新技术，促进在线教学走向新常态，是需要解决的问题。从教学论视角分析，新理念主要包括六方面：提升教师在线教育教学能力；保持在线学习灵活性，实施差异化教学；学习方式以自主性、个性化为特征；在虚拟课堂中重构师生关系；教学设计以学生为中心；评价方式以能力考核为主，多种评价方式相结合。根据在线教学特点，可将在线教学的平台、工具概述为四类：在线交流工具、教学资源平台、在线教学平台、在线学生评价工具。借鉴5E教学模式，尝试将新理念、新技术融入参与、探索、解释、应用、评价等五个阶段，构建在线教学新常态。

关键词：后疫情时代；在线教学理念；在线教学技术；在线教学模式；新常态

2020年，突如其来的疫情改变了人们的生活、工作和学习，超过190多个国家和地区在全国范围内关闭学校，全球有94%的学生（16亿学习者）受到学校停课影响。[1]疫情暴露了各国教育体系的诸多不足，但真正的改变往往蕴藏于危机中。疫情后的教育并非恢复常态或原状，而是要利用各国教育创新的做法，解决在疫情期间教育系统暴露的不足，促进教育的进一步发展。

关于后疫情时代的教育教学变革，已有部分研究。一种观点认为，后疫情时代将会加速线上教学与线下教学的融合，居家学习和在校学习的

---

* 本文系河南省教育厅人文社会科学资助课题"民办高校大学生心理健康教育课程建设探究"（课题批准号：2020-ZZJH-558）阶段性成果。

融合,校内教育与校外教育的融合,重构教学价值观、教学结构、教学程序、教学文化,最终将促成双线教学和双线融合教学时代的来临。[2][3]另一种观点认为,疫情期间的大规模在线教育实践,虽然存在着教师在线教育技术能力不足,学生自主学习能力有待加强的问题,却呈现出以弹性教学和主动学习为基本特征的新型教育教学形态。[4]可以看出,现有研究主要聚焦未来教育教学方式的宏观走向,未从微观视角分析如何整合各国在线教学的有益做法,以便进一步完善、发展这种以学生为中心的在线教学模式。这正是本文试图回答的问题。论文以经济合作与发展组织(Organization for Economic Co-operation and Development,简称OECD)[5]、联合国教科文组织(United Nations Educational, Scientific and Cultural Organization,简称 UNESCO)[6]、世界银行(The World Bank)[7]等国际组织对疫情期间各国在线教学的最新调查为线索,广泛检索数据源,主要分析三方面内容:第一,整合各国在疫情期间形成的最新在线教学理念;第二,概述各国在疫情期间开发的各类在线教学平台及工具;第三,尝试将新理念、新平台及工具融入 5E 教学模式,构建在线教学新常态。

一、疫情促进各国在线教学理念变革

疫情改变了师生的教学方式,由面对面线下教学转变为远程在线教学。教学方式的改变促使各国教育者、研究者不断反思过去学校教育的局限性,推动在线教学理念的变革。这些理念或许并非首次提出,但在这次全球范围内的危机中却更加凸显了它们的重要性,需要各国教育者、研究者重新审视在线教学理念,尝试将其与在线教学平台、工具相结合,使其真正融入教育实践中。同时可以看到,各国疫情的特殊性导致在线教学理念的多样性,但正因其多样性,反而呈现出碎片化的特点,需要基于教师、教与学的方式、师生关系、教学设计、评价方式等教学论视角进一步统整在线教学理念,使其趋于系统化。

1. 提升教师在线教育教学能力

疫情期间的在线教学，凸显了信息和通信技术的重要性，也暴露了教师在线教学能力的不足。OECD 最新调查表明，仅 2/3 的学校教师具备在线教学必需的信息技术和教学技能。大约 4/5 的教师提出，在后疫情时代，应为教师提供有针对性的培训，以适应未来的在线教学。[8]在美国，为应对疫情对在线教育提出的挑战，美国虚拟学习领导联盟（Virtual Learning Leadership Alliance，简称 VLLA）和 QM(Quality Matters)①及时更新了《在线教学质量全国标准》(National Standards for Quality Online Teaching)，从专业职责、数字教学法、社区建设、学习者参与、数字公民、多样化教学、评价和测量、教学设计八个方面对教师在线教育教学能力做了明确规定和详细说明，[9]同时持续开发了一系列相关在线培训课程，包括"过渡到远程教学系列"(Transtioning to Remote Teaching Series)、"国家在线标准系列"(National Online Standards Series)、"混合教学课程"(Blended Teaching Courses)等，所有教育工作者可通过密歇根虚拟大学官网免费学习。这些标准及课程不仅可满足一时之需，更侧重于创建未来高度个性化在线教学模式。

2. 保持在线学习灵活性，实施差异化教学

疫情期间的在线学习环境及特点推动了在线学习的灵活性，要求教师实施差异化教学。一方面，在线学习环境要求保持学习的灵活性。居家线上学习方式存在诸多因素制约同步教学，如在线学习技术、能力、设备、家长指导水平等；另一方面，在线学习涉及大量阅读、操作，如教师仅利用 Zoom 等视频会议平台将线下教学模式简单移植到线上，必然会使学习者倍感压力，产生厌学情绪。有效的做法是在满足教学目标前提下，教师将学习内容分解为一系列问题模块，赋予学生一定选择权，允许其自定学习进度，以不同方式表现学习成果，[10]教师角色也由知识的传授者向

---

① QM 是美国的一家国际性的非盈利机构，专门从事在线与混合教育质量标准研发。

课程促进者、指导者转变。如卢旺达教育委员会（Rwanda Education Board）基于数字技术优势和在线学习特点，开发了系统化、多格式的学习资源，将其整合于国家在线学习平台，学生可以根据需要，访问相应学段的在线资源，尝试解决预设的学习问题，同时也可单独与提供学习资源的指导教师互动交流，师生交流的过程即教师实施差异化教学的过程。

3. 学习方式以自主性、个性化为特征

疫情改变了学生传统的学习方式，由线下以教师安排为主的学习转变为线上自主性、个性化学习。在缺乏成人有效指导、监督情况下，自控力不强的学生，其在线学习实效性并不理想，甚至流于形式。OECD的调查显示，大约有50%的学生无法评估其学习成效，有32%学生认为学习成效远低于学校课堂学习。[11]然而评估疫情对学生的影响，不应仅看到学习内容的达成度，还应看到他们在远程学习期间展示或未能展示的能力。显然，有效的在线学习对个体独立学习能力、自主执行力、自我监测和信息技术素养提出了更高要求，这些都是目前和未来社会必需的基本技能，也是学校重新开放后应侧重培养的学生核心能力。如在芬兰，学生已能通过 Moodle（Modular Object-Oriented Dynamic Learning Environment，是一个用于制作网络课程或网站的软件包）、Google Classroom（谷歌课堂）、Skype、Zoom 等独立开展项目化学习。英国威尔士针对疫情对教育的影响，颁布了《威尔士的教育：我们的国家使命》（Education in Wales: Our National Mission），明确提出下一阶段教育改革的首要目标是"使所有威尔士的儿童和青少年成为有抱负、有能力的学习者"。[12]

4. 在虚拟课堂中重构师生关系

线下课堂教学，师生可通过面部表情、肢体语言、非数字化声音等多种直观方式沟通、交流、合作。疫情期间的应急在线教学，教师只能依靠学习平台、社交软件、通信工具等与学生保持联系，一方面使师生、生生之

间在心理上、空间上产生距离感,另一方面使教师无法及时注意到学习状态不佳的学生,不能进行有针对性的指导。但实践发现,在线教学在促进师生联系方面也具有传统课堂无法比拟的优势。如在韩国,教师可利用Wedorang、E-Hakseupteo等在线教学平台建立虚拟教室,师生、生生既能像线下课堂一般互动交流、合作,教师又能分层发布作业,实时关注学生学习进度,及时交流指导。[13]后疫情时代的在线教学,应充分发挥技术优势,通过多样化的教、学方式,功能强大的协作平台、工具,将师生整合于虚拟课堂中,重构稳定而持久的师生关系。

5. 教学设计以学生为中心

大量研究表明,以学生为中心的教学设计,可激发学生学习动机,提高其教学参与度,发展其批判性思维能力,从而加深对学习内容的理解。[14][15]以学生为中心的教学设计需要专注于学生,思考以下几个关键问题:学生将学到什么?采用何种方式获得这种学习?如何对学习进行评价?日本的做法较有代表性。疫情期间,日本一些学校设计了以学生为主导的在线活动课程:第一,每个年级成立儿童委员会(children's council),由学生代表组成,校长在线向委员会负责人介绍该学期的学习目标;第二,儿童委员会根据学生需求、学习目标要求,在线讨论并设计活动计划;第三,儿童委员会组织活动的实施和评价,学生在线录制、编辑、发布、交流、评论活动视频。整个学习过程以学生为中心,教师充当观察者、指导者和支持者角色。[16]

6. 评价方式以能力考核为主,多种评价方式相结合

疫情期间,在线教学面临的一个核心问题是如何评价学生。联合国教科文组织的调查发现,不少国家以此为契机,突出考核学生能力,探索多样化的评价方式,包括减少考试次数,修改考试形式,考察学习档案等。其中埃及的做法更具特色,它以研究项目(research projects)代替传统考

试,要求学生基于数字平台完成每个学科的研究项目,这也是其未来教育改革的重要组成部分。[17]正如埃及教育和技术教育部部长塔雷克·斯霍基(Tarek Shawki)在描述其新教育2.0框架(New Education 2.0 Framework)时所言:"我们希望学生为生活而学习,不是为考试而学习。"[18]疫情加速了埃及的教育改革,推动其由重视记忆、考试向注重学习者经验、培养其胜任力转变。

二、疫情推动各类在线教学平台和工具的开发

教学理念的改变仅是观念层面,能否落实在实践中取决于相应在线教育技术的支持。疫情期间,各国开发和使用了多样化的在线教学平台、工具来满足学生学习的个性化需求,促进差异化教学。[19][20][21]根据在线教学特点,可将其概述为四类:在线交流工具、教学资源平台、在线教学平台、在线学生评价工具。

1. 在线交流工具

在线教学更需要教师、学生、家长之间定期交流,这有利于保持学习目标的一致性,明确各自角色和职责,有利于学生建立新的学习常规,形成好的在线学习习惯,满足社会情感需求,促进学业成功。疫情期间常用的在线交流工具包括:Zoom、Remind、FlipGrid、Google Slides等。

Zoom是一款被广泛应用的视频会议应用程序,允许教师与多达100位参与者进行40分钟的会议。Remind是一种双向消息传递工具,能将信息翻译成70多种语言,可增进学校与家庭之间的联系,教师可共享文本、音频、视频、链接、图像给学生和家长,他们也可及时给予回复。FlipGrid是非常受欢迎的视频交流平台,广泛应用于180多个国家和地区,它允许每个学生通过录制短视频方式对其所学知识进行说明、交流、讨论。Google Slides的共享功能可以使教师和学生在同一演示文稿中编辑、评论、回复、交流,为教师与学生创设一个合作学习的环境。类似的在

线交流工具还包括 Bloomz、Smore、Skype、Hangouts 等。

2. 教学资源平台

在线教学需要系统化、多样化的教学资源作为保障。在线教学资源大概来源于三种：教师已有的基础性资源（课件、电子教案等）、他人开发的开放性在线资源、利用网络平台自制新的教学资源等。

较有代表性的开放性资源包括 OER Commons、CK‐12 等。OER Commons 是一个免费开放的数字图书馆，涵盖从幼儿园到大学的完整教学、研究资源。资源类型多样化，包括教科书、教案、课程计划、教学大纲、教学策略、学生指南、教学视频、课程与教学标准等。各类资源以多语种形式呈现，主要有英语、中文、日语、法语等。CK‐12 同样是一个免费提供从幼儿园到高中阶段课程的教学资源平台。该平台具有智能、交互式数字教科书，集成自适应练习和交互视频，在学习问题与实际应用间建立联系，旨在使每个人都能以自己的方式进行学习。

在线教学资源制作平台以 H5P 最具特色。H5P 是一个完全免费的开源 HTML5 在线学习资源创作工具，无需任何专业技术，教师可直接在 Web 浏览器中创建友好的交互式 HTML5 在线教学内容，如编辑网页、制作交互式视频、交互式演示文档、测验、游戏等。制作的 H5P 内容也可以被打包为一个文件，嵌入师生所用的学习管理系统或在线课程中。

3. 在线教学平台

差异化教学意味着要根据学生的文化背景、社会经济状况、性别、动机、能力、兴趣等，提供不同的教学策略、学习内容、学习方式、学习环境、评价方式等，从而促进每个学生取得成功，[22]这需要相应的数字化工具或平台来辅助教育者和学习者达成此目标。在线教学平台按其特点，可分为游戏开发、资源建设、学生管理、综合教学等类型。

游戏开发类在线教学平台包括 Badaboom、Quizziz、ReviewGameZone、

Kahoot等,其中Kahoot是目前最受欢迎的学习平台之一,超过200个国家和地区,600万名教师和8亿学生正在使用。[23]通过Kahoot,学习者可访问由教师创建的大量各年龄段学习游戏,同时也允许学生根据学习内容创建属于自己的Kahoot,邀请同伴参与,使学生由学习的跟随者成为真正的领导者。研究表明,在高等教育和基础教育阶段运用Kahoot,对学生成绩、课堂互动、学习态度和减少焦虑等方面都有积极影响。[24]

资源建设类在线教学平台以ZooWhiz为代表。ZooWhiz是一个面向4—15岁儿童,包含美国、英国、新西兰、澳大利亚等多个国家各学科课程的在线教学平台。其工作原理为:首先将每门学科的内容分为不同主题;其次将每一主题学习活动按难易程度细分为多个层级,当学习者在一个层级上表现出对知识和技能的掌握行为后,会自动升入更高层级。[25]因此,ZooWhiz提供了一个灵活、独立的学习环境,在尽量减少教师和家长干预情况下,智能适应每个孩子的个性化学习需求。

学生管理类在线教学平台主要有Edcite、IXL、Otus等。以Otus为例,Otus能将教育教学理论和学生学习数据相结合,实时生成有关学生学业、社会情感表现等数据报告。基于数据,该平台推荐适合不同学生需求和偏好的教学策略、学习内容、学习环境、评价方式等。当每个学生都能获得他所需的资源,找到合适的学习方式时,他就能达到自己的最佳状态,实现个性化学习。

综合教学类在线教学平台以Buncee为代表。Buncee是有助于实现翻转课堂、个性化教学的平台。教师可以创建和管理虚拟教室,自定义学生学习小组,以实现分层教学,分层发布作业,动态差异化评价学生。师生还能以个性化方式制作可嵌入网站或博客的可视化演示文稿或数字故事,分享给世界的每个人或指定群体,方便彼此交流。

4. 在线学生评价工具

学生评价方式按照评价时段,可分为形成性评价和总结性评价,相应的,在线学生评价工具也可分为形成性评价工具和总结性评价工具。

形成性评价工具主要包括 Formative、Quizizz 等。Formative 允许教师向学生实时发布作业,帮助其识别学生难以理解的概念、尚未掌握的技能,即时调整教学计划。Formative 同时还能长期记录学生的学业成长,为学生的自评和他评提供全面、系统的分析数据。美国研究所(American Institutes for Research) 2018 年的调查发现:90% 的教师表示,Formative 提高了学生的学业成就,80% 的教师认为,Formative 明显改善了学生的不良学习行为。[26] Quizizz 是游戏化的形成性评估工具,教师可以创建或选择已有的测评游戏,学生以自己的进度参与其中,教师可以实时了解不同学生的表现。类似的工具还包括 Plickers、Canva、PearDeck、Padlet、EdPuzzle 等。

总结性评价工具主要包括 Book Creator、MySimpleShow 等。Book Creator 是一款功能强大且易于使用的数字图书制作工具。学生运用此工具可以将文字、图片、音频、视频等资源结合起来,创建互动故事、论文、研究报告、诗歌、书籍等,以此来证明对学习内容的理解和掌握程度。教师可访问学生创建的任何书籍、报告等,并将其添加到班级图书馆与学生共享。MySimpleShow 是创建解说类视频的在线工具。借助这一工具,教师和学生可以在数分钟内制作简单的教育视频。此工具常用于翻转课堂,如通过让学生制作有关学习主题的 3 分钟视频,来检测其对学习内容的理解。类似的工具还有 Kidblog、WeVideo、ShowMe 等。

三、 后疫情时代需要进一步完善在线教学模式

疫情期间的在线教学是在危机期间将教学由线下转移到线上的一种临时解决方案,仅能称为应急远程教学(emergency remote teaching)。[27] 这种临时解决方案虽然推动了教学理念的更新,各类教学平台、工具的开发和使用,但因其缺乏精心的教学设计和系统的教学模式,并不能促进新的、更有效的教学方式变革。[28] 长远来看,应急远程教学必须在整合新教学理念、多样化在线教学平台与工具的基础上,形成系统化、常态化的在

线教学模式,才能最终促进学习变革和教学创新。

5E教学模式是当今许多国家普遍应用的教学模式,[29]包括参与(engagement)、探索(exploration)、解释(explanation)、应用(elaboration)、评价(evaluation)五个环节,其核心是以学生为中心,使其从自身经验中获取知识的意义,达成教学目标。[30]研究表明,5E教学模式可为学生获得独特的学习体验,对学生的学习成绩和知识掌握的持久性产生积极影响。[31]5E教学模式也是美国在线教师专业发展课程中鼎力推荐的在线教学模式,其每一阶段都可与相应教学资源、平台、工具结合,更好地根据学生需求实现差异化教学。因此,借鉴5E教学模式,整合疫情期间形成的新理念及各类教学平台、工具,构建我国后疫情时代在线教学新常态,或许是一种有益尝试。

1. 5E教学模式的理论基础

5E教学模式的起源可追溯至赫尔巴特(John Fredrick Herbart)的形式教学阶段论思想和杜威(John Dewey)的完整思维行动(complete act of thought)学说,其最直接的理论基础是阿特金(J. Myron Atkin)和卡尔普斯(Robert Karplus)提出的科学课程改进研究(science curriculum improvement study,简称SCIS)教学模式。

赫尔巴特认为,教育的主要目的是促进人道德性格的发展。道德性格的发展有赖于兴趣的培养和观念的形成。学生只有对所学知识产生强烈兴趣,才会主动构建新的观念,新观念的不断形成才能促进人的思想和性格的发展。在新观念形成过程中,教师必须引导学生将新观念与已有经验建立联系,即先验知识应是教学的起点。在此基础上,赫尔巴特提出著名的教学四阶段论:明了、联想、系统、方法。[32]

杜威在《我们怎样思维》(*How We Think*)中首次提出了"完整思维行动"概念,并在其后的《民主主义与教育》(*Democracy and Education*)中进一步加以阐释和完善。杜威认为,真正的思维行动是一种反省思维,即不断探究和深入考察的过程。一个完整的思维行动应包括五个步骤:第一,感知困惑,思维行动源于人类处于某种疑惑的、不确定的情境中;第二,推测预料,对已知要素进行试验性解释,认为这些要素会产生某种结果;第三,审慎调查一切可能的事情,阐明手头的问题;第四,详细阐发试验性假设,使其更加精确、一致;第五,将假设作为行动计划,应用到当前事态中,以期达成所希望的结果,从而检验假设,并根据结果,重新考量假设的可行性。[33][34]基于"完整思维行动"的教学模式可概括为:感知困惑、阐明问题、提出假设、检验假设、修改假设并根据解决方案采取行动。

19世纪60年代初,阿特金和卡尔普斯提出SCIS教学模式,包括探索(exploration)、术语介绍(term introduction)、概念应用(concept application)三个阶段。探索指学习者运用已有经验初步体会新的学习内容;术语介绍指教育者引导学习者加深对所学概念、术语的理解;概念应用指学习者将所学概念运用到新的情境中。[35]在此基础上,1987年,美国生物科学课程研究中心(Biological Sciences Curriculum Study,简称BSCS)将SCIS教学模式扩充为五阶段,包括参与、探索、解释、应用、评价。[36]5E教学模式相对于SCIS教学模式,增加了参与阶段和评价阶段。参与阶段旨在将学习内容与学生先验知识建立联系。评价阶段即评估学生对学习内容的理解。中间三个阶段大致相同。五个阶段以评价为中心,共同构成一个学习环(见图1),应用阶段的结束意味着一个新的学习周期的开始,评价不是学习的终点,而是贯穿于每个阶段当中。

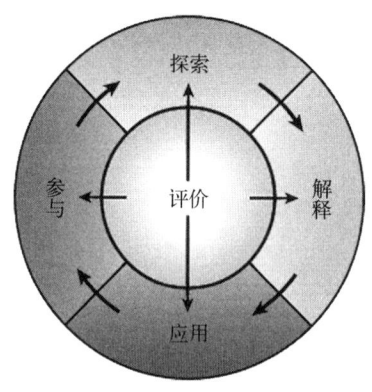

图1　5E教学模式

2. 5E在线教学模式的构建

5E教学模式的每一阶段都可与相应在线教学平台、工具结合,构建新的5E在线教学模式(见表1),以便适应学生的个性化学习,实现差异化在线教学。

表 1 5E 在线教学模式

5E 在线教学模式	每阶段主要活动	可选择的在线教学平台、工具
参与	头脑风暴：你是如何看待的？ 提问问题：你想了解什么？ 获取先验知识：你知道什么？你是如何学习的？	Padlet Google Classroom Question Mentimeter
探索	实地调查 观看视频 阅读文章 离线任务 交流讨论	Google Search YouTube Google Classroom Question Schoology Online Discussion Shared Google Slide Deck
解释	实时同步会话 录像课程	Zoom Screencastify Edpuzzle
应用	联系：将概念与生活建立联系 运用：用所学知识解决现实问题 说明：说明解决问题的过程 创建：学生创建并上传学习成果 评论：师生评论学习成果	Quizizz FlipGrid Quizlet Kahoot
评价	形成性评估 总结性测验 课程反馈	Quizizz Otus Google Forms Socrative

第一，参与阶段，目的是激发学生兴趣，使其主动参与教学过程，同时预先评估其对新学习内容的理解。可行的做法包括：以头脑风暴形式请学生就将要学习的内容发表个人看法；设置与学习主题相关的问题，引导学生在当前学习任务与过去学习经验间建立联系，如关于某事你想了解什么？你知道什么？你是如何学习的？至少有三种工具来实现此阶段目标，如教师通过 Google Classroom Question、Mentimeter 等提出与学习主题相关的开放性问题，师生可利用 Padlet，以图片、网络链接、视频、文字等形式发表个人观点，展开讨论。

第二,探索阶段,目的是使学生以个性化的学习方式,探索与主题相关的问题、概念、术语等,初步构建对新学习内容的理解,如尝试在概念间建立联系,总结事物发展规律等。理想的情况下,学生会以团队合作形式提出问题假设,开展一系列探索活动,包括实地调查、观看视频、阅读文章、在线讨论等。年龄较大的学生可使用 Google 等搜索引擎检索文献,在 YouTube 上观看视频。年龄较小的学生需教师提供可选择的学习资源,如文章链接、视频链接等。学生可利用 Google Classroom Question、Schoology Online Discussion、Shared Google Slide Deck 等展开交流讨论。

第三,解释阶段,目的是通过师生、生生之间的交流、讨论、倾听、理解、质疑、解释等环节,使学生加深对所学知识的理解和认识。一方面,学生对第二阶段的学习进行分析、说明,如从中学到了什么? 是如何进行探索的? 另一方面,教师针对学生的问题及时进行引导,适度答疑解惑。这一阶段师生可采取实时同步对话(Live Synchronous Sessions)、视频课程(Video Lessons)两种形式交流、学习。Zoom 是实施同步对话的常用工具之一。针对疑难问题,师生可利用 Zoom 开展小组讨论、师生对话等。如果同步直播不易组织,教师也可使用 Screencastify 等录屏软件,录制教学视频给予学生指导,利用 EDpuzzle 在教学视频中添加必要语音旁白或设置问题,当学生在观看视频过程中,问题或旁白会适时弹出,学生只有完成相应任务才能继续观看。

第四,应用阶段,目的是引导学生将其所学知识运用于实际生活情境,进一步巩固其对知识、概念的理解,提高其解释、解决现实问题的能力。在这一阶段,学生需重新讨论、解释其所学内容,思考如何将其所学概念与实际问题建立联系。教师可运用 Quizizz 工具使学生提交关于知识运用的说明,如你是如何解决某一问题的流程是什么? 遇到了哪些挑战? 学生录制相应的短视频并上传到 FlipGrid 上,师生在评论区发表个人看法,交流学习体会。教师也可运用 Kahoot 创建学习游戏,使学生在完成游戏任务过程中强化对知识的理解。

第五，评价阶段，目的是使师生了解是否达成了教学目标，包括对学生、教师和课程的评价。评价方式以能力考核为主，多种评价方式相结合。教师可运用 Otus 等学习管理系统，尽可能全面地收集形成性评价数据，了解学生在整个学习过程中的知识掌握情况。学生也可通过 Quizizz、Socrative 等填写学习评估问卷，反思学习过程，分析学习经验。同时，学生利用 Google Forms 对课程和教师进行评价，教师根据其反馈总结课程中存在的问题，调整教学策略。

四、结语

在后疫情时代，回顾之前的在线教育，我们取得了一定成就。疫情发生后，国家及时提出"停课不停学"的指导意见，充分利用信息化技术手段，开发各种教学资源和平台，保证了超过 2 亿学生居家接受在线教育。[37]但这只是应急在线教学，仍存在不少问题。研究发现，我国疫情下的在线教学整体以"教师主控"的"讲授型"教学模式为主，师生间以言语单向互动为主，没有生生互动。网络教学工具的选取与使用缺乏科学性。[38]数据显示：60%的家长表示在线教育的劣势是没有时间监督孩子学习，无法避免孩子玩游戏的比例为 27.7%；44.3%的学生觉得不能随时向教师提问；39.6%的学生认为线上学习效率低下；40.9%的教师认为，在线上教育中面临的最大问题是课堂管理的缺失，另外 39.6%的教师认为教学内容质量不高。[39]为解决这些问题，必须立足国际视界，全面总结已有经验，深入进行理论分析，不断创新教育理念及技术手段，才能推动教育方式的真正变革。

基于此目的，论文从理念与技术相融合的微观视角，整合了各国在疫情期间形成的多样化的在线教学理念，分析了国际上常用的在线教学平台、工具等，进一步尝试将二者融入 5E 教学模式中，构建以学生为中心的 5E 在线教学模式，推动在线教学走向"新常态"。需要说明的是，影响在线教学的因素有很多，如数字工具、教学经验、技术熟练程度、个性、学生年龄等,因此,不同教师的在线教学也各具特色。上述分析的教学理念、在线教学平台、在线教学模式仅能为教师在线教学提供基本框架、思路,教师还需不断总结、探索,找到适合个人及学生的在线教学方法,为学生提供最佳学习体验。

参考文献

[1] United Nations. Policy Brief:Education During COVID‑19 and Beyond[EB/OL].2020‑08‑22[2020‑11‑14]. https://www.un.org/development/desa/dspd/wp-content/uploads/sites/22/2020/08/sg_policy_brief_covid‑19_and_education_august_2020.pdf.

[2] 李政涛.后疫情时代,基础教育向何处去?[J].基础教育,2020,17(03):94‑98.

[3] 郭元祥,刘晓庆.在线教学:何以从新技术转向新形态[J].教育科学,2020,36(03):7‑8.

[4] 黄荣怀,汪燕,王欢欢,等.未来教育之教学新形态:弹性教学与主动学习[J].现代远程教育研究,2020,32(03):3‑14.

[5] OECD. Lessons for Education During the Coronavirus Crisis[EB/OL].[2020‑11‑17]. https://oecdedutoday.com/coronavirus/.

[6] UNESCO. COVID‑19 Response[EB/OL].[2020‑11‑17]. https://en.unesco.org/covid19.

[7] The World Bank. Lessons For Education During the COVID‑19 Crisis[EB/OL].2020‑06‑22[2020‑11‑17]. https://www.worldbank.org/en/topic/edutech/brief/lessons-for-education-during-covid-19‑crisis.

[8] OECD. Schooling Disrupted,Schooling Rethought:How the Covid‑19 Pandemic is Changing Education[EB/OL].[2020‑11‑13]. https://read.oecd-ilibrary.org/view/?ref=133_133390‑1rtuknc0hi&title=Schooling-disrupted-schooling-rethought-How-the-Covid‑19‑pandemic-is-changing-education.

[9] VLLA.,&QM. National Standards for Quality Online Teaching:Third Edition(2019)[EB/OL].[2020‑11‑14]. https://www.nsqol.org/wp-content/uploads/2019/02/National-Standards-for-Quality-Online-Teaching.pdf.

[10] Gentry,R.,Sallie,A. P.,&Sanders,C. A. Differentiated Instructional Strategies to Accommodate Students with Varying Needs and Learning Styles(online submission)[EB/OL].2013‑11‑18[2020‑07‑09]. http://files.eric.ed.gov/fulltext/ED545458.pdf.

[11] OECD. The Impact of COVID‑19 on Education — Insights from Education at a Glance 2020[EB/OL].[2020‑11‑14]. https://www.oecd.org/education/the-impact-of-covid-19‑on-education-insights-education-at-a-glance-2020.pdf.

[12] Education Wales. Education in Wales:Our National Mission:update October 2020[EB/OL].2020‑10‑13[2020‑06‑25]. https://gov.wales/education-wales-our-national-mission-update-october-2020‑html.

[13] The World Bank. How Countries are Using Edtech to Support Access to Remote Learning During the COVID‑19 Pandemic[EB/OL].[2020‑11‑18]. https://www.

worldbank.org/en/topic/edutech/brief/how-countries-are-using-edtech-to-support-remote-learning-during-the-covid-19-pandemic.

[14] Bernard, J., Chang, T. W., Popescu, E., et al. Learning Style Identifier: Improving the Precision of Learning Style Identification Through Computational Intelligence Algorithms [J]. Expert Systems with Applications, 2017, 75: 94 – 108.

[15] Yamagata, S. Comparing Core-image-based Basic verb Learning in an EFL Junior High School: Learner-centered and Teacher-centered Approaches [J]. Language Teaching Research, 2018, 22(1): 65 – 93.

[16] Tsuneyoshi, R. Japan-Tokkatsu or Student-Led Collaboration Online (English). Education Continuity Stories Washington, D.C.: World Bank Group.[EB/OL]. 2020 – 09 – 02 [2020 – 11 – 18]. http://documents.worldbank.org/curated/en/829661599149709336/Japan-Tokkatsu-or-Student-Led-Collaboration-Online.

[17] UNESCO. COVID – 19 A Glance of National Coping Strategies on Highstakes Examinations and Assessments[EB/OL]. 2020 – 04 – 11[2020 – 11 – 17]. https://en.unesco.org/sites/default/files/unesco_review_of_high-stakes_exams_and_assessments_during_covid – 19_en.pdf.

[18] Saavedra, J. Shaking up Egypt's Public Education System[EB/OL]. 2019 – 11 – 18[2020 – 11 – 17]. https://blogs.worldbank.org/education/shaking-egypts-public-education-system.

[19] The World Bank. Lessons For Education During the COVID – 19 Crisis: Online Learning Resources[EB/OL]. 2020 – 06 – 23[2020 – 11 – 19]. https://www.worldbank.org/en/topic/edutech/brief/lessons-for-education-during-covid-19 – crisis-online-learning-resources.

[20] OECD. Supporting the Continuation of Teaching and Learning During the COVID – 19 Pandemic: Annotated Resources for Online Learning (2020)[EB/OL]. [2020 – 11 – 19]. http://www.oecd.org/education/Supporting-the-continuation-of-teaching-and-learning-during-the – COVID – 19 – pandemic.pdf.

[21] UNESCO. Distance Learning Solutions[EB/OL]. [2020 – 11 – 19]. https://en.unesco.org/covid19/educationresponse/solutions.

[22] Geel, M., Keuning, T., Frèrejean, J., et al. Capturing the Complexity of Differentiated Instruction[J]. School Effectiveness and School Improvement, 2019, 30(1): 51 – 67.

[23] Wang, A. I. Dozens of Studies Show Learning Benefits of Using Kahoot[EB/OL]. 2020 – 07 – 01[2020 – 07 – 09]. https://kahoot.com/blog/2020/07/01/dozens-of-studies-show-learning-benefits-of-kahoot/.

[24] Wang, A. I., & Tahir, R. The Effect of Using Kahoot for Learning — A Literature Review[J]. Computers & Education, 2020, 149(8): 1 – 22.

[25] Whiz, Z. How Adaptive Learning Works[EB/OL]. [2020 – 07 – 09]. http://www.zoowhiz.com/zh/educational-content/adaptive-learning/how-it-works.

[26] Clements, P., Cade, W., Faria, A. M., et al. Technology-Mediated Formative Assessment: A Study of Educators' Self-Reported Practice[EB/OL]. 2018 – 07[2020 – 07 – 20]. https://static1.squarespace.com/static/569596a6b204d5fa51853c2a/t/5c82c43971c10b9e5925f8b7/1552073787526/TechnologyMediatedFormativeAssessment_AIR.pdf.

[27] Hodges, C., Moore, S., Lockee, B., et al. The Difference Between Emergency

Remote Teaching and Online Learning[EB/OL]. 2020 - 03 - 27[2020 - 06 - 25]. https://er. educause. edu/articles/2020/3/the-difference-between-emergency-remote-teaching-and-online-learning.

[28] Horn, M. COVID‑19 Boost to Online Learning May Backfire[EB/OL]. 2020 - 03 - 20[2020 - 06 - 25]. https://www. educationnext. org/covid-19-boost-online-learning-may-backfire/.

[29] Bybee, R. W. The BSCS 5E instructional model: Personal reflections and contemporary implications[J]. Science and Children, 2014, 51(8): 10.

[30] BSCS Science Learning. BSCS 5E Instructional Model[EB/OL]. [2020 - 07 - 09]. https://bscs.org/bscs-5e-instructional-model/.

[31] Tuna, A., & Kacar, A. The Effect of 5E Learning Cycle Model in Teaching Trigonometry on Students' Academic Achievement and the Permanence of Their Knowledge[J]. International Journal on New Trends in Education and Their Implications, 2013, 4(1): 73 - 87.

[32] Herbart, J. F. Outlines of Educational Doctrine[M]. New York: Macmillan, 1901: 45 - 60.

[33] Dewey, J. How We think[M]. Chicago: D. C. Heath and Company, 1910: 69 - 79.

[34] Dewey, J. Democracy and Education.[M]. Carbondale: Southern Illinois University Press, 1980: 156.

[35] Atkin, J. M., & Karplus, R. Discovery or Invention[J]. The Science Teacher, 1962, 29(5): 45 - 51.

[36] Bybee, R. W., Taylor, J. A., Gardner, A., et al. The BSCS 5E Instructional Model: Origins and Effectiveness[EB/OL]. 2006 - 06[2020 - 07 - 21]. https://media.bscs.org/bscsmw/5es/bscs_5e_full_report.pdf.

[37] Zhou, L., & Li, F. A Review of the Largest Online Teaching in China for Elementary and Middle School Students During the COVID‑19 Pandemic[J]. Best Evid Chin Edu, 2020, 5(1): 549 - 567.

[38] 陈实,梁家伟,等.疫情时期在线教学平台、工具及其应用实效研究[J].中国电化教育,2020(05): 44 - 47.

[39] 郑勤华,秦婷,等.疫情期间在线教学实施现状、问题与对策建议[J].中国电化教育,2020(05): 42 - 43.

作者简介

张彦杰　华东师范大学教育学部博士研究生

周　云　郑州经贸学院大学生心理健康教育中心讲师

电子邮箱

zhangyj_suifeng@126.com

zhouyun214214@126.com

Chapter 8

场域视域下的在线教学：质量困境与超越路径*

李 青 王俊民

> **摘 要**：场域理论为审视在线教学质量困境提供了关系分析的视角。从场域理论出发，在线教学正面临师生主体异质性、既有惯习倾向性、知识质量差异性以及教学外部关系模糊性等质量困境。破解在线教学质量困境的路径是：提升师生交往温度，消解主体间的异质性；加强惯习转换力度，培育在线教学新惯习；挖掘教学内容深度，提升知识资本吸引力；明晰场域边界限度，把握在线教学的方向。
>
> **关键词**：场域理论；在线教学；师生交往；惯习转换；文化资本；关系边界

随着在线教学步入新常态，在线教学的质量问题逐渐引起关注。已有研究对制约在线教学质量的硬件资源、课程资源、教学方式、师生素养、制度建设等因素展开探讨，[1]鲜有从关系思维审视在线教学质量问题的尝试。就在线教学是时空分离的师生知识与情感交互的本质而言，在线教学质量困境体现为教与学的交互关系困境，师生关系异质化、教学理念冲突化、教学内容同质化、教学边界模糊化均是明证。从教育的交互性本质切入，为在线教学质量困境的破解提供了可能。场域理论对关系问题的系统论述，为审视在线教学质量困境提供了关系视域的分析框架。

一、场域与在线教学场域

场域是皮埃尔·布迪厄（Pierre Bourdieu）社会实践理论中用于分析复

---

* 本文系教育部人文社会科学研究2019年青年基金项目"核心素养视域下小学科学学业测评研究"（项目编号：19YJC880085）的阶段性成果。

杂社会关系的术语,意为"不同位置中存在的客观化关系网络(network)或某种形构(configuration)"。[2]场域持有特质化的价值信念,遵循各自特定的秉性倾向,在价值观和行动策略的交织融合中塑造客观化社会空间,并最终凭借场域中占主导位置的权力机制作用于进入场域的客体及行为者身上。布迪厄认为,场域中的关系网络或空间并不由外在制度决定,具有某种客观建构性,他引入"惯习"和"资本"概念来论证这种观点。在他看来,惯习将行为者的过往经验和现实境遇相串联,并积淀成行为者感知、判别和采取行动策略的性情倾向,从而具备解释外在结构与内在信念互动过程及其结果的可行性。资本则是解释特定场域内起主导作用的资源及其积累过程的概念,场域因自身本质性差异而塑造出某种特定资本的优势地位,能间接赋予拥有较多此类资本的主体以权力,进而获得影响或主导场域发展的关键动力,[3]成为解释个体行动及其身份转化的工具。场域、惯习和资本在实践交织中生成相互塑造和生成建构的关系:惯习受场域影响而生成,又孕育新场域的心智结构;资本协调着个体间的位置并以此赋权,成为场域发展的动力和目标;资本效力的差异化则重新划定了不同场域间的边界范围。因而场域具备诠释场域边界外的复杂社会关系及其作用机制的能力,场域中成员面临的实践困境和成员间的互动协商以及超越制度约束性而体现出的自我意义建构均是明证。

  对教育问题进行场域化解读,既是关照教育之关系性存在的表现,也是超越系统思维和结构主义等对教育问题探讨局限性的表现。教育的确能被置于具体情境和社会系统,置于与其他事物的关系中予以把握和审视,但教育问题的复杂性和意义生成的结构性建构特性已超过关系思维的诠释限度。场域则提供了思考教育问题的方法论和认识论可能:在方法论层面,场域超越教育实体论、二分法和结构思维的束缚,以动态交互的姿态审视教育及行动主体的情境性、实践性和历史性,剖析行动主体和客观现实的"相互占有";[4]在认识论层面,追求教育问题探讨的认知视角的拓展,促使教育问题的探讨能够超越教育自在逻辑,从社会资本和权力逻辑以及其他社会系统对教育系统的交互性等层面认识教育及其发展困境,丰富我们对教育的认知。

对在线教学场域的探讨建立在教育具有场域性特质上。教育场域是指教育者、受教育者及相关参与者之间依靠知识传承创新、转化消费来达成人的个性全面发展鹄的客观化关系网络[5]。教育的场域性特质表现为:(1)教育场域以知识创生为内生逻辑。教育应当也必须以为人类福祉贡献知识力量为合法性基础,并致力于对永恒真理和理性生活的追求。(2)教育场域以诉求冲突为发展动力。诉求冲突既是社会结构在教育功能问题上的基本要求,也是群体诉求和个体诉求在教育价值融合上的内在体现。(3)教育场域以文化资本为媒介载体。教育是育化新人的文化实践,教育诸要素及其相互关系的实现完全依靠知识来达成,教育是通过文化资本为媒介载体运转发展的[6]。(4)教育场域以学术权力为权力主轴。以文化资本为基础的学术权力,内隐为知识或文化与权力耦合的学术支配性或文化权威性,外显为拥有高深知识的学者凭借对稀缺文化资本的话语掌控对他者施加教育影响。

在线教学场域契合教育的场域性特质:一是在线教学遵循知识传承创新的内生逻辑。作为一种远程教育模式,在线教学尽管是一种借助技术媒介的时空分离式教学,在本质上仍是知识在教育主体间的传承创新实践,其最终归旨是指向以知识促成生命意义的完善。二是在线教学内含不同主体的诉求冲突。教师与管理者因文化资本的数量多寡和质量高低而具有差异化机遇与社会分层;教师和学生因知识分布不均衡性而导致"教什么与学什么"分离;接受过系统化教育的教师和缺少专业化教育培训的家长在教育目标、内容、方式、评价上的差异性所塑造的惯习也不尽相同。三是在线教学以文化资本为媒介载体。教师因掌握较丰富、系统的高深知识而获得文化资本的权威性持有而处于供应端,学生因需要凭借知识塑造自身文化素质和参与社会实践而处于稀缺文化资本的需求端。供需双方均围绕文化资本作为博弈的核心载体,通过掌握必要的文化资本而获得符合自身需要的晋升空间和发展机遇。四是在线教学坚持以学术权力为核心。尽管在线教学实践中渗透着政治权力、经济权力、道德权力等的影响,但都不足以撼动学术权力的主导地位。在线教学实践中人、管理、制度、资源和情感交互等均以学术权力为联结点。不同主体之间在视域融合、情感共鸣、经验内化、知识掌握等方面的互动交融亦归属学术范畴。

二、 场域视域下的在线教学质量困境

在线教学场域中师生的主体异质性、新旧惯习的潜沉度、文化资本的扩散失衡以及场域边界的模糊性等制约着教学质量提升。

1. 师生主体异质性增加了在线教学实施难度

异质性是"社会实践过程中成员间基于主观认识或客观标尺所进行的群体类型和属性的特质性划分样态"。[7]在线教学场域中的主体异质性指参与在线教学实践过程的教育群体之间存在的非同一性特质,这种特质可能依据群体成员的主观体认,也可能依据实践世界的客观标准,还可能依据师生关系的相互规定性。

学生主体异质性制约学习效果达成度。一是学生在学习动力、兴趣、风格、主动性、方式、努力程度等心理结构层面的差异所导致的异质性;二是学生在学业表现、知识掌握、能力培养、道德素养、实践水平等结果践行层面的差异所导致的异质性。在心理结构层面上的差异大致决定了践行结果层面的差异,这些差异是在个人知识秉性、社会文化传统、生活环境样态的综合作用下形成的。调查显示,城镇学生因拥有较多文化资本和网络产品熟悉度而比乡村学生更有意愿参与在线教学并取得更佳效果。[8]在线教学放大了学生主体异质性,教师在课堂教学中尚能对学生的学习心理及学业表现给予关注指导,而在虚拟空间中师生间的互动借由网络平台达成的,平台无法敏锐捕捉学生学习心理和学习情绪波动,教师在某种程度上被异化为与课程平台融为一体的物性教学工具,其育人育心的使命缺乏施展空间。

教师主体异质性制约在线教学理念与实践。教师除了受影响学生主体异质性因素的制约外,还必须努力回应教师身份的社会性期望。教师因教学价值观稳固度、教师使命观强弱、教学能力差异、教学经验多寡、教学艺术把控等多方制约而呈现出较强的主体异质性,也因文化资本数量和质量上的差异而被置于在线教学场域中的不同位置层级,导致教师结构位置的差异而影响教学理念与实践。[9]疫情期间实施在线教学,将教师在知识技能把握度、过程方法熟悉度、情感信念坚定度等方面的差异性暴露出来。"有些教师对在线教学持抵触情绪,或因不熟悉在线教学软件或直播技术而致使在线教学质量难以保证。"[10]

师生关系异质性制约教师教学胜任力。教师肩负传承社会主流文化价值观的使命,被社会赋予崇高的身份象征意义和知识权威形象。作为主流文化价值观接受者的学生,限于知识水平和身心规律的特殊性而处于师生交往中的低位样态。法律对教师身份与职责的规定强化了教师教书育人定位,"灵魂工程师"等文化隐喻的影响,塑造了教师文化资本和知识话语权的上位形象。在线教学场域呈现出教师运用文化资本获得学术权力、影响学生思想与行为的样态,而不是情景交融、教学相长的理性交往的民主样态,导致是非逻辑让位于强弱逻辑,严重制约着教师在线教学胜任力。疫情期间暴露出的"师生关系的不对等性、教学内容的不匹配性、师生情感的交互滞后性"[11]均体现了这点。

2. 既有惯习限制在线教学新惯习的创生

惯习是对客观化关系形构的生成性思维图式,是客观化关系演进过程中所内化而成的性情结构。惯习的生成性和历史性决定了其既不同于强调被动适应的"习惯"概念,也不同于无意识状态下的"本能"概念,更不同于主体性哲学所关切的主体意识,而是强调性情结构源自实践而作用于实践,被制度结构形塑而反塑新制度结构的特性。新惯习的生成既脱胎于旧有惯习的价值倾向中,但往往囿于旧有惯习的根固性而束缚创生空间。

传统教学惯习以其强大根固性和影响力作用于虚拟教学场域：教学理念上，一些教师对在线教学特点及本质的认识不深刻，亦缺少主动学习在线教学相关理论及探索相应实践方式的理念，致使在线教学沦为"新瓶装旧酒"的课堂教学实践的低效率重复；[12]教学内容上，部分教师仍固守知识授受惯习，窄化学习范围，混淆课程性质而削弱教学成效。数据显示："在线教学的课程内容设置并未准确契合在线教学实际情境，导致美术课程、英语课程等需要实际情境和实际操作或师生即时交流沟通的课程内容被排进授课规划，但成效却普遍偏低"；[13]教学方式上，缺少对在线教学的深刻理解，仍沿用传统教学惯习实施线上教学，以致在线教学"水土不服"："将线上教学视为传统教学与互联网技术的简单叠加，将正常课堂教学形态复制到网络教学平台中，未能充分考虑居家学习时学生之身心发展规律"；[14]教学评价上，传统的过程性评价与终结性评价相结合的教学评价体系已不适应居家学习情境，但匹配特殊学习形态和新学习模式的评价指标体系尚未建立，"强制性打卡签到、硬性作业上传、考核标准的变动性等较为普遍，尽管学生出勤率得到保证，但容易形成逆反心理"，[15]在线教学呼唤的评价体系仍未形成。

3. 文化资本传递失衡削弱了师生交互深度

在线教学场域中的文化资本主要指借助在线模式传递的文化产物，包括观念化的秉性倾向、实物化的课程内容以及形式化的制度安排等。目前在线教学正面临知识传递载体的陈旧匮乏、课程内容适切度偏低、在线教学师资认定标准模糊等问题，严重削弱师生交互深度和教育教学成效。

文化资本传递失衡表现为，在线教学所需的多媒体教室和网络移动设备在数量和质量方面均存在陈旧或匮乏样态，对学生能否顺利运用网络设备达成学习诉求也缺乏研判，客观上制约着以课程资源为主体的文化资本的传递扩散成效。纷繁复杂的课程内容充斥在线教学场域，如何在良莠不齐的课程资源中选取适切知识自身逻辑与学生身心发展规律成为当前在线教学的难题,"超过44%的教师认为教学目标所匹配的教学资源并不完善,尤其是匹配教学内容的相关练习册或教材资源不够丰富,表明教师对在线教学资源数据库的资源存量紧缺颇为不满";[16]当前在线教学资源配置缺乏有机衔接,在线教学实践中的实验类课程或实习设计类课程多因实地操作需要而所占比例偏低,但缺乏线下课程的补充完善,严重制约在线教学质量;[17]在线教学课程资源的深度有待提升:课程资源往往贪图大而全而忽视其精专性,课程资源仍遵循学科知识逻辑而挤压生命哲学、剖析社会与自我等指向生命完善性的课程发展空间,课程资源转化不足,常出现教师凭借自我喜好或凭借知识权威形象来规约课程资源集成转化的现象,[18]疫情防控知识被转化成课程资源的力度不足。各学校对在线教学师资的培养鉴定缺乏明确规定,导致不同信息素养、不同课程性质、不同授课风格的教师盲目参与在线教学实践,削弱了在线教学的精准性和成效性。

4. 关系边界混乱遮蔽了在线教学发展方向

"场域与场域、场域与成员间的联系是动态的,不存在固定不变的场域关系边界",[19]但场域的独特性也塑造着各自边界以维持自主性。但当前在线教学场域正被复杂关系包裹,导致在线教学场域与其他场域、场域的内在结构与成员间的关系边界呈模糊状态。

一是复杂外部关系简单化。在线教学的复杂外部规律被经济逻辑裹挟,在线教学注重效率提升而非人格养成,弱化了教学的育人性。强调时间经济观,压缩在线教学备课授课的时间空间。以资源为课程开发核心动力,关注课程开发的资源性投入高过情感性投入,甚至出现APP平台走向违规违法的现象,"违规采集用户私人信息,推送娱乐广告或敏感信息、增设收费项目等"。[20]二是家校合作关系单维化。家校合作理应互动融通以发挥育人合力。一些教师忽视家长在知识储备和工作性质方面的限制,硬性要求家长陪学打卡、拍照上传、录制视频、课后辅导等,甚至"硬性要求家长全程把握学生情绪波动和心理起伏"。[21]三是教学管理僵硬化。学校教育管理部门凭借自身在资源配置权限上的有利位置而对授课教师施加影响,"个别学校要求老师在假期中每天给学生在线布置任务、监督学习,还有个别学校要求全体教师录制视频课程",[22]以层级化管理模式,遮蔽了学生参与课堂管理的积极性。四是教学与生活边界混杂化,施教或学习空间与生活空间的交织而造成在线教学秩序紊乱,私人生活空间的暴露也增加着教学紧张感,引起师生情绪或心态上的波动。同时,教师的教学介入和引导不足造成教学临场感的缺失,课堂教学规约性和虚拟空间自由性间的监督机制断开,造成师生教与学的仪式感丧失。

三、 场域视域下在线教学的发展路径

在线教学体现出的环境、制度、知识和人之间的多元交互性表明,从场域视角出发探讨在线教学质量困境的突破路径具有内在必然性和现实可行性。破解在线教学质量困境的路径包括:提升师生交往温度,消解主体间的异质性;加强惯习转换力度,培育在线教学新惯习;挖掘教学内容深度,提升知识资本吸引力;明晰场域边界限度,把握在线教学的方向。

1. 提升师生交往温度,消解主体间的异质性

"在线教学中师生交互水平高低是决定在线学习质量的关键性因素。"[23]交际心理学认为:"师生交互不仅涉及交互行为与交互方式,还指向交互情境中师生间心理结构和态度情感上的变化。"[24]教学是关系性存在,在线教学要取得实质性效果,应提升师生交往温度,消解主体间异质性。

首先,形成师生交往的理性共识。理性认识到在线教学场域中师生交往的"弱控制性"[25]:教师和学生间的俯仰态势和交往的主客场思维都不复存在,转而呈现出民主对话的"双边互进"样态。教师与学生是围绕知识传承创新而生成的知识联合体,而不是高知识势能向低知识势能的刚性输出;应鼓励教师在网络教学前做好知识导入和指导学生预习,并根

据留言反馈来凸显学生主体性,确保学生充分享有学习话语权和参与知识创生过程能动性,生成基于主体间性的和指向主体间性的师生交往观;应破除师生交往局限于在线课堂场域中的错误认识,规避师生仅围绕知识问题进行局部性交往的倾向,挖掘师生交往话题点,扩大线上线下师生互动交往面,确保师生交往的整体全面性;应洞悉知识传承创新背后师生交往的情感互欠逻辑,关切物性追求之上的心灵交往和人道理性,赋予师生交往以人伦关怀和精神育化之价值定位,关照师生交往生命的人文性和温情度。

其次,探索师生深度交往的策略。在交往时间上,要依循学生身心发展规律和居家学习的客观实际,分层分段分梯度地划定交往时间,借助网络数据分析归纳总结师生信息化交往的成效区间,规避低效区间的教学安排所造成的交往耐时间性。要准确掌握师生交往步调节奏,精准把握同步交往与异步交往的节奏点,根据教学内容和实际学情科学搭配交往步调;在交往内容上,应认识到"有助于学生身心成长的内容"[26]均应纳入交往范围,避免只重学科知识传授而忽视生活情感培育的倾向,应当将认识疫情、珍视生命、卫生健康、亲子关系等融入交往范畴,拓宽师生交往内容深度;在交往方式上,在贯彻正常学习答疑和课堂互动外,还应借助信息技术联合开展在线学习之外的创意活动,为师生的情感交流创设条件,借助云课堂、腾讯视频、微信平台等学习 APP 实施"基于学生个性化需求"的教学,提升师生交往的趣味性和临场感;在交往强度上,增强师生交往的信息浓度和交往投入度,拓宽师生交往的信息场,激发交往欲望和群体认同感。"交往强度高意味着交往信息量大和交往投入度的升高,进而增强师生间的交往深度";[27]在交往层次上,师生交往既要达成知识、技能和情感的互动共融,也要达成师生交往超越知识而指向生命意蕴的彰显和教育理想的追寻之鹄的。

2. 加强惯习转换力度,培育在线教学新惯习

惯习是社会制度结构诉求内化的过程,也是个体心智结构社会化建

构的过程,兼具"外部结构内部化"和"内部结构外部化"双重逻辑。因而在线教学新惯习应聚焦在线教学的"外部制度结构"和培育在线教学的"内部心智结构"。

首先,聚焦在线教学的"外部制度结构"。在线教学的各维主体均依托已有教学模式或教学经验塑造的结构化认知图式来体悟在线教学情境中的各类刺激或制度规约,[28]必须为在线教学提供类似的外部刺激或制度规约来培育相应惯习。第一,要完善在线教学的制度体系,发挥制度规约性在形塑在线教学新惯习上的作用。完善提升教师信息素养的师资培训制度,重点提升教师的信息技术运用能力,消除部分教师对技术教学的恐惧心理,增强教师对教学数据的收集处理和分析反馈能力;健全在线教学评价制度,根据居家学习的实际情况拟定适切的时空分离的教学评价体系,激励教师参与在线教学积极性;建立政府、学校、家庭共育共融的在线教育实施联动机制,形成在线教育内外部联动体系。第二,要为培育新惯习创设相应的符号环境和意义空间。增强学校、教师、学生及家长对在线教学的价值意蕴,明晰在线教学本质和作用机制,准确把握在线教学的基本流程和构成要素,突出在线教学在疫情期间的应然性和必然性,营造在线教学的良性发展环境;加大对在线教学先进经验的宣传力度,确保在线教学所涉及主体能迅速获得关于在线教学的前期经验和认知基础,为在线教学顺利实施提供氛围支撑;吸收借鉴空间心理学和文化生态学关于环境对人的塑造性的观点或方法,尝试开展模式迁移以营造适切在线教学的文化环境。第三,要为在线教学提供资金支持,增强在线教学设备完善性和充裕度,合理运用经济资本、文化资本或符号资本塑造场域惯习上的资源吸引力,塑造在线教学场域的过程中形构相应惯习。

其次,培育在线教学的"内部心智结构"。唯有师生从原有教学模式及相应惯习中脱胎,并将这种惯习视作可观察感知的客观化对象时,师生才能能动性地对在线教学的外部制度机制进行监管检视,主动进行意义建构和经验反思,进而调适或培育自身惯习。第一,要更新多元主体的在线教学理念,确保学校、教师、学生及家长理性认识到在线教学的紧迫性和必然性,倡导多元主体主动反思自身角色定位和使命责任,为在线教学新惯习形成夯实观念根基。如教师向"学习指导者、价值引领者、情景营造者、资源整合者"[29]转型,家长向"合作学习者、学习辅助者"转型。第二,要为在线教学新惯习的形成提供环境支持:为教师实施在线教学提供技术环境支撑,为学生居家学习提供家庭空间环境,为家长帮扶学生居家学习提供和谐人际环境支持,为学生在线学习的焦虑心理和烦躁情绪提供心理辅导。鼓励家长及学生"创新布置学习场所,如把书房变课堂、餐桌变书桌、客厅变操场,尽可能减少居家学习的外部干扰"。[30]第三,要注重归纳在线教学的已有理论和实践经验,借鉴非正式环境下的教与学模式及经验,主动迁移虚拟学习、人工智能、非正式环境教学等领域的理念、方法和模式,在精准把握远程教育本质规律基础上,探索在线教学新惯习生成建构的理念与路径。

3. 挖掘教学内容深度,提升知识资本吸引力

在线教学场域中的核心资源是知识资本,知识资本及所负载的"符号价值"是整个场域中起支配性作用的生产要素和核心竞争力。尽管有形设备和外在制度同样属于知识资本范畴,但远不及以教学内容为主体的知识资本在场域中的核心定位。挖掘教学内容的深度,为知识资本充能赋值,才能激发在线教学场域内各主体的内生学习动力。

首先,增强教学内容管理效度。应健全教学内容分类制度,对海量网络学习资源进行分类统整,理顺各类资源的知识逻辑,规避不同知识逻辑的错位影响,建立知识逻辑和兴趣需要并轨兼容的教学内容分类体系,满足师生的个性化学习诉求;应完善网络课程资源的甄别制度,"对在线教育资源进行整合梳理,精心遴选适合学生的优质资源",[31]以学生核心素养所指向的维度为教学内容筛选甄别的核心依据,并注重所选内容与学生身心发展规律的契合性;加强网络课程资源的共享制度建设,探索在线课程资源校本数据库和校际数据库的资源共享平台建设路径,主动对接省际或全国在线课程数据库资源,确保优质在线课程能惠及各级各类学

校师生;探索校外市场课程资源与校内资源的对接机制,拓宽在线教学课程资源的供给侧,学习借鉴市场课程资源在制作宣传、贴近受众和技术优化等方面的先进经验,切实提升课程资源管理效度。

其次,提升教学内容间的衔接度。第一,教学内容适切学生学习的"最近发展区"。在线教学应准确把握学生认知规律和心智结构,确保选取的教学内容能够精准匹配学生学习实际,避免因内容过于晦涩难懂或过于简单而压制学生求知欲。第二,要精准把握学段间教学内容递进式衔接关系,遵循立足学情、难易结合、知行并融的内容衔接原则选取恰当的教学内容。如"低年级学生可提问为何不开学,启发学生从直观体验层面形成正确生活习惯和责任意识;中年级学生可学习万众一心抗击疫情的事迹,引发学生思考人与人、人与集体、人与国家的关系;高年级学生可开展公共卫生科普实践,帮助学生理解人与自然的共生关系"[32]。第三,要提高教学内容与现实生活的贴近度,避免知识单向度嵌入教学实践的弊端。警惕在线教学的知识脱离其生境的危险,原因在于在线教学的时空分离属性加剧了知识与情境的脱节。因而在线教学内容不仅要与人和自身对接,还应与自身生境相融合。这要求在线教学实施过程中注重为学生提供所学知识的社会情境,采用线上知识理解和线下知识实践相结合的方式增强学生对知识及其实际应用的体悟,达成知识与情境的共融。

再次,挖掘教学内容的育人深度。在线教学应拆解教学内容,筛除常识性知识或浅层知识,精选指向高阶思维和核心素养培育的课程知识,内嵌到15—20分钟的短课时讲授过程,注重凝练课程知识的高深性;借助在线学习平台或直播软件的学习反馈功能及时收集学生学习意见反馈,促使教师把握好学生知识理解度与知识深度间的动态平衡性,并根据学情反馈动态调整授课内容的层次与深度,避免师生间知识衔接错位;拓宽教学内容的生成模式,既要甄选已有优质网络课程资源,也要鼓励教师开发兼具校本特色或个人风格的课程资源,增强学生及家长参与在线课程资源开发的积极性,以 U‐C‐S(University-Community-School)模式和DIY(Do It Yourself)模式[33]为契机,深度挖掘优质地域文化资源和蕴含科学创意的观点,不断提升教学内容深度;注重在线教学内容的跨界集成性,增强知识的多学科属性和综合集成性,赋予知识应对复杂社会情境的作用,使学生接触跨界集成性知识以获得新的学习体验和思维灵感;还应加强在线教学内容的转化力度,将生命教育、防疫知识和亲子关系等转化为育人课程资源。如将疫情转化为课程资源,制作防疫知识课程,宣传抗疫事迹,增强抗疫信念,发挥疫情课程在育化学生生命信念和家国情怀的应有价值。

4. 明晰场域边界限度,把握在线教学的方向

"场域边界就在场域作用失效的地方。"[34]场域的边界就在于这种场域的特质性规定。在线教学的场域边界理应从其时空分离的教与学之本质[35]中寻觅。在线教学场域边界限度应聚焦教与学过程、在线教学管理模式、在线教学时空环境等方面,这是理性把握在线教学方向的关键。

在线教学形态边界:从实体走向虚拟。物理空间内固定化、静态化和计划性的教学形态,正朝虚拟空间内发展性、非线性和动态生成性的形态转向。这种边界形态的转变意味着教师不再受限于固定教科书和黑板、粉笔或投影仪等物理实体教学工具的限制,意味着教师从机械性"备课授课"教学模式转向"挖掘知识前概念、彰显知识人文意蕴、重视知识的应用情境"的教学模式。在教学形态虚拟化过程中,教师从知识权威向知识联合体中的学习发起者、指导者、参与者和咨询人转型,学生也逐渐从知识被动接受者变成主动自律和充满反思性精神的自学驱动者。同时,理性审视虚拟空间中作为教学载体和工具的信息技术及其价值意蕴,辩证考量作为教学载体的信息技术和作为教学工具的信息技术的关系,准确把握形态转变对信息技术价值定位的影响。

在线教学模式边界:从被动走向自主。在时空分离的虚拟学习环境中,具有规训性的学习纪律和教学仪式感丧失了效用空间,教师在物理空间中掌控课堂教学节奏和方向的身份感逐渐丧失,转而生成了虚拟时空中扮演学生自主学习指引者和鼓励学生自定义学习节奏与方向的建议人。在理念上,在线教学应避免信息空间沦为实体空间中"被动听讲或被动听看"[36]的倾向,释放学生学习主动性,鼓励学生自定义学习节奏,培育自主学习习惯;在内容上,甄选优质课程资源,注重校本课程开发录制,增强课程资源与信息技术的粘合力,为在线教学提供内容支撑;在方式上,鼓励教师团队授课,发挥师资优势,在充分尊重学生个体差异性的基础上选取灵活多变的教学方式,增强教学情境性以提升教师教学临场感,帮助学生找回学习感;在评价上,立足在线教学场景转换实际,聚焦学生学习参与度和学习体验感,以定性与定量评价相结合的嵌入式评价方式生成学生学习的个性化报告。例如,在课前准备基础知识测评题,帮助学生快速进入预习状态,在授课过程中实时抽检测验或以弹幕回答、积分闯关等趣味性方式巩固知识掌握度,在课后借助网络学习软件实施即时性或延时性的学习体验分享区,鼓励学生开展更易于接受的同辈学习评价,切实增强评价实效。

在线教学范围边界:从校育走向共育。"在线教学使得空间、资源、教学、管理全面开放,打破了实体空间阻隔,成为社会教育的有机组成部分,并接受社会的全面检验与评判。"[37]在线教学需要政府、学校、家庭发挥教育合力。政府应成为推动在线教学常态化建设的政策主体和资源保障主体,积极推动在线教学制度化建设和办学资源投入力度,完善以政府为主导的"政校家"育人体系,补齐"农村短板",加大农村地区在线教学关注度和办学资源投入度,以完善基础设施建设、加强教育技术师资培训、减免上网流量费用等方式消除数字化鸿沟。教师应转变观念,争做"四情"通晓者:晓"人情",把握师生身心健康状态;掌"学情",运用信息技术获知学生学情;通"心情",了解师生心理状态;知"社情",把握社会发展形势,主动探索在线教学的家校合作边界。家长应主动提升信息素养,承担家校共育责任,扮演好学生在线学习"监管者",避免忙于事业而疏于对学生的学习监督;扮演好学习氛围"创设者",为学生居家学习创设舒适自由的学习空间;扮演好学习条件"保障者",为在线学习提供基础硬件和卫生饮食的保证;扮演好学习进程"陪伴者",记录学生学习成长的点滴,见证学生在知识、能力和价值观上的进步。

在线教学管理边界：从层级走向扁平。在线教学管理从实体强关系走向虚拟弱关系，要求在线教学管理模式从层级走向扁平，采取协商式或下沉式管理统整在线教学。在去层级化的扁平化管理模式中，高层意见可以瞬时传递给中层管理者和一线师生，这要求在线教学治理应该架设多网点、多链条的管理机制，延展在线教学的管理宽度和管理长度。要为一线师生参与在线教学治理提供公开透明的网络环境，使事前信息收集与问题研判、事中方案论证和模式修订、事后监督反馈和经验推广等均处于民主公开的管理生态中。教师要建构虚拟学习共同体，创建师生互动学习的网络平台，发挥网络社交软件在学习资讯发布、任务布置、内容检查、学情分析等方面的作用，注重为学生知识内化预留空间，打造扁平化办学教学管理模式。要注重学生居家学习的自律品质培养，鼓励学生探索自我管理的路径，赋予学生独立选择学习内容并落实学习计划的自主性，充分肯定学生在居家学习过程中的主体地位，增进自我管理效能感。

参考文献

[1] 王冬冬,王怀波,张伟,王海荣,沈晓萍."停课不停学"时期的在线教学研究——基于全国范围内的33 240份网络问卷调研[J].现代教育技术,2020,30(03)：12-18.

[2] 布迪厄,华康德.实践与反思——反思社会学导引[M].李猛,等译.北京：中央编译出版社,1998：133-134.

[3] P.布尔迪约,J.C.帕斯隆.再生产——一种教育系统理论的要点[M].邢克超,译.北京：商务印书馆,2004：12.

[4] 刘远杰.场域概念的教育学建构[J].教育学报,2018,14(06)：21-23.

[5] 刘生全.论教育场域[J].北京大学教育评论,2006(01)：78-91.

[6] 谢维和.教育活动的社会学分析：一种教育社会学的研究[M].北京：教育科学出版社,2000：73-74.

[7] Diehm I, Kuhn M, Mai M. Ethnic Heterogeneity and the Production of Inequality in Educational Organizations from Early Childhood Onward[J]. Pedagogy Theory&Praxis Online Peer Reviewed Journal,2013(6)：20-29.

[8] 王冬冬,王怀波,张伟,王海荣,沈晓萍."停课不停学"时期的在线教学研究——基于全国范围内的33 240份网络问卷调研[J].现代教育技术,2020,30(03)：15.

[9] 曾明星,李桂平,周清平,颜一鸣."翻转课堂"教育场域：主体异质性、惯习冲击与价值建构[J].高等工程教育研究,2015(05)：188.

[10] 吴砥,余丽芹,饶景阳,周驰,陈敏.大规模长周期在线教学对师生信息素养的挑战与提

升策略[J].电化教育研究,2020,41(05):16.

[11] 谢幼如,邱艺,黄瑜玲,王芹磊.疫情防控期间"停课不停学"在线教学方式的特征、问题与创新[J].电化教育研究,2020,41(03):25.

[12] 穆肃,王雅楠.转"危"为"机":应急上线教学如何走向系统在线教学[J].现代远程教育研究,2020,32(03):24.

[13] 人民网.在线教育从"新"到"好"还需补哪些课[EB/OL].2020-02-27[2020-11-25].https://baijiahao.baidu.com/s?id=1659648284720056870&wfr=spider&for=pc.

[14] 高长.疫情期间"停课不停学":问题与对策[J].中小学信息技术教育,2020(Z1):26.

[15] 谭清才.把握好"战疫"中的"空中课堂"教育实验[N].团结报,2020-02-18(006).

[16] 崔允漷,余文森,郭元祥,刘晓庆,徐斌艳,陈霜叶,王小明,刘钧燕,杨晓哲,王涛,陈建吉,王少非.在线教学的探索与反思(笔谈)[J].教育科学,2020,36(03):8.

[17] 陈武元,曹荭蕾."双一流"高校在线教学的实施现状与思考[J].教育科学,2020,36(02):25.

[18] 陈运超.论在线教学对学校教育的再造[J].重庆高教研究,2020,8(04):120-128.

[19] P. Bourdieu, L. D. Wacquant. An Invitation to Reflexive Sociology[M].Chicago:The University of Chicago Press,1992.

[20] 教育部.违规现象仍突出 有效监管须跟上[EB/OL].2020-05-29[2020-11-24].http://www.moe.gov.cn/jyb_xwfb/xw_zt/moe_357/jyzt_2020n/2020_zt06/mtbd/202005/t20200529_460187.html.

[21] 焦建利,周晓清,陈泽璇.疫情防控背景下"停课不停学"在线教学案例研究[J/OL].中国电化教育,2020(03):106-113[2020-04-21].http://kns.cnki.net/kcms/detail/11.3792.G4.20200310.1628.030.html.

[22] 赵婀娜.莫把"停课不停学"的好经念歪[N].人民日报,2020-02-11(012).

[23] B. Muirhead. Encouraging Interaction in Online Classes[J]. International Journal of Instructional Technology and Distance Learning,2004,1(6):45-50.

[24] 邵伏先.人际交往心理学[M].重庆:重庆出版社,1988:37-39.

[25] 衷克定.在线学习与发展[M].北京:高等教育出版社,2011:55.

[26] 教育部."停课不停学"该如何教怎么学[EB/OL].2020-02-17[2020-11-22].http://www.moe.gov.cn/jyb_xwfb/s5147/202002/t20200217_421708.html.

[27] 徐恩芹,徐连荣,崔光佐.师生交互的个体差异研究——基于翻转课堂的个案调查与分析[J].中国电化教育,2016(08):68.

[28] 约翰·杜威.民主·经验·教育[M].彭正梅,译.上海:上海人民出版社,2009:296.

[29] 王健.疫情危机下的教师角色、行为与素养[J].教师教育研究,2020,32(02):29.

[30] 郑旭东,万昆.规模化K12在线教学中家校合作的实施逻辑、内容与建议[J].中国电化教育,2020(04):16-21.

[31] 付卫东,周洪宇.新冠肺炎疫情给我国在线教育带来的挑战及应对策略[J].河北师范大学学报(教育科学版),2020,22(02):17.

[32] 李中文.停课不停学,不妨再细些[N].人民日报,2020-02-18(012).

[33] 蔡颖蔚,邵进,郑昱.大学师生关系之重构——南京大学DIY研读课程探索[J].中国大学教学,2018(01):76.

[34] P. Bourdieu. Distinction[M]. London:Routledge and KeganPaul,1984.

[35] 余胜泉.在线教育的理念、模式与实践[EB/OL].2020-06-21[2020-11-25].http://

www.360doc.com/content/20/0305/21/30898787_897092433.shtml.

［36］祝智庭,郭绍青,吴砥,刘三(女牙)."停课不停学"政策解读、关键问题与应对举措[J].中国电化教育,2020(04):1-7.

［37］丁书林.疫情防控期间学校在线教学的主要原则及实施[J].实验教学与仪器,2020,37(03):3.

作者简介

李　青　四川师范大学物理与电子工程学院讲师、博士

王俊民　重庆师范大学初等教育学院讲师、博士

电子邮箱

2211632091@qq.com

492358010@qq.com

Chapter 9

后疫情时代课堂教学理念有何变化
——高校教师对在线教学的叠合认同*

首　新　林长春　李　健　谭轹纱

摘　要： 随着高校陆续复学到校上课，疫情期间的大规模在线教学告一段落。后疫情时代，高校教师开展在线教学面临角色重塑。本研究运用教育叙事方法对四位高校教师开展在线教学的经历进行探究，揭示他们面对新教育情境时的困境与调整，进而展现对在线教学角色的认同过程。研究发现，在线教学的角色与教育情境、文化情境、社会情境交织在一起，高校教师经历了从冲突到和解的复杂发展过程。教育经验、教育能动性、职业责任等个体认知对这一过程具有调节作用，促成了高校教师对在线教学角色的叠合认同。这种认同状态具有阶段性、复杂性、变动性，是"模仿与创新、被动与能动、游离与责任"共生和互动的状态。揭示高校教师在线教学角色的叠合认同过程，有助于重塑教师角色，帮助高校教师自身检视在线教学过程。

关键词： 在线教学；高校教师；突发事件；叠合认同

高等教育的在线教学一直走在研究前沿，从在线课程建设到用户学习体验，再到大数据学习分析，无不体现在线教学的优势。但高校教师在线教学行为意向如何呢？元分析研究发现，使用态度、感知便利性显著影响在线教学行为，计算机熟练程度、计算机焦虑没有显著影响，[1]在线教

---

* 本文系重庆市高等教育科学研究项目"双一流战略背景下长江上游与粤港澳大湾区高等教育效率测度研究"（项目编号：CQGJ19B19）、重庆市研究生教育教学改革研究重点项目"科学与技术教育专业硕士 STEM 课程整合能力培养研究与实践"（项目编号：YJG192027）的阶段性成果。

学可保持与非网络教学相当的效果。[2]可见,计算机技能并不是影响在线教学的重要因素,正如2018年4月13日教育部关于印发《教育信息化2.0行动计划》的通知中所述,教师信息技术应用能力基本具备,但信息化教学创新能力尚显不足,信息技术与学科教学深度融合不够。因此,高校教师缺乏的是学科在线教学创新能力。

全社会对开展在线教学的迫切需求与高校教师学科在线教学创新能力不足之间的矛盾,反映出时代命运与个体发展的深度关系,这不仅是能力高低问题,也是正负情愫叠合形成的社会协调议题。社会学视角下的认同机制本质上是对角色的调和,强调个体置身于"在场"的情境中述说自己、共群、组织以及衍生的社会,这是一种自我发问、个体对组织和更大社会类属的研究。[3]为揭示高校教师对持续在线教学的认同机制,本文以社会学中的角色认同建构论为理论依据,通过挖掘教师对在线教学的动态认同过程、行为线索,以及自我反思、他人互动、组织协调、制度影响和文化构建等过程,洞悉高校教师响应社会重大决策时的角色冲突,以及面临不熟悉的教学情境时的情感线索。为此,笔者邀请四名高校教师作为研究对象,通过半开放式访谈,跟踪他们开展在线教学工作的状态,以故事建构的形式精细、微观、深入地考察在线教学行为背后的角色冲突、情感发展以及和解之路。

一、文献综述

能动性是社会学探讨角色认同时非常重视的一个要素,[4]个体认同形成的能动性能够瓦解、消减情境冲突产生的不利之音。在线教学将改变非网络下的教学策略、方法和行为,[5]但好的改变与个人特质与动机、态度等息息相关,[6]这就是角色认同的能动性。本研究关注高校教师对在线教学的叠合认同过程,尤其是置于不同情境中角色的冲突、调适、和解的进程,呈现情境和角色能动之间的复杂、动态关联,希望能以"汇合"取向作为突破口挣脱二元方法论的社会学研究取向。

1. 角色认同

角色是连接个体与社会结构的关键概念,结构符号互动理论认为,个体在社会结构中被分配了多重角色,角色的冲突和紧张镶嵌于社会结构中,形成了激励或抑制的互动状态,能动者能够积极地应对角色轮变。

社会结构位置的改变会引发角色的转变或重塑,个体在充分权衡角色意义和角色期待之间的距离后,复合多个相关角色,宣称自我处于某一特定的社会位置,这就是角色认同。社会角色认同理论将认同看成是个体树立独立性以明确自己是单独存在个体的事理集合。[7]角色认同可以很好地回答能力观所不能解释的个体观念和行为,将个体置身于社会建构的情境中分析角色承担。例如,有研究显示在线教学行为水平并没有随着使用计算机熟练程度的增高而提升,[8]计算机能力对在线教学行为失去了解释力,而有用性感知、社群影响、外部支持虽不能提供智力支撑,但正向影响高校教师的在线教学行为意向,[9]这就是角色认同将个体感知(如有用性)与社会情境(如社群、外部)建立了联结,由此激发了角色承担。因此,角色认同是个体"置身于某一特定社会结构而占有的特定认同和地位"。[10]

2. 教师在线教学角色认同

有关教师认同的研究多限于新手教师所面临的职前所学与职后所用之间形成的矛盾和冲突。[11]高校教师对在线教学认同过程是否也经历了类似的冲突与和解?在21世纪初就有研究显示,网络教学改变了教师的角色,由传统教学中的"传道、授业、解惑"者转变为学习监控者,主要负责学习资源筛选与供给、学习进程调控、学习状况评价和后续学习指导,[12]角色转变引发了支撑网络教学环境的教学能力与传统教学经验之间的鸿沟,教师可能会面临外部因素、内部因素和学生因素带来的冲突。

第一,外部因素。重塑教师角色是影响高等教育技术应用的严峻挑战之一。[13]有研究显示,自上而下的行政推动对在线教学影响很大,甚至发挥了决定性的作用,[14]这正是外部制度推动高等教育技术应用的结果。其他一些外部因素,如技术、工作量、机构环境也在一定程度上影响在线教学认同度,技术熟悉程度虽不制约在线教学但很影响在线教学的流畅性,[15]与传统教学工作量的权衡也影响教师对使用在线工具的认同感,[16]教学机构的支持和激励虽没有显著影响,但是缺乏明确的制度政策却能降低教师对在线教学的积极性。[17]

第二,内部因素。教学信念指导教学实践,技术使用焦虑而产生在线教学困难的主观看法会困扰确信为真的先验假设,影响教师在线工具的选择、设计和实施,[18]但这种不好的态度可以通过学习技术知识加以弥补。以在线教学技术、过程、策略为主的教师培训能抵抗技术焦虑的消极情感,[19]促进新教学信念的产生,但这是一个复杂而漫长的认同过程。

第三,学生因素。这是师生之间的情感协商,学生在线学习过程的参与状态会影响教师持续使用在线教学的意愿,[20]教师对在线教学的投入精力影响学生使用意向,[21]师生之间通过在线教学平台建立良好的情感交互是增强和维持在线学习的有效策略;[22]若学生网络学习动机不强,教师也会对在线教学设计产生怀疑,[23]进而对在线学习环境下的角色产生怀疑,甚至抵触而期待传统课堂。

经历如此集中的、持续的在线教学,在外部因素快速推动下,高校教师自身因素已从影响源上升至自我认同、职业认同、社会认同的多重角色,情境的交织可能引发角色冲突,进而不断交替、叠合、和解,建立新的角色认同。此外,大学生也是如此快速、集中地进行在线学习,学生在虚拟网络中的适应、反馈、情绪等如何影响角色转变带来的教师认同?深描师生基于在线学习平台的情感交流,进而可勾勒出学生因素在教师角色认同中的作用。

为此,将教师在在线教学环境中的角色认同置于个人与社会、过去与未来、情境与背景的三维空间中,从自我认同、文化认同、社会认同、制度认同四个方面进行分析,以三维空间的角色交织解释其对在线教学的叠合认同路径(见图1)。

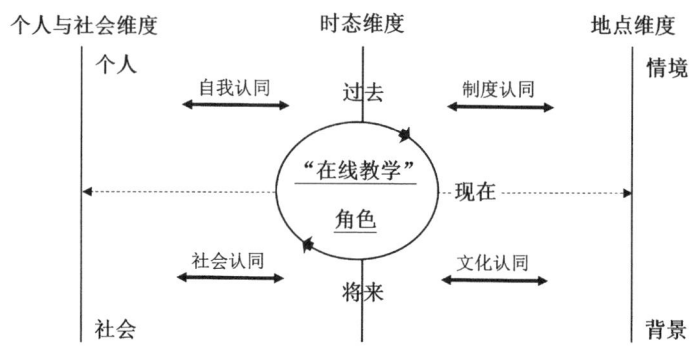

图 1　教师在线教学认同解释路径

二、研究对象与研究过程

本研究是在具体环境下分析高校教师对在线教学角色的认同过程,这是教师对自身角色所处的社会结构发生变化时的认知和行动弥补,本质上是重塑教师角色。那么,在线教学中重塑教师角色成功了吗?为此,建立如下标准选择研究对象,以客观展现教师在线教学的过程:教龄上,既有新手教师、青年教师,也有专家型教师;职称上,既有中级教师也有高级教师;专业背景上,兼顾自然科学和人文社科,最好能邀请一名教育技术学科背景的教师;高校属性上,囊括双一流建设高校、省部共建高校、省属高校;所在地域上,既有省会城市也有地级市,而且在不同省份。最终,基于自愿参与的原则,共邀请来自三个不同省市的四位高校教师作为研究对象(见表1)。

表 1　研究对象具体信息

姓名	性别	学历/学位	职称	教龄	专业	单位属性	所在地域	工作经历
WY（匿名）	女	研究生/博士	副教授	12年	教育技术学	教育部直属,世界一流学科建设高校	省会城市	硕士毕业进入高校工作,后参加博士研究生考试,毕业后继续在高校任教

(续表)

姓名	性别	学历/学位	职称	教龄	专业	单位属性	所在地域	工作经历
BX（匿名）	男	研究生/博士	讲师	1年	（学科）教育学	省部共建高校	省会城市	硕士毕业后两年小学教学经历，后参加博士研究生考试，毕业后在高校任教
SY（匿名）	女	研究生/硕士	讲师	7年	设计学	省属高校	地市城市	硕士毕业后在高校任教
LJ（匿名）	男	研究生/博士	副教授	5年	分析化学	省部共建高校	省会城市	博士毕业后在市环境保护局工作，后在高校任教

本研究是一项个案叙事研究，使用视频/音频与研究对象分别进行了2—3次半结构式访谈，每次访谈30—50分钟。第一次访谈准备了相同的访谈提纲，后续则根据研究对象对在线教学中教师角色认同情况制定不同访谈提纲。所有访谈内容都转换成文本。另外，还收集研究对象所在单位有关开展在线教学的政策文本。

运用叙事建构（narrative construction）思想"深锚"关键事件对高校教师在线教学角色认同的影响。叙事建构本质上是客观呈现故事片段，然后经由研究者解读后以"叙事"的方式呈现研究结果。叙事并不是完整地呈现故事起因、发展、结果，而是研究者根据目的人为的建构"边界"，强调事件片段作为一个个有边界的故事对角色发展、成长的影响。

在数据分析过程中，采用三维叙事空间对访谈资料进行属性编码。[24] 三维叙事空间将个体角色置于时态维度、个人与社会维度、地点维度。时态维度讲述过去、现在和将来已经发在、正在发生或可能发生的事件，个人与社会维度展现个体角色感知与社会结构之间的互动，地点维度体现个体所处的自然、社会环境（情境、背景）。

三维叙事空间为建立"汇合"取向的角色认同提供了新的方法论视角。本研究进一步确立了四种在线教学角色认同与三维叙事空间之间的结构关系(见图1):自我认同连接个体过去、现在、将来对在线教学角色的看法;社会认同展现不同社会阶段对在线教学的需求;制度认同揭示具体社会情境下(如重大突发事件)对在线教学的教育政策;文化认同从个体所属群体呈现时代背景下在线教学的脉络变化。

三、 叙事建构与资料分析

1. 在线教学角色的自我认同:"经验取于过去"与"彷徨在于当下"

第一,熟悉者和不熟悉者都在模仿课堂教学。教学经验是教师教学实践发生的基本逻辑。[25]面对在线教学,调动课堂教学经验是处理新教学环境的自我防御措施之一。经验虽有限,但它却给人们以指引行为的恰当步骤。[26]只有一年教龄的BX既不是课堂教学的熟悉者,对在线教学的理解也仅仅能从新教师培训内容中捕捉回忆,"我知道有个软件叫学习通,当时新教师培训(老师)演示过,我觉得很神奇(BX)"。BX认为一年的教学还没有获得什么经验又要熟悉在线教学环境,表示"很恼火,铺天盖地的在线平台供我们选择,我还是选择了稍微熟悉的学习通(BX)"。由于学科关系,WY比较熟悉在线教学,"我学的是教育技术,对在线教学过程比较了解,在线教学不等于直播(WY)"。WY对在线教学的自信在第二次访谈时有改变,"我觉得在线教学互动较少,下次我要直播互动了(WY)"。可见,WY还是想用课堂教学策略支配在线教学过程。

第二,丰富的资源与匮乏的经验。四位教师在访谈中都谈到所在高校提供了丰富的支撑在线教学的资源,"我要上的一门软件应用课在MOOC平台就有,但是由于我选择了另外在线教学平台,我可能要自己作课(SY)"。SY所说的自己作课是利用屏幕共享功能,让学生远程观看软件操作细节。"我觉得我这样讲解比较(详)细,更能让学生看到(软件)操作过程(SY)。"MOOC平台的优势资源对已有7年非网络教学经验的SY

来说并没有吸引力,"或许有人教我(使用 MOOC 平台),我学得快一点(SY)",她补充道。外部多样的在线教学资源与自身在线教学经验匮乏之间的矛盾一直持续到了本研究数据采集结束。教学经验的根深蒂固促使教师期望像课堂教学一样进行在线教学,"在线教学很单向,我试着想象眼前有很多学生在认真听(LJ)",LJ 上完第一次网课后感慨道,"我还找了其他资源让他们课后学习,是必看的任务点(LJ)",这透露出 LJ 对传统角色权威的保护。"我很努力地在讲,但担心你们没有认真听,所以我要给你们布置作业",这可能才是 LJ 所想。BX 还作为兼职辅导员管理两个班的学生工作,有学生曾给他发信息说很多老师布置了课后作业,感觉自己一下回到"解放前"(指高中时代)。可见,LJ 的行为具有典型性,代表了大多数高校教师的在线教学行为。由于可以方便地获取更多的资料,教师期望用堆砌的学习资料来维护传统角色惯有的权威性。

第三,内生的职业责任感。WY 在说明在线教学对角色的冲击时,觉得"在线教学还好,我可以换着花样与学生互动(WY)"。她所说的互动不仅仅是课堂直播互动,还包括答疑、在线讨论、抢答、选人回答。作为"传道""监控""评价"等多重角色的自由切换让她的在线课堂热闹了起来,达到她追求的互动。可以说,12 年的非网络教学经验并没有禁锢她的在线课堂,充分认识和利用技术让已有的教学经验在在线环境焕发,这是一种内生的职业责任感。

BX 的"新教师"身份还伴随着他,但这并没有阻碍他强烈的职业责任感。第一年工作花费了大量时间备课,导致科研工作进展缓慢,一度让他觉得博士研究生学习阶段才是惬意的时光。但在后续访谈中他说他发现了在线教学平台的优势,"后台记录了很多学生学习的数据,可以进行挖掘,搞教学研究(BX)"。作为一个教育研究者像是发现了"新大陆",他很快熟悉了两个在线学习平台,并逐步建课开展各种在线学习活动,"痛并快乐的在线教学",他补充道,这透露出的也是内生的职业责任感。

SY 的职业责任感在很早就树立了。她的丈夫也是一所高校的教师,但提前两周开学,上网课的消息是她丈夫告诉她的。"我当时很着急,我以为(在线教学)是视频直播,所以我买了手机支架、麦克风(SY)",SY笑道,"学院同事群里还在讨论如何使用钉钉、雨课堂等等,我怕我使用不来(SY)"。在充分学习几个在线教学平台后,SY选择了"钉钉",后来索性直接用"QQ群"教学,"因为我是教如何使用软件,能分享屏幕交流就够了(SY)",她解释道。从觉得苦难重重到觉得如此简单,这得益于内生的职业责任感。

而LJ的职业责任感很难清晰界定,可能偏向于内生。评上副教授之后他选择到高校工作,"一是上班时间较为灵活,二是可以做自己喜欢的研究(LJ)"。他认为"在线教学效果没有课堂教学好(LJ)""我没有得到及时反馈(LJ)""学生学习兴趣不高(LJ)"。但有次他用电子白板推导有机反应过程后,一个同学向他发信息表示感谢,因为学生感觉"推导非常详细,还可以回看",他也感慨道,"学生们认真听了,不管在线不在线,我都认真讲(LJ)"。

第四,重要他人影响当下。四位研究对象除了WY都提到他人的影响,其中同事是提及较多的他人,对教师在线教学角色有重要影响。BX曾就在线平台使用与一位博士同学(研究方向为数字化学习)经常交流,"学到了很多,包括建课、管理学生、在线互动手段,最重要的是交流获取学习数据(BX)"。对于研究非网络教育的他来说,教学与研究通过"在线平台"完美的契合在了一起,同事建言是积极的影响。[27]SY"看到同事们在群里风风火火地聊着如何搭平台,还邀请自己试用(SY)",非常着急,"我怕自己落后了,而且学院还要提交平台使用意向,我什么都不知道(SY)"。在她看来,同事积极的在线教学态度是一种监督行为,具有积极意义。[28]

LJ承认学生对他在线教学影响很大,"我在(非网络)课堂中对学生关注较少,一到在线教学,连学生都看不见了,我更提不起劲(LJ)",LJ感慨道。但一次学生的信息(见上文)"暖了我的心,让我觉得要详细给他们讲解有机化学原理(LJ)",这一关键事件让LJ的在线课堂少了些"花样",多了些"干货"。"学生"作为在线教学参与者的他人,在WY看来能够轻而易举地调控,却对LJ产生了重要影响。

2. 在线教学角色的重塑：从"个体游移"到社会责任

第一，重塑角色的游离：期待场面与反馈场面的反差。BX 曾向笔者述说过他预想的在线教学场景：主题讨论成为热帖，学习讨论室充满了文字和语音，在线分组讨论充满"火药味"、抢答按钮从来没停过，网络任务完成率 100%。这种自信来源于他充分熟悉在线学习平台的功能并进行积极的建课，以及对获取学生学习数据的渴望。然而，几堂课下来，BX 发现可用的学习数据少之又少。不得已，他告诉学生，"在线学习互动有自动记录，作为平时表现成绩（BX）"，这才使学习数据增加。他又结合视频直播演示模拟实验，让学生来"找茬"，课堂互动数据也逐渐多了起来。期待与现实的反差以及由此作出不得已的强制措施迫使 BX 重新审视自己的"在线教学"研究设想，并以此采取能动性的措施。这种改变是教师能动性（teacher agency）的体现，是由教师职业和社会地位塑造的教师必须掌控和影响教育环境的能力。BX 在线教学能动性的产生是个人目的与社会环境共同作用的结果，"听说有位同学给老师刷了一个火箭（BX）"，BX 向笔者苦笑道，"我能理解这位老师，他只是想充分抓住学生（的注意力）（BX）"。

"场面"的反差让 WY 觉得"我的课堂不是这样（缺乏互动）（WY）"。这种职业认同促使 WY 从技术、在线文化、教师权力、学生结构等方面寻求改变，"每年的学生评教我都是学院前三，在线教学也应该是（WY）"，WY 成功的教学经验让她从"被学生左右"的泥潭中迅速跳了出来，从被动者转变成主导者。WY 改变在线课堂并没有 BX 那么困难，部分是教学经验使然，但更多的是角色的叠合认同，不管在线与否，抓住教学的主要矛盾就能采取有的放矢的策略。但笔者亦隐约感到 WY 的无奈，她曾说，"在线教学的备课要多花很多时间，可不比以前少（WY）"，这或许是像 WY 们这样的"教学能手"面临角色重塑最大的障碍。

第二，重塑角色的责任：压迫感与能动性的杂糅。对四位教师来说，压迫感有不同的缘由，时间的混淆、空间的拥挤、角色的重组、期望的失落、社会的推动等都可能造成压迫感。一方面，上至教育局、学校，下至学院、(学科)教研组,都制定了详尽的在线教学实施方案,SY 觉得,"不断地推着你向前(SY)"。但 SY 还是很满意在线学习平台能够支撑她所教的软件学习课程,而对于还有实验课程的 LJ 来说,"完全是全新的尝试(LJ)"。在 LJ 付出极大的努力之后,最终采用"视频直播+共享模拟"的方式进行实验教学,这一过程中他直言,"不得已而为之,希望学生能掌握实验技能(LJ)"。另一方面,教育情境、家庭情境、社会情境中的角色在狭小的时空中相遇,单独分担给教育情境的时空骤减,面对如此集中的角色冲突,SY 时常会感到沮丧。她回忆在线教学的工作、生活时,觉得"力不从心,工作、家庭、生活全搅在了一起(SY)"。

虽然有源自外部和内部的"压迫感",但 WY 还是学生最受欢迎的教师,LJ 也得到学生的肯定,SY 表示"软件(使用)答疑时学生很积极(SY)",也透露出在线教学得到学生的认可,BX 甚至登上学院新闻网,展示自己对在线教学的理解。压迫感并没有击溃老师们,反而让他们做出了能动性改变,而这种改变源于对教师身份的认同和责任。许多学者强调教师能动性是构建教师身份的重要情感体验。[29]首先,教师与同事、学生、教学管理者之间的互动增加了能动性,WY 和 LJ 认为学生的反馈获得了情感上的认同,实现了对在线教学角色重塑的满足;而在 BX 和 SY 的故事中,"同事"作为帮助者、竞争者推动了在线教学教师角色的重塑。其次,由混乱到有序的在线教学情感体验可以弥补某些消极情感。有研究显示,如沮丧、力不从心等消极情感也极具能动性,因为这是教师觉得必须做出改变的第一步。[30]对在线教学所有理解的 WY 在上完几次网课后也觉得"有点乱,要想办法改一改(WY)",访谈结束时 BX 也给笔者说过,"在线教学不能一味地追求学习数据,我堆砌了很多学习任务,这不能吸引学生(BX)"。重塑教师角色绝非易事,但随着在线教学的进行,改变一直在发生,探索一直在持续,这就是压迫感与能动性相互压制、平衡、融合的过程。

3. 在线教学角色的认同状态: 情境冲突与环境和解

随着对在线教学情境的适应和支配,四位教师逐渐觉得在线课堂变得易于操作和掌控,开展在线教学而引发教育情境、文化情境、社会情境之间的冲突逐渐得到有序和解,在教师自我改变中慢慢协调,这是一条角色叠合认同之路。

比如 WY,备在线教学课所花的有效时间越来越少,逐渐找回非网络教学情境中熟悉的自信,这一过程也触发了她作为教育技术研究者的身份,其主持的"高校教师在线教学调查"研究也正在有序地开展。对 SY 而言,虽然仍要协调生活和工作角色,但从初期的计算机焦虑感、制度压迫感到现在对在线教学的自如应对、从容答疑,她觉得"环境造就了钢铁般的我(SY)",透露出教师能动性对多重身份建构的积极意义。

对 BX 和 LJ 来说,科研似乎重于教学。BX 本来就是教育研究者,尚且能将在线教学作为研究突破口,但对于 LJ(学科是分析化学)来说,教学和科研是分开的。有学者认为"重科研,轻教学"是大学教师在遵从职业身份与权衡外在制度之间做出的无奈之举,[31] 所以当在线教学也力不从心时,LJ 一度只想做一名研究者,但他本来就很"认同高校教师职业,所以才从研究机构调到高等院校工作(LJ)"。因此,LJ 还是一门心思地扎进了在线教学工作中,在得知 2020 年校级教学改革项目开始申报时,他还干起了"副业",第一次提交了有关在线教学研究的项目申报书。LJ 对在线教学角色的认同过程反映了大部分理工科高校教师的状态,当教学信念与外在环境一致时,外在环境迫切需求教学工作时,高校教师便倾向于遵从制度和社会环境,既重视在线教学活动,也高度迎合作为科研工作者的属性,将教学与研究统一在实践过程中。

四、总结与讨论

1. 在线教学角色叠合认同机制:教育情境、文化情境和社会情境的交织

分析高校教师在线教学角色的重要意义在于勾勒高校教师面临教育

情境、文化情境和社会情境改变时的职业认同过程。在面临角色重塑和多角色冲突的双重影响时,个体角色在不同的情境、社会结构中快速穿梭,其功能差异被不断磨平,杂糅在一起,形成新教育环境下角色的叠合认同机制。

对个体而言,每个人都有独一无二的经验,角色是"私有化"的;但对群体而言,角色是社会对某一群体职业的愿景和期望,角色又具有可见的惯有特征。重塑教师角色一方面要适应在线教学情境,另一方面又要在多角色中变换,角色的"私有化""适应性""社会期待"杂糅在一起,对教师职业角色的发展和认同产生重要影响。不可否认,在线教学情境的角色受教师自身认知、外部文化情境和社会情境的影响。如图2所示,四位受访高校教师在在线教学过程中均受到来自教育情境、文化情境、社会情境带来的角色冲突,其中WY由于教育经验比较丰富,角色冲突主要来自在线教育情境;SY也有较丰富的非网络教学经验,但由于家庭角色、单位制度的影响而产生了文化、社会主导的角色冲突;BX虽然也有过计算机焦虑,但由于其较强的"教育能动性",能平稳地面对教育情境的冲击,其角

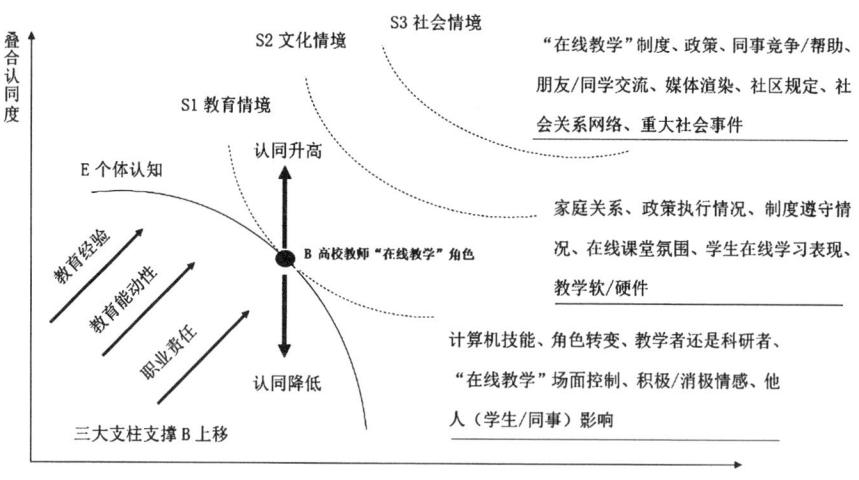

图2 高校教师在线教学角色的叠合认同机制

色认同受社会情境影响较大；LJ曾在"教学者还是科研者"之间摇摆不定，但强烈的职业责任驱使他积极重塑在线教学角色，课堂氛围、学生表现、个人情感等都是影响源。可见，不同情境多种因素的影响形成了高校教师对在线教学叠合认同机制，产生了汇合现象。

如图2所示，垂直的单向直线代表高校教师对在线教学的叠合认同情况，水平的单向直线代表不同情境耦合在一起对在线教学角色冲突的水平，我们的假设是情境冲突水平越高，则教师对在线教学角色叠合认同度越低。由于在线教学（教育）情境本身与个体教育经验、教育能动性、职业责任感直接相关，所以在图2中直接相连，文化情境、社会情境作为其他重要的外部因素对在线教学角色认同也有影响，三种情境（本质上代表三种结构）交织在一起对在线教学角色产生叠合影响。从影响力大小的角度看，特定的社会情境（如新冠肺炎疫情传播重大社会事件）对高校教师"在线教学"角色认同影响最大，其次是文化情境，最后是在线教育情境本身（如计算机技能、场面控制等）；个人的教育经验、教育能动性、职业责任感对这些影响具有调控作用，推动高校教师的在线教学角色在不同情境中来回移动，最终形成叠合认同机制。

由于不同情境对在线教学角色的冲突、和解、融合，所以高校教师在重塑在线教学角色的过程中形成叠合认同状态，我们称之为高校教师对在线教学的叠合认同过程，这一过程既受情境结构的制约，也与个体感知息息相关。通过叙事建构进行三维叙事分析，归纳出教师个体过去的教育经验、面对在线教学情境的教育能动性、社会赋予的职业责任等个体感知是影响高校教师在线教学认同的调节因素。其中，教育经验对在线教学角色起着非常重要的作用，这与其他研究认为"教师的教学年限正向影响其在线教学行为"的观点基本一致；[32]在线教学的教育能动性主要受教育情境、文化情境中消极因素影响，是被动和主动共同转化的结果；教师职业责任感是社会结构赋予群体的角色期望，具体到个体之中，职业责任感往往会迎合社会制度和教育政策，抵制社会情境中的消极因素。

2. 在线教学角色叠合认同机制：状态与特征

四位高校教师对在线教学叠合认同过程虽都受到教育情境、文化情境、社会情境的影响，但具体的影响因素却因人而异；多因素的相互牵制和个体认知调控使得这一过程变得复杂，并不是彼此独立、平行存在、非此即彼的变化过程，我们更倾向于采用汇合取向的观点，认为高校教师对在线教学角色认同是"模仿与创新、被动与能动、游离与责任"的叠合，是个体与情境之间的运作方式，更是教师"冲突—和解"的连续进程。叠合认同过程的阶段性、复杂性、变动性体现了不同情境对在线教学角色的影响，进而角色在不同情境中"跃迁"产生新的社会结构关系，在学习这些新关系的过程中，教师个体与情境的互动同时存在"模仿与创新、被动与能动、游离与责任"的共生状态（如图3所示）。从阶段性来看，某一关系在一定时间内可能占主导地位；从复杂性来看，关系间的转移并没有明显的界线，模仿到创新的过程也可能面临被动到能动的发展；从变动性来看，被动可以转变为能动，游离可以激发责任，模仿也可以变为创新。面对在线教学，高校教师正是通过叠合认同过程，调和不同的关系，寻求在线教学角色重塑之路。

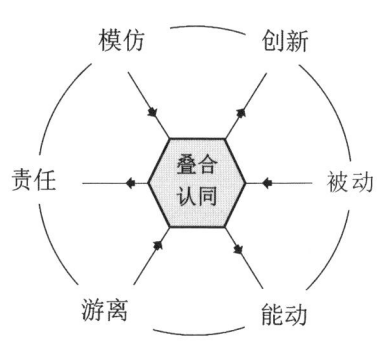

图3 高校教师在线教学角色叠合认同状态

在线教学角色叠合认同的实质是教师应对不同情境时个人认知与外部结构连接的方式。细究在线教学中教师角色结构，尤其是考虑文化、社会等外部结构的影响，是由个人认知及其情感，以及文化情境、社会制度共同决定的。例如，缺乏计算机技能以及由此形成的技术使用焦虑被普遍认为是阻碍在线教学的重要因素。结合本研究案例来看，这一因素只在初期混乱的状态对在线教学有影响，随着在线教学政策的逐级推进、媒体对在线教学价值的渲染以及他人（如同事、学生）的行动反馈，个人认知和情感迅速介入，计算机技能反而会成为有效的教学策略，对文化情境中的不利因素产生影响,促进在线教学氛围、师生互动等积极发展。可见,在线教学中教师角色结构不仅是自我转变的结果,更是个体与文化、制度、社会互构的结果。

五、结语

本研究所述高校教师对在线教学角色的叠合认同过程既强调个体认知(教育经验、教育能动性、职业责任)的作用,也关注(教育、文化、社会)情境的影响,更强调个体与情境的联结。虽然我们力求全景展现高校教师经历在线教学的变化,但在研究过程中仍发现一些问题及需要完善之处。一是研究对象,虽然个案研究对样本容量并无数量要求,我们也尽量建立标准选择代表性样本,但仍有可能本研究所选样本偏离其代表的教师群体,导致研究结果的解释力不足。二是研究者自身,笔者尽量以叙事建构思想呈现故事片段,将个案间相似的片段归纳在一起揭示一个在线教学角色认同的共性,但由于笔者的学科背景、访谈技巧等主观因素,或可能存在过度推论。三是教师在线教学角色的叠合认同模型本身,教师对在线教学的认同过程是复杂的,远不止笔者在本文中建构出的四类因素(个体认知、教育情境、文化情境、社会情境)。情绪体验对于在线教学角色认同有什么具体作用?教师如何从在线教学效果中权衡教育政策与社会需求?后疫情时代如何帮助教师从在线教学角色向混合式教学角色转变?笔者认为这是今后应继续探究的问题。

乔纳森·H.特纳(Jonathan H. Turner)认为,角色认同与个体经历有关,[33]这是个体面临不同情境反映的差异。本研究中四位高校教师面临的是社会期望相似的在线教学角色,但角色叠合认同过程却因人而异,因为情境对他们有不同的影响。四位教师在熟悉和适应在线教学角色的过程中,体现了塔尔科特·帕森斯(Talcott Parsons)所说"角色认同是对基于社会网络位置的适应"的观点,但我们还强调了适应过程中暴露出的压迫、游离、沮丧等消极情感。最终,带着"模仿与创新、被动与能动、游离与责任"等复杂情感和状态,高校教师的在线教学角色经历困境,由冲突走向和解。

参考文献

[1] 王建亚,牛晓蓉,万莉.基于元分析的在线学习用户使用行为研究[J].现代情报,2020(1):58-68.

[2] 吴静,郭晓霞.护理实践教学中在线学习效果的元分析[J].中国远程教育,2016(5):36-40.

[3] Vladimir, B., & Skorikov, F. Handbook of Identity Theory and Research (vol 1)[M]. New York: Springer, 2011.

[4] James, E., & Schwartz, S. J. Comparing Psychological and Sociological Approaches to Identity: Identity Status, Identity Capital, and the Individualization Process[J]. Journal of Adolescence, 2002, 25(6): 571-586.

[5] Bricheno, P., & Higginson, C. The Impact of Networked Learning on Education Institutions[M]. London: JISC, 2004.

[6] 郝兆杰,潘林.高校教师翻转课堂教学胜任力模型构建研究——兼及"人工智能"背景下的教学新思考[J].远程教育杂志,2017,(6):66-74.

[7] Burke, P., & Stets, J. Identity Theory[M]. New York: Oxford University Press, 2009.

[8][32] 马婧,周倩.高校混合式环境下教学行为状况及影响因素研究[J].国家教育行政学院学报,2019(4):79-87.

[9] 方旭,杨改学.高校教师慕课教学行为意向影响因素研究[J].开放教育研究,2016(2):67-76.

[10][33] 乔纳森·H.特纳.社会学理论的结构[M].吴曲辉,等译.北京:北京大学出版社,2014.

[11] 阮琳燕,马永鑫,朱志勇.多重认同叠合机制:新教师专业发展角色冲突的和解路径[J].教师教育研究,2020(1):85-94.

[12] 吴军其,赵呈领.网络教学与课堂教学的比较分析[J].中国电化教育,2000(6):12-14.

[13] 高媛,黄荣怀.《2017新媒体联盟中国高等教育技术展望:地平线项目区域报告》解读与启示[J].电化教育研究,2017(4):15-22.

[14] 韩锡斌,马婧.高校混合教学推动策略下师生群体行为关系分析[J].电化教育研究,2017(12):37-43.

[15] Reid, P. Categories for Barriers to Adoption of Instructional Technologies[J]. Education & Information Technologies, 2014, 19(2): 383-407.

[16] Napier, N. P., & Dekhane, S. Transitioning to Blended Learning: Understanding Student and Faculty Perceptions[J]. Journal of Asynchronous Learning Networks, 2011, 15(1): 20-32.

[17] Ocak, M. A. Why are Faculty Members not Teaching Blended Courses? Insights from Faculty Members[J]. Computers & Education, 2011, 56(3): 689-699.

[18] Tom, B. Factors Affecting Faculty Use of Learning Technologies: Implications for Models of Technology Adoption[J]. Journal of Computing in Higher Education, 2013, 25

(1): 1-11.

[19] Rienties, B., Brouwer, N., & Lygo-Baker, S. The Effects of Online Professional Development on Higher Education Teachers' Beliefs and Intentions Towards Learning Facilitation and Technology[J]. Teaching and Teacher Education, 2013, 29(1): 122-131.

[20] Calderon, O., & Ginsberg, A. P. Multidimensional Assessment of Pilot Blended Learning Programs: Maximizing Program Effectiveness Based on Student and Faculty Feedback [J]. Journal of Asynchronous Learning Network, 2012, 16(4): 23-37.

[21] 谭光兴,徐峰.高校学生网络教学行为意向影响因素与模型[J].电化教育研究,2012(1): 49-55.

[22] 刘君玲,刘斌,张文兰.学业情绪对在线协作问题解决的影响研究[J].中国电化教育, 2019(7): 82-90.

[23] 张文兰,牟智佳.高师院校大学生网络学习动机影响因素的实证研究[J].电化教育研究,2013(12): 50-55.

[24][30] 王青,汪琼.情感对教师身份发展影响的叙事探究[J].教师教育研究,2020(1): 95-102.

[25] 魏宏聚.实用主义哲学视域中"教学经验"的意蕴[J].教育发展研究,2019(18): 31-38.

[26] 杜威.哲学的改造[M].许崇清,译.北京: 商务印书馆,2011.

[27] 张若勇,闫石,邵琪.同事建言对员工任务绩效影响机制的研究[J].兰州大学学报(社会科学版),2019(4): 73-82.

[28] Tosi, M. L. Performance Implications of Peer Monitoring[J]. Organization Science, 2008, 19(6): 876-890.

[29] Geneva, G. Preparing for culturally responsive teaching[J]. Journal of Teacher Education, 2002, 53(2): 106-116.

[31] 陈晨.大学教师"教学与科研"活动的行动逻辑——差异化的选择策略[J].现代大学教育,2020(1): 26-34.

作者简介

首　新　重庆师范大学科技教育与传播研究中心助理研究员、教育学博士

林长春　重庆师范大学科技教育与传播研究中心教授、硕士生导师

李　健　重庆市北碚区教师进修学院科学教研员

谭铄纱　重庆市教育科学研究院德育研究员

电子邮箱

346532216@qq.com

lcc5360@163.com

417753114@qq.com

615769503@qq.com

Part3
疫情下的教育治理

Chapter 10

惯习错配与资本匮乏：重大疫情下教育部门对中小学的治理危机分析*

钟景迅　柳镁琴　张雯闻

摘　要：新冠肺炎疫情是我国 1949 年以来最严重的一次公共卫生危机。这次疫情也给教育部门的治理实践带来较大的挑战。本文运用布迪厄的实践理论来梳理本次疫情中教育部门对中小学的治理实践逻辑及行为。研究发现，我国各地教育部门在疫情进入非常态的防疫场域后，对新的工作场域和状态显得不太适应，受其常态时期治理惯习和自身治理资本匮乏的影响，教育部门对中小学的治理实践在以下领域出现偏差和混乱：在复学问题上出现决策反复；推进在线教学存在种种乱象且效果并不理想；调整中高考时间存在迟滞等。针对重大疫情冲击带来的一系列问题，本研究提出要重构疫情治理危机中的惯习及资本等政策建议。

关键词：新冠肺炎疫情；惯习错配；资本匮乏；中小学；实践理论；治理危机

　　新冠肺炎疫情是 1949 年以来传播速度最快、传播范围最广、防疫难度最大的一场突发公共卫生危机。此次疫情具有潜伏期长、传染途径多、传播速度快等特点。而疫情的发展也给疫情防控带来很大难度。当前，我国针对疫情的防控已进入常态化阶段，可以预见，在未来相当长的一段时间内，在没有特效药的情况下，人类不可避免地要与新冠病毒长期

---

* 本文系广东省普通高校新冠肺炎疫情防控专项研究项目"重大疫情背景下中小学弱势群体学生的受教育状况及其帮扶机制研究"（项目编号：2020KZDZX1065）和广东省哲学社会科学"十三五"规划 2020 年度一般项目《广东中小学教师"县管校聘"政策的实施现状及其改进路径研究》（项目编号：GD20CJY11）的阶段性成果。

共存。

这场突如其来的疫情,不但对我国的经济生产和人民群众的正常生活秩序造成极大冲击,也对中小学校的正常教学秩序造成严重影响。如:各地中小学校复学时间存在很大的不确定因素,一些地区的复学时间在疫情的影响下出现反复;在线教学虽已如火如荼进行,但其效果和形式颇受争议。对教育部门而言,①新冠疫情是一场危机,更是一个前所未有的全新的治理场域,在这场看不见硝烟的"战争"中,教育部门面临既有惯习错配和治理资本匮乏的窘况,这也是当前存在若干教育乱象的原因。

为了更好地理解我国教育部门在新冠疫情冲击下的实践逻辑及其行为,本文将引入布迪厄(P.Bourdieu)的实践理论来进行分析。实践理论提醒我们要回到实践行为本身,通过分析行动者展开行动时的具体场域(field)、资本(capital)以及在实践中行动者决策的惯习(habitus),并根据场域的转换、惯习的持续及随之产生的迟滞效应(hysteresis effect),来解释在具体的实践中,为什么一些行为会被选择,行动者的一些反应却比较迟缓。[1]布迪厄实践理论中的相关概念,是一个广泛应用于社会科学领域的较为成熟的危机分析框架,运用此框架来分析疫情对我国教育部门的影响,不但为我们认识疫情期间的教育问题提供了可行的分析视角,也为教育部门未来应对类似的公共卫生危机提供了可能的决策改进参考。

一、场域、惯习和资本: 疫情冲击下治理实践分析的概念框架

1. 实践理论中的几个关键概念

布迪厄被认为是 20 世纪最重要的社会科学研究者之一,他将自己的理论称为结构性的建构主义,试图超越社会现象学和结构主义之间的对

---

① 本文中的教育部门,专指教育行政部门,包括各级政府对教育事业进行组织领导和管理的机构或部门。

立来重建实践理论。布迪厄总是强调,社会学需保持反思性,要时时以自身为考察对象,澄清知识与知识生产的社会条件之间的关系,才能不断加深对社会的科学认识。[2]

在布迪厄的实践理论中,最广为人知的就是他建立的行动者在场域中如何开展实践的公式,即[(惯习)(资本)] + 场域 = 实践(行为)。简要地说就是,惯习和资本在具体的场域内,相互作用、相互影响,最终形成行动者的实践行动,这也是我们理解行动者最基本的实践逻辑。[3]

场域是实践理论的起点,何为场域呢?布迪厄认为,场域可以被定义为在各种位置之间存在的客观关系的一个网络或一个结构,[4]其主要内涵"是在某一社会空间中,由特定的行动者相互关系网络表现的各种社会力量和因素的综合体"。[5]布迪厄的场域概念,可以理解为一个力场(force),[6]布迪厄将其比喻成一个舞台,是一个充满抗争的舞台,行动者占有何种资本,就决定了他们舞台上的地位;布迪厄认为,也可将场域理解成一个有着特定规则的游戏场,行动者持有一定的资本及惯习来参与游戏,并凭借它们来决定胜负。[7]

对于行动者而言,他们经常会身处不同的场域,受时空变换的影响,不同时间段内的场域会呈现截然不同的情境特点。比如本次疫情的爆发,就导致前后两种截然不同的场域:在疫情之前,教育系统遵循的是常态的教育治理逻辑,而疫情爆发后,常态的治理逻辑完全被颠覆,相关教育部门需要迅速建立非常态时期治理实践逻辑机制,才能符合疫情影响下的场域变化需求。

在行动者实践的领域,有两个重要因素可直接影响行动者在场域中的行动逻辑,一是惯习,二是资本。惯习属于心智结构的范畴概念,它是由一整套性情倾向组成的,是一种主观性的社会结构。[8]惯习具有可以指导和影响行动者进行决策的潜能,它的效应是,携带某种惯习的行动者在特定的情境下总会按照特定的方式来开展行动。[9]

惯习和场域的关系非常微妙,一方面惯习是场域内在必要性的具体化表现,另一方面惯习也是场域的意义和价值的重要组成。[10]总的来说,惯习有两个重要的特点尤其值得我们关注：第一，惯习是持久的可转移的禀性系统。它是一种深深扎根、影响持久的并具有一种内在一致性的倾向系统，与行动者所处的社会历史条件、环境、经验及以往的长期精神心理状态有密切关系，表现出行动者生存和活动中深藏于内心的历史结构、前结构与现实及未来的多重维度。[11]惯习一旦形成，便具有可表现出某种惯性的稳定性和持久性。第二，惯习是一个开放的性情倾向系统，它不断随经验而改变，在经验的影响下不断强化，或者调整自己的结构。它是稳定持久的，但不是永恒不变的。作为一种历史产物，惯习必然是一种动态的、开放的系统，并具有一定的可塑性。[12]

需强调的是，惯习既可以用来分析个体的实践行为逻辑，[13]它同样也是一个集体性的概念，它在任何时候、任何地点，都可表现为具有某种社会倾向的标志。[14]惯习，也可用于对组织或者机构的分析，研究者也常常会关注，在特定的时空背景中，组织或机构的实践往往具有哪些惯习特性。[15]

回到本次疫情，我们不难发现，教育部门其实在常态时期已经形成一定的常态惯习，这种惯习会存在一定惯性，即使到非常态的疫情时期，教育部门在初期仍然会秉持某些旧有的惯习，而这会导致其在新的场域中极为不适。而在场域中，治理资本的缺乏，更是加剧了这种不适的蔓延。

资本是场域中行动决策的另一个重要筹码，它伴随着场域的整个进程，也是场域的重要产品。布迪厄指出资本有四种形式：经济的（金钱与资产）；文化的（知识形式，品味，美学与文化上的指向选择，语言、叙事和发声）；社会的（比如联盟与人际关系网络，家庭、宗教和文化遗产）；符号的（代表其他资本形式的事物，可以在其他场域进行交易的，如文凭等）。[16]

对疫情中的教育部门而言，资本是其在非常态时期可以依赖的决策资源，从布迪厄在以上关于资本的分类中可以看到，经济资本（必要的教育投入）、社会资本（和卫生部门、社区、家长之间的联动合作）等，是非常态时期教育部门得以维持特殊教学安排的必要保障。而疫情的冲击,还需要教育部门的相关决策者具备与疫情有关的公共卫生意识和常识,尤其需要对新冠病毒有一定的深入了解,才能在疫情期间作出合理的决策,这种卫生知识属于文化资本,是教育部门在疫情时期主要依赖的治理资本。而针对中小学在疫情期间采取的特殊的教学方式,对教育信息化相关教学形式的了解,也是教育部门决策者必须具备的另一种文化资本。

2. 治理实践的发生机制: 一个可行的分析框架

布迪厄的理论为我们理解教育部门从常态时期过渡到重大疫情防控的非常态时期的治理逻辑提供了清晰的思路。当旧的惯习遭遇新的场域时,往往会产生三种不同的状况:

第一,当新的场域与旧有的惯习的场域具有十分类似的情境,在此情况下,惯习会自动地适应新的与原有场域较为接近的实践,并开始迅速运作。第二,当新的场域与旧有的惯习的场域有一定差别,但这种差别比较微小,惯习自身会进行调整,但调整的快慢跟行动者在场域中的状况以及所掌握的资本有关。第三,当新的场域和惯习原有的场域有较大差异或不同时,惯习和场域很容易产生错配的现象,惯习会不适应新的场域,当然,经过一段时间后,惯习会凭借自身的倾向系统,不断地随情境及经验而进行调整,再加上资本的助力,有可能最终适应新的场域。[17]

新冠病毒是一个全新的病毒,我们几乎可以断定,在这一新病毒导致的疫情的冲击下,教育部门面临的很可能是第三种状况:疫情带来巨大冲击,导致教育治理的场域已发生剧变,已有的教育治理场域面目全非,再加上行动者缺乏相应的资本,常态时期已有的治理惯习和疫情形成的新场域极可能发生了错配,新的稳定的场域结构一时难以出现。场域的变革最终会形成新的惯习,但这一过程可能耗时很长而不可预知,而新的场域的变化会带来何种惯习定位也是悬而未决的,[18]这种悬而未决往往会产生一种迟滞效应或混乱状态,换句话说,迟滞效应或混乱状态,都是惯习与场域相生相克所导致的必然结果。[19]

至此,本文的分析框架可以如图1所示,在重大疫情防控期,教育场域可能由常态时期迅速进入防疫的非常态时期。但是受惯习持续性的影响,非常态时期的教育场域却极可能在沿用常态时期的惯习,再加上治理资本匮乏,形成了场域和惯习的错配现象,而最终导致迟滞效应等混乱状态的出现,具体表现在延迟开学和在线教学的相关安排,中高考调整等关键问题的应对上。在接下来的部分,本文将秉持这一分析框架来具体说明疫情冲击下,教育部门对如上治理危机是如何具体处理的。

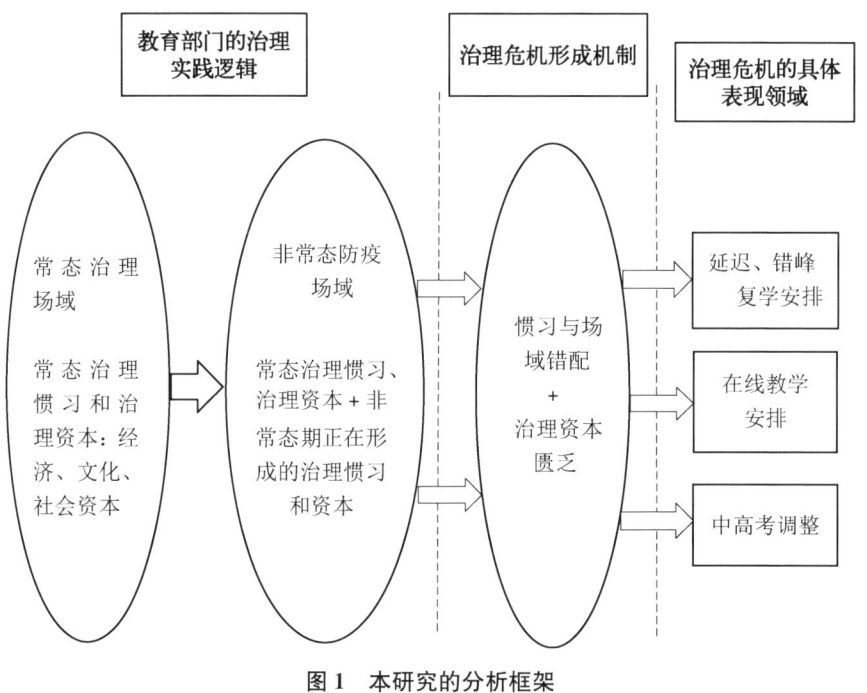

图1 本研究的分析框架

二、教育部门在疫情防控时期的具体教育治理实践剖析

任何研究都需要有研究情境的介绍,以说明研究的相关分析的范围

及其依据。在进入本部分的具体分析之前,有必要先简要介绍"新冠疫情"这一本研究相对特殊的研究情境,旨在说明本研究的研究设计及分析逻辑安排的主要依据。

自2020年1月起,我国的疫情防控进入严防死守的全民联防状态。整个1月底至2月底的这段时间,疫情处于较为紧凑的全面攻坚阶段,而这一时期也是各地中小学放寒假的时期。进入2月中旬以后,随着疫情的进一步蔓延、寒假的陆续结束,教育部门逐渐意识到,疫情急速变化,教育治理已经进入长时间的极不稳定的非常态场域。4月初(以4月8日武汉解封为标志)之后,新冠疫情防控进入常态化防控阶段。自1月底至5月份左右,此阶段一直都是教育部门在此次新冠疫情的非常态治理阶段中最紧张的一个阶段,因此,分析这个阶段教育部门的相关政策,是洞悉整个疫情中我国教育部门治理危机的重要窗口和切入点,这也是本研究时间取样的依据所在。

本研究以1月底至5月教育部以及部分省市教育部门出台的相关疫情治理政策,作为分析此阶段教育部门治理危机的观察点,是因为教育部和京、沪、江、浙、粤等省市的相关政策有较广泛的影响和代表性,在本文有限的篇幅中着重分析教育部和各主要省市的相应做法,对于认识各级教育部门在本次疫情中的治理危机及其实践逻辑应该是足够的。

梳理教育部从1月底至4月底发布的一系列通知和工作状态(见表1),我们可以清晰地看到,教育部特别关注几个焦点领域在疫情时期受到的冲击:一是何时复学的问题;二是无法复学时如何进行在线教学的问题;三是中高考如何调整的问题。这三个问题也是疫情冲击下,各级各地教育部门面临的最迫切需要解决的核心教育问题。以下依次围绕这三个问题,应用第一部分的分析框架,剖析我国相关教育部门在这些问题上的应对之策及其治理逻辑。

表 1　教育部发布关于中小学的与疫情相关的
部分通知及工作动态(2020 年 1—4 月)①

发布时间	教育部发布的部分疫情相关通知和工作动态题目
2020/1/27	教育部《关于 2020 年春季学期延期开学的通知》
2020/1/29	教育部：利用网络平台,"停课不停学"(工作动态)
2020/2/4	教育部：各地原计划正式开学前不要提前开始新学期课程网上教学(工作动态)
2020/2/12	教育部 工信部印发《关于中小学延期开学期间"停课不停学"有关工作安排的通知》
2020/2/16	教育部给全国中小学生及其家长在疫情防控期间居家学习生活的建议(工作动态)
2020/2/17	教育部开通并升级国家中小学网络云平台(工作动态)
2020/3/6	教育部办公厅印发《关于深入做好中小学"停课不停学"工作的通知》
2020/3/12	教育部出版上线《幼儿园、中小学校和高等学校新型冠状病毒肺炎防控指南》(工作动态)
2020/3/31	教育部发布《关于应对新冠肺炎疫情 稳妥做好 2020 年全国普通高校招生工作的通知》
2020/4/3	教育部召开应对疫情工作领导小组会议：扎实做好教育系统常态化疫情防控工作(工作动态)
2020/4/9	教育部、联合国儿童基金会共同推进"安全返校行动"：合力呵护广大儿童青少年身心健康(工作动态)
2020/4/16	教育部提醒：校外培训机构不得违规提前预收培训费(工作动态)
2020/4/19	教育部召开 4 场教育系统疫情防控和开学复课工作视频调度会议：全覆盖分片区调度　精细化精准化指导(工作动态)

1. 经历反复的复学决策

本次新冠肺炎疫情的蔓延速度和广度都远超 2003 年的非典疫情,现在回过头看,无论是医学专家还是社会大众,在疫情早期对新冠疫情的发

---

① 表 1 根据教育部官网的信息整理而成,详情可参考教育部网站。

展走势是过于乐观了。① 到 2 月中旬左右,各地教育部门开始意识到,要按照如常的春季开学时间开学已无可能,于是延迟复学就成了无法回避的必然选择。随着疫情形势逐渐明朗,进入 4 月份之后,各地纷纷出台中小学各年级的复学时间表。

从各地出台的复学时间表来看,除了初高中毕业班集中 4 月底复学之外(个别西部省份在 3 月底已复学),全国大部分地区的中小学非毕业年级都选择在 5 月中上旬左右复学(个别西部省份在 4 月中下旬复学)。然而,梳理从疫情爆发至今各地教育部门的做法,明显可以感觉各地教育部门在复学问题上,一方面非常谨慎,另一方面存在治理混乱的状况。而这种混乱与场域的转换过快,教育决策者的已有惯习跟不上疫情发展节奏有莫大关系。

其实从 3 月底开始,我国的本土疫情就已逐渐平息,②但随着疫情在全球范围迅速蔓延,我国的疫情防控工作的重点开始从内防扩散向外防输入转变。从 1 月下旬春节期间疫情全面攻坚战打响开始,到 3 月底疫情工作重点转变,再到中央在 4 月上旬提出进入防疫常态化阶段,③防疫场域在三个多月时间就经历了完全不一样的工作状态和重点,而一些地方的教育部门对复学的应对却没能跟上场域的变化,因常态惯习来不及转换而屡次出现偏差。

就复学而言,疫情期间多省市都曾出现决策反复现象,如黑龙江省就因为发生二次集体感染而在 4 月中旬宣布全省范围内推迟原定的复学时间,而山东、四川、辽宁、吉林等地都曾出现因疫情反复而再次推迟复学的决策(具体情况参考表 2)。推迟复学的决策虽说是因疫情急速发展而不

---

① 详情请见腾讯网报道:疑似病例新增数首降。钟南山:疫情应在元宵前见顶。https://xw.qq.com/cmsid/20200129A04C3500.
② 详情可参考北京日报报道:任敏、刘欢,我国本土疫情传播已基本阻断。http://bj.people.com.cn/n2/2020/0330/c233086-33912891.html.
③ 详情可参考新华网报道:常态化防疫,关键是建立常态化秩序,http://www.chinanews.com/gn/2020/04-09/9152091.shtml.

得已采取的无奈之举,但复学时间的一再更改,对基层学校、教师、家长和学生造成一定程度的困扰,尤其是一些推迟复学的决定往往离原定开学时间仅差几天,基层学校在匆忙间难以应对。

表 2　几个一再推迟中小学复学时间地区情况一览表
（截至 2020 年 5 月 15 日）[①]

	复学时间变化	高三年级	高一、二年级	初三年级	初一、二年级	小学四、五、六年级	小学一、二、三年级
黑龙江	原定复学时间	4月7日	另行通知	4月13—17日	另行通知	另行通知	另行通知
	4月9日哈尔滨市叫停线下教学课,学生回家上网课						
	4月12日对初中毕业年级开学时间做出调整,"五一"前初中毕业年级不考虑开学						
	4月18日开始黑龙江省各地市高三学年陆续停课回家上网课						
四川省成都市	原定复学时间	4月1日	4月13日	4月7日	4月13日	4月13日	4月13日
	4月8日成都市宣布延迟开学时间	不变	4月13日（高二）4月20日（高一）	不变	4月13日（初二）4月20日（初一）	4月27日（小学五、六年级）	5月6日（小学一、二、三、四年级）
吉林省吉林市	原定复学时间	4月7日	5月13日（高二）5月18日（高一）	4月24日	5月13日（初二）5月18日（初一）	另行通知	另行通知
	5月11日吉林市原定5月13日高二、初二年级,5月18日高一、初一年级返校复学时间向后推迟,具体返校复学时间视疫情防控形势另行通知						
	5月13日起,吉林市已经复学的年级一律转为网上授课						

此现象与场域和惯习的错配有莫大关系。常态时期,教育部门最重要的惯习是维持正常教学秩序,确保教学质量。疫情爆发后,疫情防控成

[①] 该表信息根据各省教育厅的官网信息整理而成。

为政府各部门最重要的工作,教育领域也进入疫情防控的新场域。随着疫情的迅速变化,场域一再发生剧变,而一些地方的教育部门仍没有适应此时场域的变化,还受其常态惯习影响,再加上资本的匮乏,在匆忙间做出了复学决策。

惯习总是有持续的倾向性,它会引导行动者根据自己已有的资本来进行决策,从而在场域中找到自己的位置。[20]一些地方教育部门的决策者显然没有预料到本次新冠肺炎疫情会如此胶着,到5月,疫情依然无法平息。根据常态时期惯习的引导,大部分地区的教育部门都作出复学的决策。从常态场域的逻辑来看,4—5月之间的复学其实已经很晚,延迟开学对春季学期的正常教学秩序已不可避免地造成巨大冲击。但是从疫情发展的态势来看,这个时段的复学在一些地区仍充满风险,像黑龙江、吉林等地出现二次疫情就证实了这一点。

而在此次的复学的决策逻辑中,治理资本匮乏也是导致复学决策反复的重要原因。对于教育部门的决策者而言,对疫情的认识和相关公共卫生常识的缺乏影响了其决策思路。尤其是新冠病毒是一个全新的病毒,而疫情的反复与不可捉摸,不但加大了防疫的难度,也严重影响了教育部门作出正确的判断。

教育部门对疫情专业卫生知识等文化资本匮乏,是导致复学的决策反复等混乱状态产生的重要原因。布迪厄曾经提到,惯习根据资本来引导行动者行动,往往是一个无意识的过程,行动者总是在无意识中,受惯习和资本的无形影响而作出主观判断和决策,这种判断是客观条件内化的必然产物,[21]受制于常态惯习和资本匮乏的限制,再加上没有足够重视本次疫情的严重性和复杂性,部分地区教育部门复学决策反复虽说是无意识的,但也具有其必然性。

2. 问题频出和效果堪忧的在线教学

在线教学是本次疫情期间,各地教育部门大力倡导的教学模式,管理和规范在线教学模式,确保疫情期间"停课不停学""停课不停教",是各地教育行政部门在疫情期间的主要工作任务之一,为此,各地教育部门出台了多项措施,确保在线教学的顺利进行。

然而,大规模开展的在线教育对我国许多地区的中小学而言是新生事物。疫情之前,在线教学从来都不是我国中小学的主流教学模式,本次是因疫情原因而在仓促间大面积快速推广,也产生了不少乱象,主要表现在以下四个方面:第一,个别中小学在寒假期间就开始在线教学,以"不停学"之名,行提前教学和假期补课之实,增加了学生负担;第二,一些中小学在开展在线教学时做法僵化,如要求每个老师每节课都要录课,要求每个学生每堂课都要"打卡",为了开展在线教学,一些地区提出了在线教育信息化设备的要求,导致家长们疯狂抢购平板电脑的事件,在线教学开展变得形式化;第三,一些中小学在开展在线教学时没有顾及弱势群体学生的需求,发生了农村边远地区学生因没手机上网课而自杀,贫困学生到天台或村委会办公楼去蹭课等引起社会广泛关注的极端事件;第四,一些校外教育机构和平台提前上线新学期学习资源,以免费公益之名,行市场推广之实,不仅给仍处于假期中的学生增加额外负担,还导致家长们产生新的教育焦虑。

针对以上情况,随着在线教学的深入,各地教育行政部门也颁布了诸多具体措施来进行引导(具体可参考表3)。但不可否认的是,疫情期间中小学在线教学效果仍然很不理想。有大型的调查结果显示,当前在线教学主要存在师生互动少、学生自主学习积极性差等问题,而在线教学对低年级学生而言,要比高年级学生的效果更不理想。[1]而针对校长的实证研究则显示,学校开展在线教学困难原因,依次为网络学习质量难以保障(66.3%)、信息化基础设施建设不完善(48.9%)、时间紧任务重(43.5%)、缺少指导和培训(38%)、缺少课程资源(29.3%)以及师生的信息素养不到位(28.3%)等。[22]

---

① 详情请参考搜狐网报道:重磅发布!新冠肺炎疫情期间中小学在线教育互动研究报告全文来了! https://www.sohu.com/a/384987600_162758.

**表 3　地方教育部门针对疫情期间中小学在线
教学中存在问题提出的主要要求**①

北京	坚决反对"线上满堂灌"。"网课"将超量供应,但应限量选择。老师应当引导学生尝试线下的自主学习
上海	在线上课每节录播课时间约 20 分钟,学生在线的总时长得到有效控制。不得强行要求学生每天上网"打卡"、上传学习视频等硬性要求
江苏	线上教学、提供网络教学资源等对学生要完全免费,建立课程审核制度,各地中小学提供的线上课程资源,须经主管教育部门审核通过才能上线。严禁学校和培训机构借网络学习名义,违规组织超纲、超前培训,严禁商业广告进校园
浙江	要严格按教学进度开展线上教学,不得超纲、超进度、超负荷教学,不得额外增加学生和家长负担;不得发送与教育教学无关的内容,不允许第三方合作机构利用线上教学服务机会向学生做商业广告宣传或误导其参加校外培训等活动
广东	线上教学要坚持适度教育,并提出严禁超进度、超要求、超标准教学,避免偏题、难题、怪题;对小学低年级线上学习不作统一硬性要求,由家长和学生自愿选择;统筹安排好各门学科的线上课程内容,线上课程时间一般不能超过 20 分钟

在线教学的诸多乱象,其实与场域和惯习错配、行动者资本匮乏也有莫大的关系。常态时期,教育部门使用维持正常教学秩序,确保教学质量的惯习,而在疫情发生的非常态时期,仍然使用这种惯习。教育部门的决策逻辑是,即使发生如此大的疫情,可以停课,但不能停学、停教,而且在线教学仍然要与常态时期的课堂教学尽量一致,要确保在线教学的质量。但是,在线教学无论对教育部门的决策者还是对教师、学生而言,不仅存在已有惯习无法适应疫情新的场域的问题,而且治理资本的缺乏更是导致在线教学效果不佳,这是场域与惯习错配中经常发生的共生现象。[23]

和复学相比,涉及在线教学的文化资本,更多的是涉及如何利用信息

---

① 表格中各省的具体要求来自各省官网发布的各类要求和指引,时间截至 2020 年 5 月。

化手段来开展在线教学的教育信息化方面的专业知识。而各地教育部门中的决策者,其实对教育信息化能真正理解和吃透的并不多,这从疫情开始初期在线教学被急速推广中可见一斑。资本是场域中进行决策的筹码,是行动者进行决策、开展行动时候必须依赖的资源。[24]而在本次疫情中仓促上线的在线教学中,不但众多决策者并不了解在线教学的内涵和要义,对于许多教师而言,因信息素养的问题,缺乏相应的信息化技能,其开展在线教学的过程也颇为不顺。

而对家长而言,由于疫情期间一些中小学学科的在线教学需要家长的深度参与才能达致教学目标,许多家长对此新型教学模式也是一知半解,指导学生时自然也是苦不堪言。除了不具备在线教学的文化资本外,不少弱势群体家长甚至缺乏足够的经济资本去购买在线教学的相关器材,在线教学对他们而言是加重了经济负担。考虑到各类资本的缺乏,在线教学对教育部门管理者、校方、教师和学生存在的困难是可以想象的。

3. 迟滞的中高考调整

在疫情肆虐期间,中考和高考是否要做出调整安排,不但是教育部门的工作重点之一,更是关系到考生切身利益,甚至会影响社会公平和社会稳定的焦点事件。而从本次疫情的蔓延情况来看,教育部门对中高考的调整较为慎重,但一些地方的教育部门也出现了决策迟滞的现象。

由于疫情的走向漂浮不定,教育部一直到 3 月 31 日才发布《关于 2020 年全国高考时间安排的公告》,确定高考往后延期一个月。和高考相比,各地的中考时间调整方案出台更晚(详情可参考表 4),各省大多是 4 月中上旬才确定中考推迟后时间。一些省市甚至到 4 月初才敲定中考时间,如浙江省其实是 4 月中旬才最终敲定中考会在 6 月底进行,从确定到开考只有两个来月时间,这给毕业班的教师和学生造成较大的应试压力。

表 4 若干省市教育部门对中考推迟时间的确定①

时间\地区	决定延迟中考时间	重新确定的中考时间
北京	4月12日	7月17日—19日
上海	4月10日	6月27日—28日
广东	4月9日	7月20日—22日
浙江	4月16日	6月26日—27日
江苏	4月15日	7月9日—18日之间（具体时间由省内各设区市自行决定）

从中高考调整存在的问题来看，各级各地教育部门的反应，是迟滞效应的表现。经历了从常态到非常态的巨大转变和突然过渡，旧有惯习与新场域的错配下，行动者的反应慢是难以避免的，也是不得已的选择。[25] 急剧的场域变化，行动者初期更多的是在持续观望和适应中，与此同时，他们其实也处在习得新的治理资本，并依此来调整惯习的过程中。因此，行动者在危机中对重要事务的应对自然会更加谨慎，反应也就慢了下来。[26] 一些地区中考的调整之所以迟迟不发布，也与这些地区教育部门一直在观望、等待、适应疫情的变化有很大关系。在各类危机处理中，迟滞效应是行动者必然会面对的冲突和张力，[27] 这对于教育部门的决策者也不例外。[28]

更重要的是，中高考因为涉及人才选拔，其任何决策和做法都面临着程序正义的拷问。所谓程序正义，即面向全体人员的组织，均应有既定的工作步骤、程序，均应严格按既定程序操作，程序正义是实现结果正义的重要基础。[29] 约翰·博德利·罗尔斯（John Bordley Rawls）提醒我们，在对一种至少会使一部分人的权益受到有利或不利影响的活动或决定作出评价时，不能仅仅关注结果的正当性，还要看这种结果的形成过程或程序是否符合一些客观的正当性、合理性的标准。[30]

---

① 表4根据各省市官网中有关推迟中考的通知整理而成。

本轮疫情中的中高考调整,教育部门均是依据疫情变化发展的趋势做出延期的决定,这当然是为了尽量消除疫情对考试本身产生的冲击。但是在疫情冲击下,本来在考试前处于相对平等位置的考生,其处境已经发生微妙的变化。对于感染了疫情、亲人中有人感染疫情、身处重点疫情等考生而言,因为疫情,其应试难度陡然增加。短时间内决定推迟升学考试,对受疫情直接影响的考生而言并不公平,何况中高考的结果对考生个人前途有重大影响,各级各地教育部门的决策者是不能也不应忽视这部分考生所面临的情况的。

因此,教育部门对重大考试的决策要合理考虑部分受疫情影响的弱势群体学生的处境,并理应排除突发因素对他们造成的冲击,这不但体现了程序正义的合理性,更是补偿正义乃至更高层次的分配正义的必然要求。[31]这种充满人文关怀的酌情考虑也是教育部门的决策者在疫情期间应该具备的治理意识和资本。

中高考调整是关系社会公平的重大焦点事件,对于教育部门而言,这是疫情危机中必须慎重应对的敏感而重要的治理实践。

三、结论与建议:重构疫情治理危机中的惯习及资本

通过以上分析,本文可以形成以下的研究结论:本次新冠疫情爆发后,我国教育部门对中小学的教育治理开始进入非常态的防疫场域。由于新冠病毒的极不稳定和复杂性,相关教育部门在新的防疫治理场域中显得难以适应,因其常态时期的治理惯习的影响,再加上自身治理资本的缺乏,导致其在防疫时期的中小学治理场域内发生若干偏差和混乱。从具体实践来看,教育部门的这些偏差主要表现在:在复学问题上出现决策反复;推进在线教学问题频出,效果并不理想;调整中高考时间存在迟滞等。

对比布迪厄的实践理论概念分析框架,本文应用场域、资本、惯习以及迟滞效应等概念,对教育部门的治理危机进行了详细的梳理。新冠疫

情是突发的新生情境,布迪厄的实践理论在常态与非常态之间具有理论柔韧性和张力,具备了解释我国教育部门在疫情冲击下应对产生的种种危机的可能,这也是目前国内同类研究中少见的。而依据布迪厄相关概念框架,本研究对教育部门应对危机的分析,能够更深入地洞见一些更本质层次的制度桎梏,这也是当再次面临危机时进行更有针对性布局的基础。

习近平总书记指出,这次新冠疫情是对我国治理体系和能力的一次大考,①教育部门同样要在这场大疫中完成答卷,并能清晰地认识自身存在的问题及所需改进的地方。对本研究而言,仅分析教育部门在疫情中的治理逻辑显然不是终点,布迪厄本人就曾经说过,他不希望他的理论仅被视为理论著作进行研究,他更希望自己付出了巨大心血来构建的这些概念和结论能最终成为实践的指南。[32] 也基于此,秉持实践理论回归实践、指导实践的目的取向,本文根据以上的分析提出以下建议。

第一,培植教育部门应对疫情的治理惯习,建立疫情场域转换的常设应急机制。本次新冠病毒引发的重大疫情,由于事发突然,急速的场域剧变令众多行政管理部门匆忙中难以反应。对于教育部门而言,要应对这种突发疫情的冲击,在常态时期,培植相关官员的惯习作为尤为关键。各级各地教育部门应常具忧患意识,在疫情出现之时,不怕事也不避事,有迅速转变工作内容的态度和意识,在关键时刻能主动出击,并能稳得住、行得快。

要实现以上目标,教育部门在常态管理中,就要完善相关的疫情危机应急管理机制。教育部门中应常设疫情应急管理部门,建立预防疫情的第一道屏障,要对教育行政管理人员、中小学校的管理者及教师、家长等进行公共卫生危机教育,让他们养成时常警惕、时常防范疫情的意识,在下一次可能到来的疫情面前有充分准备,能迅速转换已有的工作惯习,并

---

① 详情可参考中国新闻网报道:这次疫情是对我国治理体系和能力的一次大考 http://www.chinanews.com/gn/2020/02-04/9078658.shtml。

尽快熟悉疫情下诸项教育事务特有的运作状态。

第二,习得与疫情相关的治理资本,全面提升教育部门应对疫情的治理能力。从本次新冠肺炎引发疫情来看,尤其是进入疫情常态化防控之后,传染性疾病对教育部门所造成的巨大冲击可能会持续相当长一段时间,下次卷土重来仍有很大可能性。本次疫情期间,教育部门在作相关决策时因对疫情的趋势等缺乏深入了解,这种治理资本匮乏而造成的种种乱象尤其值得反思。具备充足治理资本是教育部门在下次疫情危机出现时必备的应对武器。

因此,我们建议,在常态时期,教育部门就必须建立习得疫情治理资本的相关机制。教育部门可以和公共卫生部门全面加强合作,与卫生部门建立疫情信息沟通机制,多听取卫生部门的防疫意见。要建立公共卫生专家与中小学的良性互动、帮扶机制,建立、畅通专家在常态及非常态时期都能为中小学提供及时、专业的防疫指导意见的机制。对于决策者而言,学习、熟悉最新的公共卫生常识,具备相应的疫情基本专业知识等治理资本,是其提升、完善公共危机治理能力的必备。为了达到更优的防疫效果,相关部门不仅要在教育部门的决策者中,也要在广大中小学教育管理人员、基层教师、家长和学生中全面推广和普及公共卫生常识。

当然,从本次疫情引发的一系列问题来看,除了公共卫生的专业知识外,教育信息化的知识、对弱势群体学生开展在线教学时的深入了解,也是教育部门在常态时期理应进一步加强的治理资本,这也是在特殊时期顺利开展在线教学的基础。

我们无法预知下一次重大疫情什么时候到来,但是,教育部门既有的常态时期的惯习和资本显然不足以应对。因此,重构、调整疫情危机管理中存在的惯习错配和资本匮乏问题,不但是实践理论给予我们的重要启示,假如再次遭遇突发公共卫生事件,也是我们可以依靠的策略。

参考文献

[1] Sullivan, Alice. Bourdieu and Education: How Useful is Bourdieu's Theory for

Researchers? [J].Netherlands Journal of Social Sciences,2002,38(2):144-166.

[2] Mouzelis, Nicos. Habitus and Reflexivity: Restructuring Bourdieu's Theory of Practice [J]. Sociological Research Online,2008,12(6):123-128.

[3] Bourdieu P. Distinction: A Social Critique of the Judgement of the Taste[M]. Cambridge, MA: Harvard University Press, 1984: 12-13.

[4] 皮埃尔·布迪厄,华康德.实践与反思——反思社会学导论[M].李猛,李康,译.北京:中央编译出版社,1998:133.

[5] 高宣扬.布迪厄的社会理论[M].上海:同济大学出版社,2004:137-138.

[6] Jenkins, Richard. Pierre Bourdieu[M]. New York: Routledge Press, 2014: 89-90.

[7] Collins, Randall. Theoretical Sociology[M]. Chicago: Harcourt College Pub., 1988: 202-203.

[8] 皮埃尔·布迪厄,华康德.实践与反思——反思社会学导论[M].李猛,李康,译.北京:中央编译出版社,1998:171.

[9] 廖青,黄绮妮.布尔迪厄实践理论中的惯习及其在高等教育研究中的应用[J].清华大学教育研究,2018(2):72-80.

[10] Wacquant, L. D. Towards a Reflexive Sociology: A Workshop with Pierre Bourdieu [J]. Sociological Theory, 1989: 26-63.

[11] 高宣扬.论布迪厄的"生存心态"概念[J].云南大学学报(社会科学版),2008,(3),8-15+94.

[12] 皮埃尔·布迪厄,华康德.实践与反思——反思社会学导论[M].李猛,李康,译.北京:中央编译出版社,1998:178-179.

[13] Bourdieu, P., & Passeron, J. C. (1967). Sociology and Philosophy in France since 1945: Death and Resurrection of a Philosophy without Subject. Social Research, 162-212.

[14] Bourdieu, P. The Logic of Practice (R. Nice, Trans.)[M].Cambridge: Polity Press, 1990, p. 81.

[15] Reay, D., David M. & Ball S, Making a Difference?: Institutional Habituses and Higher Education Choice[J]. Sociological Research Online, vol. 5, no. 4 (February 2001), pp. 14-25.

[16] Bourdieu, Pierre. The Forms of Capital. (1986)[M]//Imre Szeman, Timothy Kaposy (Eds), Cultural Theory: An Anthology. Jersey City: Wiley-Blackwell, 2010, pp. 81-93.

[17] 皮埃尔·布迪厄,华康德.实践与反思——反思社会学导论[M].李猛,李康,译.北京:中央编译出版社,1998:143-145.

[18] Hardy, C. Hysteresis[M]//M. Grenfell (Ed.), Pierre Bourdieu: Key Concepts. New York: Routledge Press, 2008, pp. 126-145.

[19] Strand, M., & Lizardo, O. The Hysteresis Effect: Theorizing Mismatch in Action [J]. Journal for the Theory of Social Behaviour, vol. 47, no. 2(August 2016), pp. 164-194.

[20] Bourdieu, Pierre, & Jean Claude Passeron. The Inheritors: French Students and Their Relation to Culture[M]. Chicago: University of Chicago Press, 1979: 26-27.

[21] Bourdieu, Pierre, & Jean-Claude Passeron. Reproduction in Education, Society and Culture[M]. SAGE Publications Ltd, 1990: Vol. 4,55-156.

[22] 宫臣,张佳伟,宋萑.新冠肺炎疫情期间学校在线教学现状、困难与需求的实证研究——基于全国百所中小学校长抽样调查结果的分析[J].中小学信息技术教育,2020(04):41-44

[23] Bourdieu, Pierre, & Monique de Saint Martin. "Scholastic Excellence and the Values of the Educational System."[J]. Contemporary Research in the Sociology of Education, (1974): 338-371.

[24] Bourdieu, Pierre. "The Forms of Capital.(1986)."[J]. Cultural Theory: An Anthology, 1(2011): 81-93.

[25] Yang, Yang. Bourdieu, Practice and Change: Beyond the Criticism of Determinism [J]. Educational Philosophy and Theory, 2014, 46(14): 1522-1540.

[26] King, Anthony. "Thinking with Bourdieu against Bourdieu: A 'practical' Critique of the Habitus"[J]. Sociological Theory, 2000, 18(3): 417-433.

[27] Strand, Michael, & Omar Lizardo. The Hysteresis Effect: Theorizing Mismatch in Action[J]. Journal for the Theory of Social Behaviour, 2017, 47(2): 164-194.

[28] Dirk, Wayne Peter, & Derik Gelderblom. "Higher Education Policy Change and the Hysteresis Effect: Bourdieusian Analysis of Transformation at the Site of a Post-apartheid University"[J]. Higher Education, 2017, 74(2): 341-355.

[29] 罗尔斯.正义论[M].何怀宏,等译.北京:中国社会科学出版社,1988:86-87.

[30] 肖建国.程序公正的理念及其实现[J].法学研究,1999(03):5-23.

[31] Rawls, John. A Theory of Justice[M]. Cambridge, MA: Harvard University Press, 2009: 69-70.

[32] Jenkins, Richard. Pierre Bourdieu[M]. New York: Routledge Press, 2014: 70-71.

作者简介

钟景迅　华南师范大学教育科学学院副教授、基础教育治理与创新研究中心特约研究员

柳镁琴　华南师范大学教育科学学院硕士研究生

张雯闻　华南农业大学公共管理学院副教授,本文通讯作者

电子邮箱

Email: zhongjingxun@sina.com

通信地址

广东省广州市天河区中山大道西 55 号华南师范大学教育科学学院

Chapter 11

情感治理：后疫情时代教育治理变革的重要转向[*]

刘世清

摘 要：情感是教育治理的重要基础，亦是教育治理不可或缺的基本维度。疫情推动了教育从线下到线上的转移，引发了教育治理空间、结构与关系的巨大变革，强化了教育的技术治理，却忽视了情感治理，表现为：在空间上过多关注"不停教/学"的技术性治理，忽略了学生情感心理发展的内在诉求；在结构上，家长更多的是被动参与，在关系上，强化了政府—学校—家庭/社会的自上而下的刚性权力关系，忽略了家庭/社会—学校—政府的自下而上的柔性情感关系建设。后疫情时代迫切呼唤教育治理的情感回归，要重视教育治理的情感基础与研究，以学校为基地创新教育空间建设，加强家庭与社会再组织化建设，扩大家庭与社会的参与渠道和范围，柔化政府与民众的组织边界，提升各方主体的教育情感认同。

关键词：教育情感治理；疫情；空间；结构；关系；教育治理变革

2020年初，全球新冠肺炎疫情大流行，成为新中国成立以来遭遇的最为严重的重大突发公共卫生事件。新冠肺炎疫情的肆虐传播，严重影响了中国经济和社会生活的方方面面，教育首当其冲。为"防止疫情向学校扩散、守护师生安康、维护校园稳定"，教育部出台多项举措，部署了延期开学、"停课不停学"的政策安排。[1] 2020年上半年，疫情期间学校教育"停课不停教、不停学"的顺利实施，得益于我国政府、学校、社会的通力协作，得益于我国教育治理体制机制的制度建设。疫情是一场危机，检验了我国基础教育治理体系与能力建设的合理性与效率性；疫情亦是一个机遇，

---

[*] 本文系2019年度国家社会科学基金教育学一般课题"新高考背景下普通高中学校变革机制研究"（项目编号：BHA190152）的阶段性成果。

对当代中国教育治理的取向与内容提出新的挑战,这种挑战呼唤教育治理的"情感"回归,呼唤后疫情时代"教育情感治理"的新论题。

一、情感是教育治理中不可或缺的基本维度

改革开放催生和建立了社会主义市场经济体制,推动了社会组织的建设与发展。为了适应从"全能政府"到政府、市场与社会的三元结构变革,从教育管理走向教育治理,重构政府—学校—社会三者关系,成为我国教育管理体制机制改革的关键所在。[2]

近年来,以教育治理为核心的制度变革与区域实践引发了学界广泛讨论。综观这些研究,其共同之处在于借鉴西方治理理论,以不同教育主体的利益与权利为核心,凭借制度创新与技术变革建立协商互动的程序和规则,最终实现教育发展的多赢。代表性观点如,教育治理是指国家机关、社会组织、利益群体和公民个体,通过一定的制度安排进行合作互动,共同管理教育公共事务的过程,其优越性在于多元主体的参与,各种不同的教育利益诉求能得到充分表达。[3]但是在强调制度创新、规则重建与技术更新的教育治理研究中,存在过分追求教育治理理性化、效率化与技术化的倾向,而对于主体的教育情感实践却几乎无关注,在当下的中国出现了教育治理技术愈精细化,而社会群体教育心态却愈焦虑化的悖论。一定意义上讲,已有的教育治理研究在很大程度上存在着忽略"人"、忽视治理主体之间情感关系建设的问题。而在中国教育语境下,教育治理最离不开的恰恰就是情感基础。情感是教育治理中不可或缺的基本维度,其因有三。

1. 从教育自身来看,教育是一项充满情感的育人活动,教育治理需要着眼并着力于情感

教育是培养人的社会活动。情感与理性,是人的精神活动的重要组

成部分，无论在人的认知发展、价值养成、行为学习层面，还是在更内在的思维结构层面上，情感都作为一种"基础性"的存在发挥着全息性的作用。[4]教育要重视儿童的认识发展，也要重视儿童的"道德、智慧和感情融洽一致"，培养儿童"感情方面的品质，特别是在人和人的关系中的感情品质"，是教育的重要目标之一。[5]在教育过程中，人们追求的是有情感的学习，正所谓"知之者不如好之者，好之者不如乐之者"。由此可见，情感是学生成长发展中的基础内容之一，情感不仅体现在育人目标上，也渗透在教育过程中。在此意义上讲，教育是一项充满情感的育人活动，教育治理作为促进教育发展的重要保障，着眼并着力各主体之间情感关系的培育与建设，是题中应有之义。

但是近代以来，伴随着科技与工业革命的狂飙发展，学校教育更加强调科学知识的传递与认知理性的片面发展，无论是在育人目标还是在育人过程中，都存在着重理性与认知，轻人文与情感的倾向。[6]原本充满情感的丰富的学校育人活动，被学生的成绩与分数、重点校与升学率简化宰制，师生关系、家校关系与政校关系深受其害，严重影响学生的健康与全面成长。就此而言，教育治理不仅要着眼于政府、学校、社会等不同主体间的教育利益沟通与协商，还应回归教育实践的情感本源，着眼于不同主体的教育情感关系建设与交流，以更好地促进学生全面发展与学校教育健康发展。

2. 从社会传统来看，中国是情理社会，教育治理回应民众诉求需要借鉴并借力情感

治理理论是西方的舶来品，要在中国大地上扎根就必须本土化。从历史传统上讲，西方是基于理性与权利的契约型社会，而中国是典型的情理型社会，情与理交织在一起，社会个体的行动讲求合情合理。这是因为，中国传统社会是以人伦关系为核心，通过伦理纲常构建了家国一体、情理统一的社会伦理规范，进而形成以情理作为社会行动基本取向的人情社会。在这样的社会，国家亦是情感与道德化身，而不是基于契约意义的西方国家形象。[7]西方汉学家裴宜理(Elizabeth J. Perry)基于对中国共产党的历史考察,明确指出情感是我们党工作传统的重要特征,党充分利用情感模式,号召群众参与革命行动,其意识形态、组织形式、符号体系都具有强烈的情感属性。[8]教育事业是党的事业的重要组成部分,要坚持扎根中国大地办教育,就要充分利用中国社会传统的情理性质,依靠党和政府的工作传统优势,积极沟通与建设多元治理主体之间的良好情感关系,真正办好让人民满意的教育。

3. 从治理自身来看,教育治理不仅要关注技术、工具与效率,也要调节与再生产主体间的良好情感关系

改革开放以来,现代化建设步伐与进程不断加快,我国政府管理逐步从总体支配进入技术治理,技术治理成为国家治理变革的重要范式。[9]但是,在过分强调技术、工具与效率治理的过程中,常常忽略甚至忽视民众的情感与道德诉求,引发社会矛盾和争议。教育作为社会民生之首,关系着学生的前途命运、家庭的幸福安宁、社会的稳定和谐。进入 21 世纪以来,随着"有学上"问题的解决,"上好学"成为民众关注的新焦点,诸如"全民鸡娃""不让孩子输在起跑线上"等话语的流行,反映了在"上好学"这一新阶段,中国家长群体普遍存在的焦虑心态。在此背景下,在推进新时代教育治理变革的过程中,亟须关注民众的教育情感心声,回应民众的教育情感诉求,加强教育情感治理迫在眉睫。

二、 教育情感治理缺失的表现: 基于疫情的考察

情感是教育治理的重要基础,是教育治理不可缺少的基本维度。

教育情感治理,指向教育治理过程中各参与主体的情感关系与建设,通过对治理过程中各教育主体情感关系的干预与协调,实现教育主体之间情感理解、认同与融洽的过程。教育情感治理是相对于教育技术治理

而言的,在推进现代化与教育现代化的过程中,理性与工具主义不断彰显,日益受到推崇,过度理性化问题在社会与教育领域亦普遍存在,如基础教育阶段中小学校治理目标的"效率至上"、过程的"标准化"与效果的"分数计算"。[10]在此过程中,教育主体的情感作为非理性,常被置于教育理性、技术治理的对立面而被边缘化。事实上,教育情感治理与技术治理并非"水火不容",只是逻辑与侧重不同,前者指向教育主体间情感关系的认同理解,是基于体验同感的"软治理",后者则强调教育主体间利益关系的合作共赢,是基于协商程序的"硬治理",两者的共同目标均指向师生主体与学校教育的健康发展。就此而言,理想的教育治理应该是寓情于理,情理交融,各教育主体既达成利益共识,又使情感关系融洽。重视与强调教育情感治理,既是基于对当前教育治理中过于强调技术化、理性化的反思,更是基于疫情这一特殊时期对教育情感治理的新诉求。

如何审视和分析教育情感治理?我们认为,教育治理是在特定空间发生的,多元主体在互动中形成一定的治理结构与网络关系,共同协商解决教育问题,促进教育发展。在此过程中,空间是教育治理实践发生的物质载体,结构是教育治理的主体构成及其互动机制,关系则是治理过程中多元主体间关系不断重构与再构的过程和结果。基于此,有研究者提出,空间、结构与关系是分析考量社区情感治理的重要论域。[11]我们将借鉴这一分析思路,聚焦考察新冠肺炎疫情背景下的教育治理实践。

疫情推动了教育从线下到线上的巨大转换,对教育治理的空间、结构与主体关系产生了巨大影响。在此过程中,教育治理的技术化与理性化被进一步强化,而情感治理则存在缺失问题,主要表现在如下三个方面。

1. 线下教育转换为线上教育,拓展了教育治理空间,但过多关注"不停教"与"不停学"的技术性治理,忽略了学生情感发展与心理调适的内在诉求

疫情突如其来,蔓延迅猛。教育部作出了"停课不停学"的政策部署,开辟了线上教育教学的新空间。在此意义上,线上网络空间不仅具有物理意义,还应具有教育意义,线上教育教学的网络空间需要承载知识传递与情感育人的双重职能。从线下到线上教育的空间转移,拓展了教育治理的时空与内容,但从实践来看,疫情期间的教育治理更多着眼于知识技能的"不停教"与"不停学"的技术支撑与治理,却忽略了网络教育空间的情感性,忽略了学生的情感发展与心理调适的内在诉求,具体表现在两个方面。

其一,注重知识技能学习,忽视学生身心健康发展。疫情风险高,对青少年学生的情绪与心理健康影响大,他们常常会出现恐慌、焦虑、抑郁等负面心理,对此,教育教学内容安排应优先考虑。但调查表明,在线教学内容中79%的安排是文化基础课,而心理健康内容仅为27%。[12]教育部调查也指出,至2020年6月中小学生近视率较2019年底上升11.7%,其中小学生的近视率上升了15.2%。[13]相比较知识技能学习,特殊时期学生的心理与情感需求理应受到更多关注与重视,但是疫情期间,教育内容过多着眼于知识技能的"不停学""不停教",而忽略了学生居家学习的情绪与身心健康发展,教育发展与治理在目标上存在情感缺失。

其二,注重网络教学秩序建立,忽视师生、生生之间的互动交流,忽视网络空间情感氛围营造。从线下到线上,教学形态的重大变化迫切要求教师角色从知识传授者转变为学生学习与成长的设计者、支持者与对话者。"在看似以技术为主要载体的新型教学互动中,最重要的恰恰不是信息技术本身,而是真实、有效的师生关系,以及教师对学生的了解和把握。"[14]在这方面,线上教育教学带给教师的挑战是最大的,因为学生身体与空间的分离,使得教师在线上只能更多着眼于教学秩序的维持与管控,无法进行师生与生生之间的互动交流,更没有精力去考虑网络空间的情感氛围营造,这也是影响学生学习与发展的重要因素之一。

从线下到线上的教育时空拓展,带来教育主体与空间分离的新情况,由主体身体不在场不断强化的是"不停课""不停教"的技术性治理,而忽视了学生主体的心理调适与情感诉求。就此而言,疫情这一特殊时期对教育情感及其治理提出了现实的紧迫诉求。

2. 线下教育转换为线上教育，加强了政府、学校与家长的沟通联系，但家长更多的是原子化被动参与，在教育治理结构中处于缺位状态

教育治理主体结构由政府、学校、家庭、社会等多元主体构成。各主体之间的情感互动与交流共识，是教育治理良性运转的重要前提与保障。在"停课不停学"期间，由于教育时空和组织形式的巨大变化，学生在家学习，家长深度介入辅助学生学习，这虽然从客观上加强了政府、学校与学生家长间的沟通联系，但就现实来看，家长在教育治理结构中是"被动""缺位"参与。

就"被动"参与而言，在"不停教，不停学"期间，家长更多的是以配合、执行政府与学校要求的方式参与。学生在电脑、网络、书本等学习方式中不断切换，学生无法操作电脑与网络程序，这背后需要家长全天候配合支持，家长手忙脚乱，唯恐耽误孩子正常学习。访谈表明，疫情期间家长陪读的焦虑心理与消极情绪不断增长。家长普遍反映，从来没有谁主动关注过家长的情绪心理，听到更多的是"再忍一忍，过了这段时间就好了"的无奈之语。

而就"缺位"参与而言，家长与学校的沟通联系，更多的是以原子化、个别化方式参与，无法在结构上形成一个较为组织化的主体，从而在教育治理中更好地反馈自身诉求。家长虽然以原子化方式参与了教育治理过程，但在结构上却存于缺位状态。而且家长的个别化参与也为教育治理增添了诸多不确定性风险，个别家庭的消极情绪借助信息网络平台呈爆炸式蔓延传播，严重影响公众对教育的社会情绪与心态。

从线下到线上教育的拓展，虽然在客观上增加了家长与学校和政府间的教育沟通联系，但在现实中家长更多的是配合执行来自政府与学校的要求，在治理结构上存在缺位状况，而且由于交流沟通平台的缺乏，家长的情感诉求无法得到及时有效的回应,也严重影响教育治理成效。

3. 线下教育转换为线上教育,强化了政府—学校—家庭/社会自上而下的刚性权力关系,忽略了家庭/社会—学校—政府间自下而上的柔性情感关系建设

各主体之间的网络关系是教育情感治理的重要载体与体现。疫情期间的教育治理,从教育行政部门部署"停课不停学"的政策安排,到学校的落实执行,再到家长的配合支持,体现的是从政府—学校—家庭/社会的自上而下的刚性权力关系。在此过程中,政府决策与学校事务悬空于家长,以家长为代表的社会基本没有参与决策过程。就此而言,从教育治理的多元网络关系来看,强化的是自上而下的政府—学校—家庭/社会之间的线性与刚性的权力关系,忽略了家庭与学校、家庭与政府之间的情感互动交流,家庭与学校、政府之间缺乏情感黏合建设,家庭/社会—学校—政府间缺乏自下而上的柔性情感关系建设,从长远来看必将影响教育治理的实际效果。访谈中家长们普遍认为,指导孩子读书学习本来是学校要做的事情,而在居家学习期间却全都变成家长的事情。家长的"替学校打工"的心态恰恰反映了疫情期间家长对政府与学校治理部署的情感不支持,而复学之后网络流行的"神兽归笼"等话语,正是这种情感心理的典型反映。

三、后疫情时代教育情感治理的对策

突如其来的新冠肺炎疫情是一场没有预演的试验。基于"停课不停学"的教育治理,既检验了我国已有教育治理体系与架构的合理性,同时也对从线下到线上的新教育形态治理提出了新挑战与新要求。基于疫情时期教育治理实践的考察表明,教育治理存在情感维度的缺失。疫情总有一天会结束,而基于疫情的考察,则为我们在后疫情时代改进与变革教育治理,加强教育情感治理提供了重要启示。

1. 重视教育治理的情感基础，加强教育情感治理的理论与实践研究

习近平总书记在全国抗击新冠肺炎疫情表彰大会上的讲话中指出："要始终把人民安危冷暖放在心上，帮助群众解决就业、收入、就学、社保、医保、住房等方面的实际困难，扎扎实实做好保障和改善民生各项工作。"[15]"安危冷暖"表明了民生工作的价值取向，也指明了其工作富含情感的特殊性质。新时代的教育寄托着亿万家庭的美好愿望，教育治理作为深化教育体制机制改革、办好人民满意教育的关键所在，既要遵循教育是充满情感的育人活动的基本规律，也要适应中国情理社会的传统诉求，就此而言，迫切需要在后疫情时代的教育治理变革中，积极创新和拓展教育治理的情感基础与维度，不断深化和加强教育情感治理的理论机制与实践变革研究，真正在政府、学校、家庭与社会关系的重构过程中，不仅以治理的制度与技术创新协调各主体间的教育利益诉求，而且要通过重构主体之间情感关系的建设与再生产，努力让多元主体在情感关系上相互理解体谅、认同支持，真正办好教育，真正让人民满意。

2. 创新教育治理空间建设，以学校为基地，增强多元主体对教育治理的区域空间认同与情感归属

治理实践是在特定空间中开展的。疫情下的"停课不停学"，开辟了线上教育教学的新空间，亦带来教育主体身体与空间分离的新问题，给教育主体的情感互动与交流带来严峻挑战。从推进教育情感治理的角度来看，要以学校为基地加强教育空间的情感建设，不断增强多元主体对教育治理的空间认同与情感归属。

其一，以学校为基地建设多样化的空间"意向"标识，不断提升教育治理区域空间的可辨识性。城市规划专家凯文·林奇（Kevin Lynch）曾指出，个体不仅在城市空间里生活，还会形成对城市的意象，道路、边界、区域、节点与标志物等是城市意象的重要组成部分，它们承载着人们对城市的情感认知。[16]就此而言，基于特定行政区划的教育情感治理，也需要积

极打造教育区域空间的"意象"标识,以汇聚多元主体对区域教育的情感认知。在此过程中,要积极引领学校师生、家长与周边居民等多元主体聚焦学校这一空间载体,集思广益打造出学生、学校与社会公认的可识、可读与可辨的独特教育空间,这既利于加强多元主体与学校之间的教育情感联系,也利于凸显教育治理的区域独特性与可辨识度。

其二,以学校为基地开展多样活动,积极吸引多元主体参与,不断提升主体间的教育情感认同与归属。打造可读与可辨的教育空间标识,利于多元治理主体的教育情感聚焦。但是要想真正获得主体的情感认同与归属,则需要通过举办多样的活动,让多元主体在活动中增加情感交流与共识。就此而言,需要进一步加以学校为基地开展多样化的教育活动,加强治理主体的参与与卷入,比如家长进校园、家长一日班主任或校长,在真实的活动中增强多元主体之间的互动交流,不断调节与再生产多元主体之间和谐的教育情感关系,不断提升多元主体间的教育情感认同和归属感、自豪感。

3. 加强家庭与社会的再组织化,搭建教育沟通交流平台,及时了解多元主体情绪状况,化解消极教育情绪

在教育治理主体方面,教育行政部门、学校以及市场企业是组织化的机构,有明确的职位分工与权责要求,利于自身利益的诉求表达。但是家庭对社会而言,常常是个体化、原子式的存在,这既不利于家庭与社会达成教育共识,也易滋生不确定性的消极情绪。因此,迫切需要加强家庭与社会的再组织化,通过搭建教育沟通交流平台,促进多元主体教育情感的顺畅表达。

其一,发挥志愿者引领作用,加强家庭与社会再组织化建设,及时了解庭与社会的教育情绪信号。要发挥家长与社会志愿者的引领作用,加强家庭与社会的内部沟通、交流与建设,通过家庭与社会的再组织化建设,凝聚家庭与社会的教育注意力与情感焦点,让个体化、原子化的家庭

对教育的问题反馈与情绪反应得到较为集中且有效的反映。同时教育行政部门也要积极了解家庭与社会的教育情绪信号,通过自身信息公开、互动交流机制建设,积极引领家庭与社会的情感趋势,化解家庭社会对学校、政府教育工作的不理解或不信任。

其二,积极搭建教育沟通交流平台,加强情感沟通交流,化解社会主体的消极教育情绪。要积极借助网络、座谈、调研等多种教育沟通交流平台,真正打通家庭与社会参与教育治理过程的渠道和途径,积极围绕学生发展、学校发展与学区发展的事务,加强家庭/社区、学校与教育行政部门之间的沟通联系。在此过程中,教育行政部门要建立健全激励机制,通过物质与精神多元激励方式,表彰对区域教育治理做出贡献的参与者,及时化解社会主体的消极教育情绪。

4. 扩大家庭与社会的参与渠道和范围,柔化政府与民众的组织边界,关注家庭与社会的教育心态与舆情,提升多元主体的教育情感互动

教育治理实践中,多元主体基于治理活动会形成多样化的网络关系。这个过程中面临两个基本问题:一方面是政府能否准确、及时地识别基层群众的情绪与心态,另一方面是基层群众与家长的教育情绪能否有序、有效地传递。这就要求在教育治理过程中努力扩大家庭与社会的参与渠道与范围,柔化政府与民众的组织边界,不断提升各主体的情绪交流,提升主体的情感互动。

其一,要努力扩大家庭与社会的参与渠道和范围,柔化政府、学校与民众的教育治理边界。家长与群众对教育的认知有差异,产生的情绪反映也多样不同。这要求在教育治理过程中,教育行政部门要有意识地扩大家长与社会的参与渠道与范围,选择能够代表不同认知与情绪反映的主体参与到教育治理之中。在此过程中,政府与学校要真正放低姿态,真正聆听家长与社会的教育心声,让家长与社会真正感受到自己的心声与

情绪获得认同。同时,政府与学校接收家长与社会意见的渠道与途径也要多样化,要贴近民众,可以采用座谈、家访、网络等多种方式,随时接收家长与社会意见,柔化政府、学校与民众的组织边界,让家长、民众与学校可以便捷畅通地参与到治理过程中,以不断优化与再生产多元主体的教育情感关系。

其二,要关注家庭与社会的教育舆情心态,加强政府政策话语与民间话语的情感融合,不断提升各方主体的情感认同。在当代中国,教育是关系孩子前途与家庭命运的首要民生,倾注了家长的大量甚至所有情感。家长与社会对于教育的满意与否,首先就体现在家长的教育情绪与心态上。当前社会上普遍蔓延的教育焦虑心态就是教育问题的直接反映。就此而言,教育治理迫切需要重视多元主体的情感反映,政府要密切关注家庭与社会的教育心态与情绪舆情,要防患于未然,治病于腠理。尤其对基层教育行政部门而言,要摸清民众的教育情绪脉搏,转变政府部门的政策话语,以老百姓能够听懂、熟悉的民间话语来解释政策部署,不断加强政府与民间语言之间的情感融合,不断提升多元主体的情感认同与理解,真正将民众的教育冷暖放在心间,为办好人民满意的教育奠定良好的情感基础。

教育是社会民生之首,与民情民意密切相关。强调教育治理变革的情感转向,并不是要否定教育的理性、规则与技术治理,而是让两者兼容互补。疫情开辟与试验了线上教育,创新了教育治理的新空间,引发了新问题,也再次证明教育治理中蕴含情感维度与情感基础。疫情终将结束,后疫情时代迫切呼唤教育治理的情感回归,真正办好让人民满意的教育。

参考文献

[1] 林焕新.亿万学生,千万教师,一张答卷——全国中小学"停课不停学"工作取得积极成效[N].中国教育报,2020-07-04(01).

[2] 刘世清.从管理走向治理:转型期中国教育治理机制研究[M].上海:华东师范大学出版社,2019:11-14.

[3] 褚宏启.教育治理:以共治求善治[J].教育研究,2014(10):4-5.

[4] 王平,朱小蔓.建设情感文明:当代学校教育的必然担当[J].教育研究,2015(12):12.

[5] 联合国教科文组织国际教育发展委员会.学会生存[M].北京:教育科学出版社,1996:189-194.
[6] 朱小蔓.情感教育与人的情感性素质[J].课程·教材·教法,1999(1):7.
[7] 项飙.普通人的"国家"理论[J].开放时代,2010(10):117-132.
[8] 裴宜理.重访中国革命:以情感的模式[J].中国学术,2001(4):97-121.
[9] 杜月.制图术:国家治理研究的一个新视角[J].社会学研究,217(5):192-217.
[10] 罗阳,刘雨航.学校情感治理机制探究:现实诉求与行动逻辑[J].中国电化教育,2020(11):30.
[11] 朱志伟,孙菲.空间、结构与网络:社区情感治理的三重论域与实践路径[J].贵州社会科学,2020(5):36-41.
[12] 王继新,韦怡彤,宗敏.疫情下中小学教师在线教学现状、问题与反思[J].中国电化教育,2020(5):17.
[13] 教育部.中小学生近视率半年增加11.7%[EB/OL].2020-09-28[2020-08-27].http://www.xinhuanet.com/politics/2020-08/27/c_1126420370.htm.
[14] 李凌艳,苏怡.战"疫"之后对现代学校治理的再审视[J].中国教育学刊,2020(6):46.
[15] 习近平.在全国抗击新冠肺炎疫情表彰大会上的讲话[EB/OL].2020-09-18[2020-09-08].http://cpc.people.com.cn/n1/2020/0908/c64094-31854170.html.
[16] [美]凯文·林奇.城市意象[M].方益萍,何晓军,译.北京:华夏出版社,2013:35.

作者简介

刘世清　华东师范大学教育学部副教授,基础教育改革与发展研究所研究员

电子邮箱

shiqingliu@126.com

通信地址

上海市中山北路3663号　华东师范大学教育学部
邮编:200062

Chapter 12

重大疫情危机中的全球教育治理：模式、表征与现实选择

常　甜　马早明

摘　要：新冠肺炎疫情使全球教育领域出现前所未有的共性危机，全球教育治理顺势成为当前国际社会关注的焦点。本文在结合国内外有关全球教育治理的文献研究和疫情下全球教育应对现状分析的基础上，总结了当下全球教育治理领域的四种模式：以主权国家或政府为中心的"元治理"全球教育治理模式，以国际组织为中心的"国际机制"全球教育治理模式，超国家中心的"网络化"全球教育治理模式，多元混合的"新多边主义"全球教育治理模式。分析了疫情下基于不同治理主体构建的这四种模式各自的特点与共性特征，旨在揭示疫情或后疫情时代全球教育治理的现实选择。

关键词：新冠肺炎疫情；全球教育治理；治理主体；模式；现实选择

2020年伊始，新型冠状病毒肺炎疫情肆虐全球，这场公共卫生事件使整个世界面临第二次世界大战以来的严重危机，政治、经济、科技、教育、文化等领域都受到前所未有的影响。联合国教科文组织（UNESCO）全球实时统计数据表明，截至2020年8月上旬，自疫情爆发以来，全球190多个国家的学校停课，受疫情影响的学生人数在峰值时达到17亿。[1]最近的一份联合国报告指出，由于学校长期关闭造成的学习损失，将有可能抹去全球教育近几十年来取得的进步。在这次疫情中，全球范围内大面积的学校关停造成教育公平与质量领域出现的矛盾急剧增加。[2]

新冠肺炎疫情这一世界范围内重大突发卫生公共事件，短时间内将世界各国卷入危机应对共同体，面对此次新冠肺炎疫情给全球教育带来

的危机,整个国际社会积极参与进来,通过相应的措施或手段为全球疫情下的教育提供最佳的政策引领或实践共享。本文试图回答抗击新冠肺炎疫情的全球教育治理过程中的三个实践问题:整个国际社会针对疫情在全球教育应对中形成了哪些教育治理模式?表现出哪些基本特征?疫情及后疫情时代全球教育治理的现实选择路径如何?

一、"全球治理"与"全球教育治理"概念内涵演变及界定

冷战结束后,随着全球化的不断深入与发展,全球化衍生的许多问题逐渐成为全球范围内各国面临的共同挑战,全球治理问题逐渐被列入各国政府以及众多国际社会行为主体的议事日程。全球治理理论兴起于20世纪90年代的西方,最早倡导"治理"概念的世界银行(The World Bank)与联合国全球治理委员会(Commission on Global Governance)从不同角度对"治理"作出界定。世界银行认为,"治理是通过建立一套被接受为合法权威的规则而对公共事务进行公正而透明的管理,是为了促进发展而行使管理一个国家的经济和社会资源方面的权力"。根据联合国全球治理委员会的定义,全球治理是个体和机构团体共同处理事务的总和,它是一个持续的过程,不同利益体的矛盾和冲突可以因其得到缓解与调和,并走向合作。治理理论在公共管理领域肇始于美国政治家詹姆斯·N.罗西瑙(James N. Rosenau)。他认为:"治理包括政府机构,也包括非正式、非政府的机制,治理是不同规制间的制度安排,是对不同规则的重叠、冲突和竞争发挥作用的原则、规范、规则和决策程序,治理的权威向着次国家、跨国、非政府的层次转移。而全球治理则是超越国家界限的非主权治理,它是一种活动而非系统。"[3]我国最早对全球治理理论进行研究的要数著名学者俞可平教授。在他看来,全球治理是具有一定公共权威的组织在一定价值理念的指导下,通过一定的活动和机制协调全球公共事务的过程。

经过20多年的使用和推广,"全球治理"这一概念目前已经被国际社

会和学术界接受并使用。目前学者们对"全球治理"的定义尚未达成一致意见。综合不同观点,本文认为,全球治理是指国际社会中的多元多层治理主体在一定价值利益的引导下,针对全球公共事务领域出现的共性问题,通过一定的行为方式,诸如协调、合作、博弈等,共同应对和管理全球共性公共事务的过程。

"全球教育治理"这一概念出现于21世纪初。2006年在圣彼得堡八国峰会期间举行的"G8在全球发展中的作用国际研讨会"上,加拿大学者约翰·科顿(John Cotton)起草的报告《G8与全球教育治理》(The G8 and Global Education Governance),以及联合国教科文组织《2009年全民教育全球监测报告》(Education for All Global Monitoring Report 2009)都指出,全球教育治理是"将教育领域的众多行为者联系起来的程序、政策和体制安排"。全球教育治理意味着一种特定的国际机制的建构、一系列国际规则的应用以及一整套国际组织网络化的联结。英国学者肯尼斯·金(Kenneth King)和罗伯特·帕摩尔(Robert Palmer)认为,全球教育治理是一个用来讨论国家和非国家行动者如何在教育中获得政治权威和影响的组织框架。它涉及一系列影响民族国家的教育和培训体系的全球进程。国内学者杜越认为,全球教育治理是国际社会各行为主体通过协调、合作、确立共识等方式参与全球教育事业的管理,以建立或维持理想国际秩序的过程。

整体来说,目前国内外学者对全球教育治理概念的讨论相对较少,对其概念或见解也未达成统一看法。但无可非议的是,教育理所应当属于全球公共事务的一部分。结合学术界现有研究,本文对全球教育治理的概念作出如下界定:全球教育治理是指国际社会中的多元多层治理主体在一定价值利益的引导下,针对全球教育事务领域出现的共性问题,通过一定的行为方式,诸如协调、合作、博弈等,共同应对和管理全球教育共性事务的过程。

在对"全球教育治理"的概念、主体和机制研究上,结合现有研究,本文认为全球教育治理的主体大致分为以下三类:一是主权国家及其政府机构;二是政府间的国际组织,诸如联合国教科文组织、经济合作与发展组织(OECD)、世界银行等;三是超国家中心的非政府组织、跨国企业、私人协会、慈善机构、基金会、大众媒体等[4]。

二、 新冠重大疫情下全球教育治理的多维模式

全球教育治理是一个多元主体参与,共同应对和管理全球教育事务的过程。本文在已有全球治理以及全球教育治理的理论研究基础上,结合参与此次新冠肺炎疫情下教育应对的全球教育治理的三类主体,以及每类主体在全球教育治理过程中的参与权威与构成,大体划分出以下四类全球教育治理模式。

1. 以主权国家或政府为中心的"元治理"全球教育治理模式

在以主权国家或政府为中心的"元治理"模式中,主权国家或政府为全球教育治理体系的主角。在此模式中,呈现两大基本特点:一方面,主权国家能够根据各自国家内部教育领域出现的问题或危机而采取相应的自上而下的应对措施;另一方面,不同主权国家也能够根据内部教育领域出现的共有危机,出于对共同利益的考虑,在视各自国家利益为主权中轴的基础上,不同国家或政府通过在教育领域的沟通、协商或合作,以寻求教育问题的共治之道。

针对疫情,各国政府自 2020 年 1 月中下旬就纷纷采取涵盖多种教育阶段与类型的教育应对措施。一些国家紧急启动立法程序,制定或者修订相应的专门性法律或法规。如美国国会先后颁布《新型冠状病毒援助、救济与经济安全法》(Coronavirus Aid, Relief and Economic Security Act, CARES Act)[5]和《家庭首次新型冠状病毒感染应对法》(Families First Coronavirus Response Act)[6],日本文部省修订颁布了《针对新型冠状病毒感染症实施临时停业停课指南》。在疫情伊始阶段,从 1 月 21 日起,中国教育部连续印发了《关于切实做好新型冠状病毒感染的肺炎疫情

防控工作的通知》《关于切实做好新型冠状病毒感染的肺炎疫情防控工作应急预案的通知》和关于《2020年春季延期开学的通知》的三份通知,立即启动教育系统公共卫生类突发事件应急预案,完善应急处理机制,部署各地和有关中小学、高校高度重视疫情防控,切实做好应急预案。各个国家在颁布相关政策法律或者法规之外,在针对疫情导致的停课停学方面也给出了具体的教育教学指导或教育技术支持。在芬兰,政府呼吁学校一方面要为学生提供疫情阶段的教学设备,同时也要为学生提供多样化的学习计划与安排,例如小学生则要求在家里进行在线远程教学等。在法国,为保障教育教学的不间断,法国政府免费为教师和学生提供教与学的互动平台——"在家学"(My class at home)等。[7]

疫情期间,各国出于共同利益,在教育方面进行了一系列协调与合作。一些国家的教育应对措施是基于对周边国家或全球多个国家疫情阶段教育状况或政策的分析与借鉴基础上提出的,如在疫情期间针对留学生的教育政策或措施,需要充分研判留学生生源国与留学所在地的具体情况,需要考虑途经国家的教育政策,必要情况下还需得到多国政府的协同共识。同时,疫情期间各国教育政策应对的有效执行也离不开相关国家的联动配合。例如,法国推迟了包括大学录取考试在内的各项国家考试,究其原因是考虑到参加考试的学生中包含不同的国籍,教育政策的执行同样会涉及多个国家以及在法学生[8];中国政府为了解决留学生在异国的学业、住宿、签证延期等方面的困难,积极协调当地华人和企业为其就餐、购物等提供帮助。同时,中国驻英国、法国、意大利、美国等使馆积极调动各方资源为当地中国留学生发放包含防疫物资、防疫指南的"健康包"等。

上述国家针对疫情采取的自上而下的教育应对措施中,教育立法发挥了举足轻重的作用,体现了国家治理强有力的治理风格,通过法律的强制性特点,切实保障疫情阶段教育教学的顺利开展。与此同时,各国政府或教育部门为学校提供的技术支持或指导,也是国家或政府在科技、文化等领域"软实力"的体现。值得注意的是,在疫情较为严重的国家,如美国、俄罗斯、英国、意大利、法国、土耳其或伊朗等,其国内教育应对措施产生的实际效果以及国家之间的合作或协商,则跟各个国家或政府领导者的施政目标与方向密切相关,同时也受制于国家内部经济、科技等实力的影响。伴随着全球抗疫措施的进一步深化,各国的应对措施和手段虽不尽相同,但是各国政府都在以国家为中心的教育治理中扮演着关键角色。

2. 以国际组织为中心的"国际机制"全球教育治理模式

国际社会是由各个独立自主的主权国家构成,并不存在一个强制力的"世界政府"。因此,任何国际性的共同行为都不可能依赖某个单一的权威中心及其权威指令,在这种情况下,国际社会共同行动的实现往往依靠国际机制。[9]就国际机制而言,全球教育领域的共性危机在很大程度上有赖于国际机制的参与,而作为现代国际政治核心特色之一的国际组织,其影响和作用在全球教育治理进程中变得日益重要。以国际组织为中心的"国际机制"全球教育治理模式主要以正式的国际性政府组织为主导,在一系列"国际机制"的实施与作用下而呈现的全球教育治理模式。此模式中,最大的特点是国际组织在教育领域内一系列不同"国际机制"的建立与实施过程。

新冠肺炎疫情爆发后,以联合国教科文组织、经济合作与发展组织、世界银行等拥有全球话语权的重要正式国际政府组织针对全球教育系统出现的危机而采取的一系列基于国际规则或组织内部规制的行为,可作为以国际组织为中心"国际机制"的全球教育治理模式的典型代表。

联合国教科文组织的全面协调机制。面对疫情,联合国教科文组织积极行动联合各方,制定了一系列全方位的应对计划,诸如:成立新冠病毒全球教育联盟;为全球部分国家学生的不间断教学提供教育技术与资源支持;为教师提供师资培训支持等。[10]

联合国教科文组织于2020年3月联合各方成立新冠病毒全球教育联盟(Global Education Coalition)。新冠病毒全球教育联盟是一个涵盖不同领域的合作伙伴,开放的全球多领域伙伴关系联盟。既有国际层面的联合国、世界卫生组织、联合国儿童基金会等,也有一些全球知名私人企业以及公民社会组织和非营利组织等。该联盟通过围绕动员、协调、匹配以及供给四维度实现对其成员国的教育指导与支持。

在提供教育技术与资源支持方面,联合国教科文组织整合相关资源,为需要帮助的国家和地区提供在线教育方面的技术支持。如芬兰教育科技公司 ThingLink 与教育技术中心 AR 工作室合作帮助罗马尼亚教师创建在线教育资源,包括培训教育者创建虚拟课程、交互式视频和其他资源来实现教师对学生的教学。在资源支持上,联合国教科文组织在其官方网站上精选了大量优质学习资源,包括提供心理支持的资源、数字学习管理系统资源、可以在基础的移动电话上使用的系统资源、具有强大离线功能的系统资源、慕课平台、自主学习内容、移动阅读应用程序、支持实时视频通信的协作平台、为教师创作数字学习内容的工具资源、远程学习解决方案的外部存储库等。

在提供师资培训支持方面,为建立教育系统在疫情期间的长期适应能力,联合国教科文组织教育信息技术研究所与全球合作伙伴携手努力,在增强应急响应的一系列协作活动中,帮助教师获得在线教学的知识和基本技能。

经济合作与发展组织的全球监测评估机制。面对此次新冠肺炎疫情在全世界范围的迅速传播,经济合作与发展组织应 36 个成员国的要求,在短时间内通过开展全球范围的调研来实现信息和知识的交流与沟通,以指导各国政府减少疫情对教育系统产生的负面影响。2020 年 3 月 18 日至 4 月 7 日,经济合作与发展组织在全球范围内快速发起了关于新冠肺炎疫情对全球教育影响的第一次调研,共有来自 99 个国家的 333 位人士代表各自国家或组织参与了本次调研。同年 4 月 25 日至 5 月 7 日,经济合作与发展组织发起了全球范围内的第二次调研,此次调研更是收到来自 59 个国家 1 370 位代表的反馈。调研的目的则是尽可能地汇集教育系统中不同利益者的声音,多角度综合地反映当前疫情对全球教育系统带来的障碍与挑战。在调研中针对如下问题作出了深刻的讨论:面对疫情当下教育最急需的帮助或改变，即讨论被疫情耽误的教学时长；在学校关停期间可使用的教学方式或手段；学生公平接受教育的机会或者使用教育科技手段的机会；对不间断学习教育策略的评价；对教师提供支持的途径或手段；学校复课情况以及如何有效指导学校复课；学校如何矫正或弥补因疫情造成的学生之间的学习差距；学校如何保障学生的身心健康或福祉等。[11]

世界银行的资金援助机制。面对突发疫情，世界银行积极采取广泛迅速的行动，帮助发展中国家快速恢复公共健康卫生系统，帮助在疫情中受到影响的社会各部门继续运行。在15个月内，世界银行拿出1 600多亿美元资助世界各国用来抵抗新冠肺炎疫情带来的严重打击。2020年4月2日，首批使用新冠肺炎疫情的专项资金项目正式开启，该基金规模达到10亿美元，用于援助来自全球的25个国家。5月19日，世界银行宣布，抗击新冠肺炎疫情的国家已覆盖100个发展中国家，也意味着未来世界银行将会拿出更多的融资用以对疫情国家的资助。[12]

这次疫情中，众多国际政府组织积极应对，试图为各国教育政策制定提供全球数据信息支持和国际政策动态导向，而在其具体的教育应对机制过程中，创造性地介入国家层次的教育治理才是其实现有效治理的关键。无论是联合国教科文组织、经济合作与发展组织还是世界银行等国际政府组织采取的行动均是依托于各国主权国家或成员国的积极参与配合，其中国际政府组织的国际权威性则为上述"国际机制"的实现提供了有力保障。但在这次行动中，也暴露出一些国际政府组织的共有问题，诸如欠缺对全球突发事件或风险的预测与评估；对成员国治理需求供给的不平衡；在组织的管理和政策的执行问题上，由于缺乏一定的强制力，使得此次疫情中，一些决议或宣言等在具体实践过程中困难重重。

3. 超国家中心的"网络化"全球教育治理模式

由新冠肺炎疫情带来的全球教育领域出现的问题，已成为世界各国需要共同面对的挑战。如果各国政府仍沿用传统的思路和方法加以应对必将陷入被动,而日渐兴起的全球非政府组织、慈善基金会等私营部门在此过程中为应对疫情贡献了新的视角和思路。所谓超国家中心的"网络化"全球教育治理模式,则是指以非政府组织、民间组织、跨国企业、私人协会、基金会以及拥有强大宣传能力和广泛宣传途径向公众和决策者传达信息的媒体等治理主体为代表,建立起的跨越国家边界的广泛联系以及密集的跨国网络教育治理模式。这种网络是以自愿、互利、横向的交往和交流模式为特点的。具体说,就是指在现存的超国家中心的网络化组织中,针对教育领域的特定问题,在信任与互利的基础上,协调目标与偏好各异的行动者的策略而展开的教育沟通、协商或合作。目前,这种超国家中心的"网络化"治理行为主体凭借自身优势和独特功能,逐步确立了在全球教育治理领域中的重要地位。

自疫情爆发以来,全球各非政府组织积极调动全球资源,在全球抗疫物资采购、信息发布、物资以及资金援助等方面扮演了举足轻重的角色。多个非政府组织启动突发事件应急基金,制定战略防范和应对计划,如联合国基金会、瑞士慈善基金会等创建新冠肺炎疫情相关基金,鼓励世界各地的个人、公司和私营机构直接为全球受疫情影响的领域诸如卫生、经济、科技、教育等进行捐款。疫情爆发后,英国慈善组织"拯救儿童基金会"积极响应号召,在一份名为《拯救我们的教育》(Save Our Education)的报告中称,新冠肺炎疫情导致的全球整整一代儿童的教育被打乱,这在人类历史上还是第一次,同时提出一项新的全球教育计划,并呼吁世界各国政府和捐助者为这项计划投入更多资金,帮助儿童安全重返校园前,能够顺利进行远程教育。为反思疫情下的教育实践和科技应用,由卡塔尔基金会创办的世界教育创新峰会(The World Innovation Summit for Education,简称 WISE)于 2020 年 6 月下旬联合萨尔茨堡全球论坛、智库 HololQ 等以"教育的颠覆与重新想象"为主题,共同举办了为期三天的全球在线会议,会议深入探讨了教育系统如何适应疫情带来的冲击和颠覆性的影响,以及如何构建更完善与更灵活并指向未来的教育。

上述非政府组织在这次疫情下,利用先进的通信与沟通技术,将分布于全球各地的成员联络起来,积极为这次疫情下的教育建言献策,由于其自愿性、非营利性等特点,使得在世界范围内采取的行为与措施更迅速,更灵活与多样化。但由于非政府组织存在组织上的分散性、网络内权威性的不足以及对资金和技术的因素有较大的依赖性等,使得在全球教育治理的过程中,如何实现自身的高效治理仍任重道远。

4. 多元混合的"新多边主义"全球教育治理模式

在多元混合的"新多边主义"全球教育治理模式中,"多元"意味着融合国家、国际组织、非政府组织、私人企业或公司甚至涵盖个人的教育治理主体。"混合"则意味着通过诸如教育合作、教育援助、国际论坛等多样化的治理途径和手段。而"新多边主义"则是指超越并融合原有由国家支配、国际机制等支配的,为国家、组织、社会或公民在全球层面上提供更多政治互动治理空间,在实践中倡导和实施多边协调的一种新兴的教育治理理念。此模式最大的特点则是全球教育治理主体的多元参与,以及不同参与主体之间的联系与互动。

新冠肺炎疫情爆发以来,全球教育伙伴关系组织(Global Partnership for Education,简称GPE),以及二十国集团(G20)在全球教育领域的行动和措施可以作为多元混合的"新多边主义"的全球教育治理模式的典型代表。

成立于2002年的全球教育伙伴关系组织是一个汇集了多方利益主体,包括受援国(发展中国家)、施援国(发达国家)、国际组织、公民社会、教师组织、私营部门以及基金会等多方利益相关者的合作伙伴关系和融资平台,鼓励在全球层面和国家层面对发展中国家进行教育支持,重点关注全球最贫困、最脆弱的儿童和青少年。作为一股新兴力量,全球教育伙伴关系组织在全球教育治理中发挥着其独特的作用,为教育多方利益相关者提供了一个整合空间,使得各方参与者力量得到整合,从而在推动全球教育治理的过程中作为一个整体发挥作用。[13]

在全球疫情爆发后的三周时间内,全球教育伙伴关系组织迅速解冻

2.5亿美元,帮助发展中国家减轻疫情对教育的直接与长期影响。2020年6月1日,为应对伙伴国家的急切需求,全球教育伙伴关系组织将应对疫情的资金金额增加到5亿美元,用于支持远程教育项目,并优先考虑弱势群体以及有特殊需求的群体诸如女童、残疾儿童以及无法用电或者上网的儿童。目前,全球教育伙伴关系组织的冠状病毒基金将帮助全球67个国家的多达3.55亿儿童的持续学习。以此重点保障受学校关闭影响最严重的贫困家庭的学生不掉队。

二十国集团作为21世纪全球最具代表性的国际论坛之一,目前包括由阿根廷、澳大利亚、巴西、加拿大、中国、法国等在内的19个国家和1个区域组织构成,二十国集团的经济发展和人口数量具有全球代表性,对全球治理的影响力十分强大。通常二十国集团每年的参会方除了20个成员以外还可以灵活增加,同时也可以邀请相关国际组织、区域性组织的参与。二十国集团会议一般由首脑会议、部长会议、专家工作组会议、首脑私人代表会议等构成,而二十国集团的参与小组是来自二十国集团国家不同民间社会利益相关方的代表,诸如科研界、私营部门和工会、妇女和青年以及非政府组织等。[14]近年来,随着发展中大国和新兴经济体的快速发展,二十国集团在全球治理层面已经超越八国集团,教育作为发展议题的重要组成部分,也被纳入二十国集团的发展议程中,并逐渐形成新多边主义下"多元混合"的教育治理模式。

为加强在新冠肺炎疫情期间的对话合作,全面提升教育领域危机应对能力,6月27日,由2020年二十国集团主席国沙特阿拉伯教育部发起举办二十国集团教育部部长特别视频会议,会议邀请了二十国集团各成员,部分受邀国教育部部长以及经济合作与发展组织、联合国教科文组织、世界银行等国际组织、私营企业的负责人以及相关科研界人士参会,交流各成员方教育系统应对新冠肺炎疫情的有效举措与成功经验,并发布《二十国集团教育部长声明》,共同表明了二十国集团在教育领域相互学习借鉴、共同应对疫情的决心和信心,也进一步推动了国际范围内教育领域的抗议合作。

无论是全球教育伙伴关系组织抑或是二十国集团,在新冠肺炎疫情下的教育应对中,教育治理主体都是多元或者多头的,融合了国家、国际政府组织、非政府组织、私营部门以及公民个人。尽管在此过程中,国家的地位没有下降,但其教育治理主体的权威是分散的,正是这种分散性使得教育治理主体之间更加相互依赖,通过集体交换资源、共享知识,来确定目标和实施策略。诸如全球教育伙伴关系组织的教育资金援助以及二十国集团的教育部部长会议,均充分吸收了来自各个教育治理主体的有效资源,积极践行新型多边主义的治理理念,极大地提升了在全球教育治理中的实践效果。

三、 新冠肺炎疫情危机下全球教育治理的基本特征

1. 全球教育治理的理念: 追求公平与坚守质量的双重定位

针对此次疫情,国际社会的各个教育治理主体充分考虑到对各类弱势群体以及特殊人群的政策关怀与重点扶持。这是兼顾教育公平与质量而做出的治理行为选择,同时也体现了在疫情特殊时期,整个国际社会对教育公平与质量的坚守。具体而言,疫情期间的教育治理行为主要向以下两类群体倾斜:一类是贫困国家或地区的残障学生、单亲或者低收入家庭子女等弱势群体;另一类是国家的重要工作人员(critical workers),即参与应对新冠肺炎疫情的各类专业人员的子女。为保障疫情期间的不间断教学,相关教育治理主体积极开发或组织面向全球不同国家或地区的多语言多种类的在线网络课程,以及主权国家或国际组织等治理主体为学生提供的在线教学设备或使用技能指导,都发挥了极大的积极作用或影响。

在 2020 年二十国集团全球教育峰会上,中国教育部部长陈宝生提出:"要关注弱势群体,维护教育公平。要加强教育减贫国际合作,携手解决在学习机会方面的数字鸿沟和不平等问题,提升全球教育系统应对危机和挑战的针对性和有效性,确保全球教育开放、包容、平衡发展。"整个

国际社会在参与新冠肺炎疫情的教育应对中,都为上述目标作出了极大努力与贡献。

2. 全球教育治理的主体: 全球、区域、国家、社会团体以及公民个人的多元参与

正如英国学者安东尼·麦克格鲁(Anthony McGrew)所指出的:"全球治理不仅意味着正式的制度和组织——国际机构、政府间的合作等——制定(或不制定)和维持世界秩序的规则和规范,而且意味着所有其他组织和压力团体——从多国公司、跨国社会运动到众多的非政府组织——都追求对跨国规则和权威体系产生影响的目标和对象。"面对此次疫情,整个国际社会都行动起来。此次疫情中的教育治理主体,如二十国集团、全球教育伙伴关系组织、联合国教科文组织、经济合作与发展组织、世界银行以及民族国家、非政府组织、教育慈善机构与基金会、私营企业、社会科研领域的专家学者,都纷纷采取措施应对此次疫情带来的严重危机。

3. 全球教育治理的手段: 科技、经济以及人文等的融合

新冠肺炎疫情爆发后,从全球教育治理参与主体的实践来看,倾向于通过科学制定标准和指标,收集数据,以监测全球疫情对教育的影响。例如,经济合作与发展组织采用标准化手段对疫情期间在线教育的在线调查,遵循事实标准,让数据说话。同时,全球部分国家、地区或组织在各自官网与组织内部为全球国家或地区免费提供在线学习平台或者多样化的远程教育资源。以上均体现了在全球教育治理过程中对科技手段的理解与运用。但一味在疫情中采用教育科技手段,不考虑全球疫情发展给教育市场带来的不均衡性,则难以发挥全球教育治理的积极作用,反而会拉大因疫情造成的教育领域中更为广泛的贫富差距。此次疫情爆发后,世界银行、全球教育合作伙伴、慈善基金会等对疫情中贫困或困难的国家或地区给予的资金支持或援助,则充分发挥了经济手段在全球教育治理中的积极作用。在此次疫情中，大量的国际教育组织、非政府组织或私人企业部门通过线上教育峰会、全球论坛、视频会议进行的高层教育政策对话与合作，也生动地体现了全球教育治理手段中人文精髓的渗透与影响。

4. 全球教育治理的过程：多元主体间的互助与共赢

疫情中各教育主体的治理行为，体现了大国治理以及与多元教育治理主体之间的有效互动，各教育治理主体之间，相互协作、分工明确、彼此尊重、共享共赢，有效应对了此次疫情对教育产生的危机与影响。在此次疫情中，部分国家例如中国、日本、美国等在教育方面的应对实践，为全球教育治理提供了治理经验、模式创新和能力支持。而相关国际组织或多边组织则为全球国家或地区提供了国际视野、权威意见和专业指导，联合国教科文组织、非政府组织、全球教育伙伴关系组织、二十国集团等在教育治理过程中采取了一系列措施，诸如成立新冠病毒全球教育联盟，教育资金援助，开展线上教育峰会等。

四、疫情或后疫情时代全球教育治理的现实选择

1. 全球教育治理的终极价值亟须构建

新冠肺炎疫情已经刺激近年来国家民族主义、民粹主义和政治本土主义的抬头，加之政治极端主义，一些国家走向孤立和极端竞争。对此，整个国际社会必须团结起来，努力寻找国家利益和全球利益的契合点。疫情还在全球蔓延，未来的发展形势及其对世界发展带来的深层次影响仍然难以预料，人类将面临与新冠病毒的长期斗争。全球性的问题必须得到全球性的回应，因此，全球所有的教育治理主体要以人类命运共同体、全球教育共同体为全球教育治理的终极价值为导向，努力加强国际之间的教育沟通与合作，为疫情下的教育积极建言献策，方是疫情下世界教育问题的解决之道。

2. 全球教育治理主体之间的整合力有待加强

在全球教育治理的主体中，无论是国家、国际政府组织、非政府组织，抑或是私营部门、公民个人，在此次疫情下教育应对中的一个较大的问题是整合力不足。从整体上来看，不同教育治理主体擅长的领域和方式有所不同，或各自发挥作用，或相互合作，但行动力量较为分散，缺乏整合。因此，急需构建能够汇集多方教育治理主体的整合空间，使各方参与者力量得到整合，从而在推动全球教育治理的进程中作为一个整体发挥作用。而在所有涉及全球教育治理主体的措施时，在某种程度上都需要借助主权国家来推动，因为只有主权国家才能动用国家权力，调动社会各方面的力量与资源，在自己的国家中推行和落实教育治理政策。在国家层面，一方面要做好国家内部的教育政策实施机制，降低在全球层面的教育议题协调难度；另一方面，国家教育治理的效果将影响全球教育治理的目标与实现。因此，各国应努力提升政府的教育治理能力，并与地方治理形成合力。在次国家层面，诸如国际组织、非政府组织、私人企业或社会团体等机构要充分发挥其监督、辅助协议实施以及协调教育治理主体间矛盾的职能。只有把处于不同层次的多元教育治理主体行为缝合在一起，才能将全球教育治理影响与效果发挥到最大化。纵观全球教育治理的参与主体诸如国家、国际政府组织、非政府组织或私营部门，其中以联合国教科文组织的作用最为突出。作为当今世界上最有影响力的国际教育组织，联合国教科文组织自成立之初就创立若干参与全球教育治理的机构和国际、区域研究所，尤其是它创立的教育机构，更是帮助联合国教科文组织成为全球教育领域的协调者和领导者。目前联合国教科文组织与全球政府与非政府组织、私营部门或公民个人在教育领域建立了一系列的合作或战略伙伴关系。正是这些合作伙伴的存在，使得联合国教科文组织在得到丰富资源和技术等支持的同时，能充分发挥其领导与协调优势，能够充分整合全球教育治理参与主体的力量，引导全球教育治理朝着有序、高效的方向发展。因此，要进一步加大联合国教科文组织在全球教育治理领域的理论与实践探索，充分发挥其领导与整合优势。

3. 目前已有的全球教育治理机制与途径需进一步完善

全球性问题和挑战不断增多,导致全球治理的失灵现象频发,此次的新冠肺炎疫情暴露了全球教育系统中存在的诸多问题,传统的教育治理机制与途径存在的问题亟须修正。因此,加强全球教育治理,推动全球教育治理规则与机制的创新与改革已是大势所趋。此次疫情下的全球教育治理积极践行了诸如全球监测评估机制、高层政策对话机制、多边国际援助机制等,但总体来讲,各种机制或途径较零散,缺乏系统性与整合性,不同机制在横向上缺少对话与沟通。而针对后疫情时代,要使全球教育治理在结合前有的经验基础上,发展基于新思想和新理念、基于国际法、基于国际宣言或国际倡议、基于国际会议和多边论坛、基于国际目标与指标的机制,而不是单一的机制,要进一步探索构建多维、联动、协调化的全球教育治理机制与途径。

五、结语

全球教育治理是一个复杂的过程。上文介绍的四种治理模式各有特色与优势,也有缺陷与不足。在具体实践过程中,各种模式并非界限分明,通常是交互融合,四种教育治理的主体也并非各司其职、互不干扰,通常是通力合作、相互补充,靠单一的治理主体的作用是无法实现全球教育治理的。同时,在面对诸如新冠肺炎疫情造成的全球范围内的教育危机时,全球所有教育治理主体要以人类命运共同体、全球教育共同体的立场,进一步完善全球教育治理的途径与机制,积极探索全球教育治理新模式,为全球教育事业的顺利发展贡献力量。

参考文献

[1] https://www.who.int/emergencies/diseases/novel-coronavirus-2019.

[2] https://www.un.org/zh/coronavirus/future-education-here.

[3] 詹姆斯·N.罗西瑙.没有政府的治理[M].张胜军,刘小林,等译.南昌:江西人民出版社,2001:9.

［4］孙进,燕环.全球教育治理：概念·主体·机制［J］.比较教育研究,2020,42（02）：39-47.

［5］U.S. Congress. Coronavirus Aid, Relief and Economic Security Act, CARES Act［EB/OL］. https：//www.congress.gov/bill/Ⅱ6th-congress/house-bill/748,202Q3-27/202Q415.

［6］U. S. Congress. Families First Coronavirus Response Act［EB/OL］. https：//www.congress,gov/bill/116th-congress/house4)ill/6201,202Q3-18/202Q415.

［7］https：//www.oecd.org/coronavirus/en/policy-responses.

［8］Ministere de 1'education nationale. Une declaration du ministre de l'education nationale et de la jeunesse aux directeurs et aux doyens［EB/OL］.［10］https：//www.education.gouv.fr,202Q3-15/202Q413.

［9］杜越.联合国教科文组织与全球教育治理—理念与实践探究［M］.北京：教育科学出版社,2016：20.

［10］https：//en.unesco.org/covid19/educationresponse.

［11］http：//www. oecd. org/publications/education-responses-to-covid-19-an-implementation-strategy- toolkit-81209b82-en.htm.

［12］http：//datatopics.worldbank.org/universal-health-coverage/coronavirus/.

［13］王建梁,单丽敏.全球教育治理中的"全球教育伙伴关系组织"：治理方式及成效［J］.外国教育研究,2017(8)：63-75.

［14］付睿,周洪宇.G20与全球非正式教育治理［J］.清华大学教育研究,2019(4)：71-79.

作者简介

常　甜　华南师范大学博士研究生

马早明　华南师范大学教育科学学院国际与比较教育研究所所长、教授,国家民委华南师范大学东南亚文化教育研究中心主任

电子邮箱

709636485@qq.com

mazaoming@126.com

通信地址

广东省广州市天河区中山大道华南师范大学石牌校区教育科学学院

Chapter 13

后疫情时代义务教育均衡发展监测制度的优化
——基于整体性治理理论的探析*

王 桐 司晓宏

> **摘 要**：义务教育均衡发展关涉教育发展的基础性、全局性、战略性问题。构建义务教育均衡发展监测制度对于促进义务教育均衡发展具有重要的推动作用。当前，义务教育均衡发展监测制度存在监测目标碎片化、监测主体碎片化、监测制度运行机制碎片化以及信息资源碎片化等问题。这些问题的消解可以借鉴整体性治理理论的相关内容，从监测制度存在的问题入手，通过整体性设计和优化，促进义务教育均衡监测制度的不断优化。
>
> **关键词**：整体性治理；义务教育均衡发展；监测制度

党的十八届三中全会把大力促进教育公平、推动义务教育均衡发展作为深化教育领域综合改革的重要内容。党的十九大再次强调必须把教育事业放在优先位置，办好人民满意的教育。党和国家持续高度关注义务教育发展，既充分彰显了义务教育基础性、关键性的战略地位，也体现了国家推动义务教育均衡发展的坚强决心和铁腕手段。义务教育均衡发展监测制度的优化是推动义务教育均衡发展的重要路径和制度保障，是推进教育治理体系和教育治理能力现代化的必然选择。综合来看，当前义务教育均衡发展监测制度还存在诸多问题，如监测目标碎片化、监测主体碎片化、监测制度运行机制碎片化以及信息资源碎片化等等。这些问

---

* 本文系2014年度教育部哲学社会科学研究重大课题攻关项目"义务教育均衡发展监测制度研究"（项目编号：14JZD041）的阶段性成果。

题严重掣肘了监测制度作用和功能的发挥,亟待进一步优化。

一、理论阐释:整体性治理与义务教育均衡发展监测制度优化的契合

义务教育均衡发展监测关涉义务教育均衡发展目标的实现,是提升全民素质和构建和谐社会的现实需求。义务教育均衡发展监测一直备受党和国家的高度重视,教育部分别于2012年、2017年颁发了《县域义务教育均衡发展督导评估暂行办法》和《县域义务教育优质均衡发展督导评估办法》,这两份文件的颁发标志着我国义务教育均衡发展监测制度已经初步形成。义务教育具有公共产品的属性,属于公益性事业,因而义务教育均衡发展监测制度属于公共政策范畴,具有一般公共政策的特征。公共政策是公共权力机关经由政治过程选择和制定的为解决公共问题、达成公共目标、以实现公共利益的方案,其作用是规范和指导有关机构、团体或个人的行动。义务教育均衡发展监测是一项庞大、复杂的系统工程,涉及监测指标体系的构建、大量样本的采集以及对监测结果的分析和诊断,往往需要各级各类行政部门共同协作、相互支持,需要学校、家庭、社会互通信息、密切配合。基于义务教育均衡发展监测的复杂性,并结合新中国成立七十多年来教育改革发展的成功经验,必须始终坚持和完善中国共产党的领导,充分发挥党总揽全局、协调各方的领导核心作用,积极推动整体性政府治理模式与义务教育监测制度优化有效契合。

整体性治理是20世纪末期发展而来的一种新兴理论,其产生是对广泛存在于公共管理领域的碎片化现象的战略性回应。经过理论的不断完善和实践的反复检验,这一理论的价值和作用受到越来越多的认可和赞誉,一些学者甚至将其视为"第三种行政管理范式"。英国著名行政学学者佩里·希克斯(Perry Hicks)在《整体性治理:新改革议程》(*Towards Holistic Governance: The New reform Agenda*)一书中首次系统地提出和论述了整体性治理理论[1],随后,希克斯更为深入地研究了这一理论,并

出版了著作《圆桌中的治理——整体性政府的策略》和《整体性治理：新改革议程》。他认为整体性治理理论应该聚焦人民生活问题的解决，注重政府各部门之间的整合与协作，强化整体目标和实现路径的有机融合，构建一种相互信任、共同负责的制度文化氛围，并提倡以信息技术为依托解决公共服务的碎片化问题，提升政府治理的质量和效率。[1]整体性治理结构中包含制度层面（制度构建、制度运行、制度评价和制度调整）、规章层面、服务提供和监督层面。这四个层面的运行需要通过三大维度的相互联通和有机整合予以保障，即治理层级之间的整合、治理功能的整合以及公私部门间的整合（见图1）。[2]在公共管理领域，这种强大的整合作用，能够更快、更好、成本更低地为公众提供满足其需要的无缝隙的公共产品和服务，有助于提升民众公共生活体验的满意度和幸福感。[3]

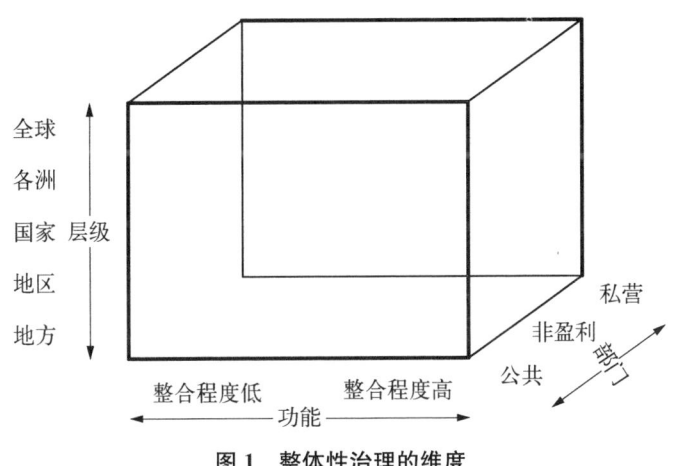

图1　整体性治理的维度

新冠肺炎疫情的爆发，对国家经济和人民生活造成重大干扰。为了最大程度地减轻疫情造成的影响，中国政府迅速行动，开展了一场世之罕见的、自上而下的大规模疫情防控工作，其高效的抗疫成果有力地彰显了社会主义制度强大的制度动员能力、协调能力和组织能力。结合抗疫斗争中的成功经验以及整体性治理理论的思想意蕴，反思义务教育均衡发展监测制度运行的现实困境，如对监测指标体系的认同感不高，监测组织泛行政化,监测制度保障系统不完善,监测数据共享度较低等问题,引入整体性治理理论,有助于将义务教育均衡发展监测活动从碎片化困境的泥淖中解放出来,化"危"为"机",推动监测活动的高质量运行。总而言之,整体性治理与义务教育均衡发展监测制度优化达到了高度契合。

二、 问题剖析: 义务教育均衡发展监测制度的碎片化表征

"碎片化"本意为完整的东西破成诸多零块,影响本体整体性效用的实现。在国家治理领域,"碎片化"主要指政府部门与其他组织各类业务割裂,缺乏信息的沟通和交流,造成"各自为政""信息孤岛"等现状,进而导致"高投入,低成效"问题。义务教育均衡发展监测制度的优化是一项系统而又复杂的工作,同样需要对所呈现的碎片化现象进行梳理和思考,厘清这一问题产生的深刻原因。

1. 监测目标碎片化

目标是组织及其成员行为的导向坐标,是组织凝聚力的源泉所系。它能够增强组织的协调能力和整合能力,激发组织成员的工作热情和合作意识。组织目标功能的实现离不开个体对目标的认同和承诺,个体参与监测活动的自觉意识和自我效能感与目标的达成存在着显著正相关。[4]制度目标碎片化是组织目标功能实现的主要问题和障碍。抗疫进程中,西方某些国家拒绝国际合作,奉行单边主义,既造成国内疫情居高不下,也严重影响全球的稳定和发展。后疫情时代,本土化的价值观会有所强化,区域发展进一步加强,国际竞争也会更加激烈。[5]因此,国家应该进一步关注和加强国内教育发展,特别是基础教育的发展。义务教育监测活动对于保障义务教育发展具有重要作用。当前,义务教育均衡发展监测制度还存在诸多碎片化问题,其中监测目标的碎片化是其表现之一:一是监测目标裂化和重复。2012 年颁发的《县域义务教育均衡发展督导评估暂行办法》重点评估县级政府均衡配置教育资源情况。2015 年颁发

的《国家义务教育质量监测方案》重点监测学生学业质量、身心健康及变化情况。2017年颁发的《县域义务教育优质均衡发展督导评估办法》重点评估资源配置、政府保障程度、教育质量、社会认可度四个方面内容。从均衡合格评估到均衡优质评估,测评的内容未能体现出监测活动的连续性,同时义务教育质量监测与均衡发展监测也存在内容的重合,可能导致资源的浪费和监测价值的减损。二是监测目标的模糊性和隐晦性。2017年颁发的《县域义务教育优质均衡发展督导评估办法》中规定的具体评估指标包括县域内义务教育学校规划布局合理,教师能熟练运用信息化手段组织教学,设施设备利用率达到较高水平,学生无过重课业负担等。这些指标并未给出具体的标准数值,存在一定的主观性,容易导致决策者和当事人难以达成目标上的一致性。三是监测目标的偏离和异化。教育部设置监测活动的目的是了解义务教育发展的现状及其存在的问题,地方部门则出于"部门主义"的立场,将监测活动视为上级对地方教育的一次考核,便"拆东墙补西墙",全力保障本部门通过上级部门的检查验收。

2. 监测主体碎片化

监测主体是指依法享有监督和指导义务教育均衡发展资格,并承担相应监测职责和权力的人员,既包括政府人员,也包括相关利益群体。[6]从利益攸关性来分析,义务教育监测主体应主要包括政府机构、第三方专业监测机构和社会公众等。[7]后疫情时代的教育治理应该回归到治理主体的遴选和优化。反观我国教育监测主体存在的问题,其突出表现为:一是监测主体知识储备的碎片化。首先,专职监测人员隶属教育行政组织体系,往往缺乏对于义务教育现状的敏感性,行政思维固化,专业知识欠佳,对监测指标体系理解欠佳、对监测工具的应用也存在诸多问题。其次,兼职督学吸纳了科研人员、学校管理人员以及其他相关利益群体代表,由于各方工作文化背景差异,对监测活动的理解存在一定偏差,往往造成专家间对监测活动产生不同程度地认知分歧。最后,由于第三方评估机构在我国刚刚起步,发展还不是很成熟,其独立性和专业性仍需进一步提升。二是监测执行主体的机构裂化。同一教育行政机构可能扮演两种明显不同甚至相互矛盾的行为角色。[8]为了保障监测目标的达成,中间政府行使自己激励分配的控制权,给下级组织"层层加码",促使其能够与教育部的目标相吻合。同时,为了共同应对教育部的监测活动,中间政府往往会默许下级政府的短期应急行为和已经存在的现实问题,甚至会与下级部门产生"共谋行为"。三是职能部门间职能的重叠。为了强化教育监测功能,各级教育行政机构均设置了教育督导室。但对于实施义务教育监测活动,实际上并不只是教育督导室的工作内容,教育行政机构组织中的基础教育处在自身职责的基础上,同样负责教育督导的大部分内容,大有"一套班子,身兼数职"之现象。在以县为主的教育管理体制下,上级教育行政组织机构对于县级教育督导工作依然保持着强大的控制权和影响力,县级教育行政部门的职权责存在不匹配、不对等问题。

3. 监测制度运行机制碎片化

机制作为一种制度工作系统实际上具有制度运行监控的功能,它解决人们运行制度的积极性、规范性和公正性问题。[9]疫情防控之所以能够在我国得到快速控制,整体性疫情防控机制发挥着极其关键的作用。同样,义务教育均衡发展监测制度的高效运行也有赖于一整套完备的运行机制,但目前我国教育监测制度的运行机制存在制度缺失,运行机制体系碎片化等问题,严重掣肘了教育监测功能的发挥。监测制度的运行机制碎片化问题主要表现在决策机制、协调机制、激励机制和评价机制上。第一,决策机制的碎片化表现为监测方案和监测工具的制定主体单一化。义务教育均衡发展涉及学校、家庭、社会、政府等多方利益,特别是关乎农村地区、薄弱学校、弱势群体的教育改善,当前,教育监测制度的构建未能广泛征询各方建议和认真听取社会声音。第二,协调机制的碎片化主要表现为两方面,一方面是各级政府间缺乏有效沟通,通常表现为下级政府只是教育政策的被动执行者,并表现为一种运动式治理模式;另一方面则表现为政府部门与学校以及第三方教育评估机构沟通欠佳,学校缺乏独立的人权、事权和财权，整个监测活动表现得极为被动，常常被迫终止正常的教育教学活动来迎接上级部门的检查。同时，第三方教育评估机构也因有赖于接受政府项目而发展，所以其独立性表现欠佳。第三，激励机制的困境主要表现为难以打破已有的"统计思维"。对于监测人员发现的问题，往往采取"大事化小，小事化无"的办法。被监测学校常常一味地粉饰学校的实际状况，竭力避免被发现不利于自身的调查统计，致使数据失真，不利于国家对义务教育发展真实情况的掌握。第四，监测活动元评价缺失。义务教育监测活动是否达到预期的监测目的，监测制度运行中还存在哪些不足，下一步应该如何去改进，这些问题并未受到重视。

4. 信息资源碎片化

新公共管理式微和信息技术的兴起是整体性治理理论走向公共管理领域的重要契机和时代背景。[10]一小片合适的信息，可以促进创新迈进一大步。一组数据，也可能会产生意想不到的效能。[11]后疫情时代，线上教育和传统课堂将会走向深度融合，义务教育的发展也将转向新的态势，这种转变对于教育的发展既是一种机遇，也是一种挑战。因而，做好教育信息资源的监测就显得十分迫切和重要了。当前，义务教育均衡发展监测活动中呈现为信息资源的碎片化，主要表现：一是信息公开的零散性和随意性。从国家每年发布的义务教育均衡发展报告来看，主要按照《县域义务教育均衡发展督导评估暂行办法》的标准要求，国家组织对申报材料进行审核，同时对往年通过认定的县进行复检，然后确定本年度义务教育均衡县的认定，最终向社会公开评定结果。这种结果的发布只是从宏观的视角揭示教育发展的现状，对目前存在差距的程度、造成差距的原因却一笔带过。从地方上来看，监测指标的拟定、监测程序的流程以及监测结果的发布都存在一定的零散性。谁参与指标的拟定、监测程序怎么进行、监测结果以何种途径、何时公布往往引发社会的连环发问。二是数据标准参差不齐。义务教育均衡发展监测的国家指标体系与地方的教育监测指标体系存在差异，不同地区间的教育监测指标体系往往也略有不同，不同教育统计活动的指标体系往往也存在标准不统一。这就造成各级数据难以共享,测评结果不能相互印证,也造成工作内容的重复和资源的浪费。三是监测结果的数据挖掘不够。很多省份对收集的教育统计数据仅仅是作简单的分类统计,对问题背后深层次的原因剖析明显不够。学界提出新的统计分析方法,并没有被应用到数据挖掘之中。这些耗费巨大财力和人力得出来的数据,只有一部分数据面向社会开放,数据未能发挥最大的作用和价值。

三、 政策建议:义务教育均衡发展监测制度优化的路径选择

后疫情时代对义务教育均衡发展监测活动提出了新挑战、新课题。疫情期间我国的在线教育规模堪称世界之最、历史之最,很多师生深切地认识到在线教育的便捷性、高效性和个性化,成为在线教育忠实的使用者和拥护者,在线教育俨然已经成为教育生态中的一种新常态。在未来,在线教育将成为促进义务教育均衡发展的强大助推器,必将不断缩小区域之间、城乡之间、学校之间的教育差距。义务教育均衡发展监测活动作为教育发展的听诊器和风向标,面对教育百年未有之变局,更应该站位高远、化分散为集中,从部分走向整体,由碎片化迈向整体性。

1. 协调各级政府间的监测目标

善治是教育治理要达到的终极目标,即通过治理活动和治理过程,实现教育领域公共利益的最大化。后疫情时代,国家之间的分化和竞争将进一步加剧,重视基础教育和科技研发将成为推动社会经济持续发展的重要基石。因而,构建义务教育均衡发展监测制度应着眼于掌握教育均衡发展的实际状况,为教育政策的制定提供路径指引和现实参照,保障教育的公共性和公益性,构建高效、公平、自由、有序的新教育格局。[12]

审视监测目标的碎片化现状,这一问题的消解首先有赖于各级政府科学认知监测活动的价值和功能。只有充分认识到义务教育均衡发展监

测活动的重要性和关键性,各级政府才能形成共识,进而产生高效的制度行动。各级政府的行政领导要牢固树立和坚持"百年大计,教育为本"的发展理念,重视并牵头教育监测方案的实施;同时,要加强对监测主体和监测客体的正确引导,确保数据源的可靠和真实,保质保量地完成教育监测活动。

其次,强化不同教育监测活动方案间的整合。对国家层面的教育监测活动,如义务教育均衡监测、义务教育质量监测、学生体质健康监测等,进行整体设计,将各类监测目的进行归并,构建一体化的监测指标体系。地方层面,在完成国家教育监测活动之外,应该尽量避免开展本地区的教育监测活动,如教育现代化发展水平监测、教育国际化发展水平监测等活动,若确有必要,可以在开展国家统一监测活动的同时,增设相应监测指标,合二为一,同步进行本地区教育监测活动。

最后,削减教育监测活动中的政府层级。适度减少政府层级,有助于监测活动信息的"上情下达"和"下情上达"。在以县为主的义务教育管理体制下,县级政府对县域教育便于作出统筹谋划,也能够准确且比较微观地掌握县域教育的实际情况。相比而言,市级政府掌握市域教育情况就比较宏观。因此,原本监测活动涉及的国家—省—市—县的四级行政组织,可以在监测活动中精简为国家—省—县三级行政组织负责制,推动教育监测活动的高质量、高效率运行。

2. 构建多元监测主体合作治理网络

此次疫情防控再一次向全世界展现了社会主义制度的优越性。面对突如其来的新冠肺炎疫情,党中央把人民生命安全和身体健康摆在首位,快速响应、精准施策,通过广泛动员全社会力量,共享信息,各方联动,有效地阻击了疫情的进一步蔓延,取得了显著的抗疫成效。这些宝贵的经验启示我们,在后疫情时代,要积极倡导多主体参与的合作管理、共同管理,参与管理的主体不再限于政府部门,而应该包括各种非政府组织、各种社会团体、私人部门、公民个人在内的多元主体。正如治理理论所阐述的,治理不是作为单一主体的政府的统治和管理,而是多元主体参与的民主化管理。[13]

首先,对于当前我国义务教育监测主体碎片化现状,结合新中国成立七十多年来城乡义务教育一体化取得的发展成就以及"运动式推进"的治理逻辑,[14]义务教育监测活动要继续坚持党的统一领导,这是监测活动高效、有序开展的基本保障。中国共产党是我国义务教育均衡发展监测活动的关键主体,具有人、财、物的调配权和使用权。在监测活动组织上,要尽可能选用专业能力强、思想觉悟高的人员担任监测活动的执行者,同时要全力保障监测经费和配套设施的充足。

其次,构建多元主体合作的相关制度。制度是最重要的战略资源,制度的进步是教育治理体系和治理能力现代化的重要表征。[15]就政府和学校、家庭以及社会组织的关系来说,主要是"对话、交流、合作、共建"。要提高教育监测多元主体的供给能力,推动多元主体能够胜任监测活动,并通过完善监测活动相关法律法规,确立不同主体参与教育监测的主体地位,明晰相应主体的责任与权利,促进合作高效、有序开展。

最后,大力培育第三方教育监测机构。鉴于当前由社会主导的第三方监测机构尚不成熟,未能形成一定规模,其监测的科学性、专业性、权威性仍受到一定质疑,故不能盲目地将监测主体直接交给第三方监测机构。高校教育学院或相关教育智库对于义务教育有着深入的研究,并且具有相对的独立性,在现阶段能够较好地担负监测主体这一职责。后期,随着社会第三方监测机构的逐步成熟,再推动监测活动面向社会的公开招标。这就要求国家积极鼓励、大力支持第三方监测机构的发展,为其成熟创造良好的生长土壤,使其利用市场化的力量,形成专业、高效的第三方监测机构,从而使第三方监测机构为我国义务教育的长远发展发挥重要助推作用。

3. 增强监测运行机制的整体性设计

疫情防控阶段,我国各地时有零星散发的新冠肺炎疫情,同时不断有境外疫情输入,面对此种状况,我国构建了系统、高效的应对机制,有效地避免了新一轮疫情的卷土重来。同样,监测机制的完善和优化对于实现高质量的教育监测活动也至关重要。教育监测机制强调教育监测各部分之间的相互关系及其运行方式。[16]优化教育监测机制的主体格局、制度规定和程序流程,有利于释放教育制度内含的巨大活力和能量,进而有效地解决教育发展中遇到的各种矛盾和问题。教育监测运行机制的优化主要包括协调机制、激励机制以及评估与修正机制。这三类机制的优化是整体性治理的基本内容,也是整体性治理的价值指向,三者既表现出相对的独立性,又具有内在的相互联系(见图2)。

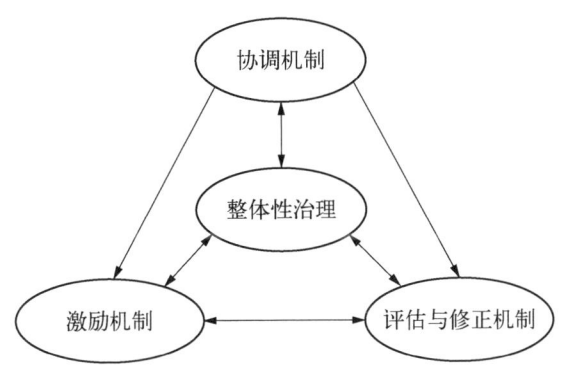

图2 监测运行机制优化的整体性设计

协调机制的优化有利于降低监测活动的运行成本,增强监测主体的凝聚力,其目的在于"化异求同"。首先,各监测主体间要信息共享,确保信息沟通的便利和顺畅。各监测主体在开展监测活动之前,可以适时地进行经验交流和问题讨论,促使各主体间达成监测共识,避免活动中的缺位、异化问题。其次,要优化利益协调机制。摒弃强制性的活动摊派或者经济利益的显著刺激,大力消除有可能诱发监测活动偏离的隐形因素,促成不同监测主体间的有机整合。最后,构建约束机制。避免监测主体权利因地位特殊而产生的权利滥用,要通过约束机制的优化,将不同监测主体的行为限定在法定界限之内。

激励机制优化旨在强化监测主体和监测客体对监测活动的积极性和责任感。义务教育均衡发展监测活动并不是为监测而监测,其核心价值在于改善教育现状,促进义务教育优质均衡发展。一方面,在构建监测指标体系中要重视发展性指标的设置,通过监测活动中指标设置引导地方政府和中小学校长关注、支持教育的发展;另一方面,要注意营造风清气正的监测环境。强化在监测活动中实事求是的精神,监测主体如实记录,监测客体照实反映,坚决摒弃数据造假、故意夸大、层层瞒报等不良风气,并严格执行相应奖惩机制。

评估与修正机制的优化有助于不断提升监测活动的质量。对于监测活动的运行要建立科学的评估制度,即开展对监测活动的元评估。元评估涉及两个维度:一是关于监测活动研究的评估,内容主要包括监测的理论根基、监测的理论构架、监测的方法与机制、监测的功能与结构。二是关于具体监测活动的评估,包括监测数据的真实性和准确性,监测工具的适切性和合理性,监测方案的科学性和高效性。通过元评估,研判出监测活动在理论和实践中存在的问题与不足,汲取经验教训,并形成书面报告。在下一轮监测活动开展前,进行充分学习和研讨,进而不断提升教育监测的精准度和高效性。

4. 优化监测数据共享平台

新冠肺炎疫情防控时期,疫情监测数据平台的搭建,让疫情的真实现状和未来趋向能够为不同组织和个体所了解,进而便于精准施策、高效防控,为遏制疫情的快速传播作出了重大贡献。同样,教育监测数据平台的完善对于促进义务教育均衡发展也意义重大。整体性治理理论背景下的教育监测数据具有巨大的应用价值,能够为教育事业的发展提供重要的基础性支撑。为此,应从以下三个方面加强努力。

一是优化国家级义务教育监测数据平台。数据平台的搭建能够消除地方信息孤岛的困境,能够从纵向和横向上实现数据的无缝融合。2012年国家开始启动"三通两平台"建设,其中教育管理公共服务平台旨在为教育管理公共服务提供准确的数据支持,但从实际运行现状来看,其在教育管理中的作用并不凸显,仍需进一步建设和优化。可以将义务教育监测数据平台作为教育管理公共服务平台的子系统,同时共享相关基础数据,归并同类系统功能。平台的设计应该关注教育管理的现实需求,增强数据平台的实用性和规范性,全力打造数据丰富、操作简单,便于用户直接获取相关教育监测数据信息的平台。

二是注重数据平台的技术研发。数据信息采集是官方统计机构数据库、管理部门日常管理数据库以及实地调查数据库三者的有机结合。数据平台能够清晰、准确地追溯每一个监测指标的发展轨迹。[17]数据平台的建立需要引入最新的信息技术,包括云数据技术、大数据技术、数据挖掘技术等。借助信息技术的优势,可以不断地优化数据粒采集的途径,同时也能够不断提升监测数据的分析质量和应用水平。

三是增强平台数据信息的及时性和安全性。数据是数据平台最核心的内容。一方面,要构建相应数据监管制度,规范数据的上报内容和时限,确保相关数据能够全面、准确、及时地录入系统;另一方面,要保障监测数据的安全性问题。数据管理人员要增强保密意识,严禁私自传播监测数据,数据的下载要保障能够追溯到相关的具体用户,防止教育监测信息的滥用。同时,教育管理部门也要加强数据库安全技术的引入,装备先进的"防火墙"技术,谨防社会上的不法分子对数据库的恶意攻击。

参考文献

[1][2] Perri Hicks. Towards Holistic Governance: The New reform Agenda[M]. New York: Palgrave, 2002: 12, 29.

[3] 胡象明,唐波勇.整体性治理:公共管理的新范式[J].华中师范大学学报(人文社会科学版),2010(1):11-15.

[4] Grigorios Kyriakopoulos. Half a century of management by objectives (MBO): A review[J]. African Journal of Business Management, 2012(5): 1772-1786.

[5] 顾明远,滕珺.后疫情时代教育国际交流与合作的新挑战与新机遇[J].比较教育研究,2020(9):3-7.

[6] 李桂荣.县域义务教育均衡发展监测机制研究[M].北京:科学出版社,2016:40.

[7] 杨令平,司晓宏,魏平西.浅议义务教育监测制度的发育[J].教育研究,2018(12):

87-98.

[8] 周雪光.中国国家治理的制度逻辑:一个组织学的研究[M].北京:生活·读书·新知三联书店,2017:101.

[9] 陈朝宗.制度学理论与我国制度创新实践[M].北京:中共中央党校出版社,2008:112.

[10] 竺乾威.从新公共管理到整体性治理[J].中国行政管理,2008(10):52-58.

[11] 涂子沛.大数据[M].桂林:广西师范大学出版社,2015:209.

[12] 褚宏启.从教育治理:以共治求善治[J].教育研究,2014(10):4-11.

[13] 滕世华.公共治理理论及其引发的变革[J].国家行政学院学报,2003(1):44-45.

[14] 王桐,司晓宏.七十年来我国义务教育政策的演变与发展[J].现代教育管理,2020(6):34-40.

[15] 陈金芳,万作芳.教育治理体系与治理能力现代化的几点思考[J].教育研究,2016(10):25-31.

[16] 孙绵涛,康翠萍.教育机制理论的新诠释[J].教育研究,2006(12):22-28.

[17] 路德维珂·科拉罗,胡咏梅,梁文艳.国际组织教育政策监测与评价体系的架构及其对中国的启示[J].比较教育研究,2011(2):70-75.

作者简介

王　桐　陕西师范大学教育学部博士生

司晓宏　陕西省社会科学院党组书记、院长,陕西师范大学教授、博士、博士生导师

电子邮箱

wangtong@snnu.edu.cn

sixiaohong@snnu.edu.cn

Chapter 14

面对不确定性：后疫情时代学校治理的情感转向[*]

刘雨航　罗　阳

摘　要：现代社会,人被推向"社会秩序—不确定性"这对张力的中心,将人作为出发点与落脚点的学校治理,将成为应对社会风险与不确定性的重要治理形式。后疫情时代,学校教育面临时空分离、身体不在场以及知识与情感分离等潜在风险,其中包含的不确定性需要以情感治理的方式予以应对,学校的共同体意涵奠定了学校情感治理得以为之的现实基础,学校、家庭和社区应当共同参与到学校情感治理实践的建构中。

关键词：不确定性；后疫情时代；学校治理；情感转向

一、问题的提出：面对不确定性的学校治理

2020年初新型冠状病毒肺炎疫情爆发以来,全国各地为抗击疫情采取了各项措施,有效缓解和控制了疫情的蔓延。但由此产生的影响仍然持续存在,全球尚处于巨大的疫情风险之中,疫情对全球的经济、政治、文化都造成了巨大冲击,成为21世纪以来影响范围最广、传播速度最快的一次重大突发公共卫生事件,[1]同时它也是全球风险社会的重要表征。新冠肺炎疫情将作为社会个体的我们放置在现代风险社会之中,真实体验社会秩序与社会不确定性之间的撕裂。人类在欢呼新世界新世纪到来的同时,现代理性扩张导致的不确定因素也显现而出,风险社会业已来

---

[*]　本文系教育部重点研究基地重大项目"中国包容性城市发展思路研究"（项目编号：19JJD840001）、上海市教委科研创新计划人文社会科学重大项目"社会转型的中国实践与转型社会学的建构"（项目编号：201701070005E00041）阶段性成果。

临。[2]实质上,风险背后暗含着不确定性因素,或者说风险是不确定性的一种具体表征,是一种不断增长的、人为制造的、不确定性的普遍逻辑在现实社会的一种展开。[3]如果说可以将风险视作不确定性在某种特殊情境下的具体现象,那么不确定性则始终客观存在,并贯穿于现代社会之中。

现代社会的不确定性在很大程度上源于对理性化的追求与人类本真之间的冲突,[4]追求理性的过程实际上也是不断约束甚至压抑人性的过程,在建构社会制度、追求社会秩序的理性化过程中,理性与人性之间的张力无法避免,个体情感被忽视甚至压抑,进而埋下了不确定性的种子。"社会秩序—不确定性"的张力充斥在现代社会之中,在不确定性日益增强的同时,制度作为维持社会秩序的关键手段,而社会治理作为传统社会管理实践制度化的结果,正在成为应对不确定性的主要方式,其功能与作用在疫情防控期间已然显现而出,社会治理现代化也成为我国现阶段社会建设的主要目标。随着我国社会主要矛盾的转变,社会转型再转型阶段也随之到来,转型重心将逐步从"物本"向"人本"、从"外显"到"内生"转变,这也是社会建设和社会治理逐步回归"生活本真"的过程。[5]社会转型、社会建设和社会治理都将回归于作为社会主体的"人"。现代社会将"人"推向"社会秩序—不确定性"这对张力的中心,既是社会治理的出发点与落脚点,同样也是不确定性的根源。而教育始终坚持以人为中心,将"育人"作为教育工作的宗旨。[6]学校作为教育的核心场域,同样也是社会的重要组织单元,学校治理是构成社会治理体系的重要组成部分,将成为现代社会应对不确定性的重要方式。

面对突如其来的新冠肺炎疫情,教育部门迅速应对。自2020年1月起,教育部连续印发了《关于切实做好新型冠状病毒感染的肺炎疫情防控工作的通知》《关于切实做好新型冠状病毒感染的肺炎疫情防控工作应急预案的通知》和《关于2020年春季学期延期开学的通知》三份通知,对教育系统的防控工作进行部署,"停课不停学"成为全国各级学校采取的主要临时性应急措施。网络课程、空中课堂等在线教学方式被广泛应用,这

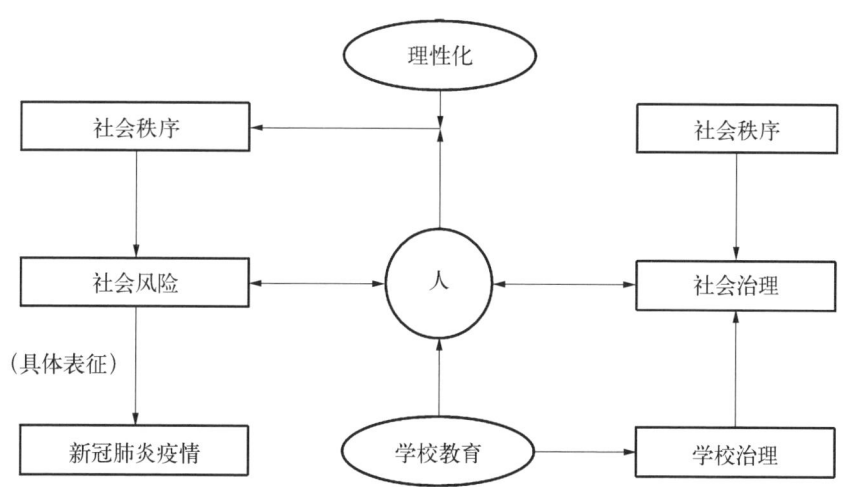

图 1 "社会秩序—不确定性"的张力及其表征

些做法在有效避免因在校上学而产生的大规模人口流动和群体聚集的同时,也为学生提供了必要的学习资源和学习支持服务。这是我国教育系统运用信息化手段进行教育教学实践的史无前例之变革。但新冠肺炎疫情同样也是我国学校治理能力的一块"试金石",使得现阶段我国学校治理实践中存在着的诸多问题显现而出。针对新冠肺炎疫情这一社会风险而展开的学校治理实践本身却又蕴含着新的不确定性与风险。本文将着眼于"社会秩序—不确定性"之间的张力,通过对疫情防控期间学校治理实践的反思,对后疫情时代学校治理的未来转向进行尝试性探讨(见图1)。

二、知识与情感分离:后疫情时代学校教育的潜在风险

新冠肺炎疫情在中国本土范围内趋于稳定,学校教育也已进入常态化防控阶段,但是现阶段学校教育中的不确定性风险同样也在新冠肺炎疫情这场大考中显露。后疫情时代,学校教育治理不仅需要关注社会处于应急状态之下教育的开展问题,同样需要反思疫情防控期间在线教育

和居家学习方式中存在的问题,并以此为基础作长远规划,使教育治理涵盖的内容不再局限于眼前的确定性,也要直面暗藏在社会风险之后的不确定性。下文将会从三方面具体说明后疫情时代学校教育中的不确定性和潜在风险。

1. 时空分离的潜在风险

时间和空间是人类社会生活持续存在和发展的最基本要素,也是学校得以存在和拥有意义的基础。学校教育的时空意义具有社会属性,是一种特定的制度安排。[7]学生、教师和学校管理人员在教育的特定时空内进行互动才构成学校的存在,如果这些互动停止,学校冰冷的物质建筑则失去其存在的价值和意义。正如安东尼·吉登斯(Anthony Giddens)在其著作中所指出的,学生每天往返于学校和家里,其经历的学校和家庭的日常活动,无论是在空间上还是时间上,都具有重复性。[8]我们能从他给出的学校教育时空图示中看到学生日常生活的时空安排,他采取的是一种鸟瞰式的呈现形式(见图2),S 表示在学校,H 表示在家,其中代表外出的 C 并不具有很强的例行化,但是在家和在学校的时空轨迹则是高度可重复的。

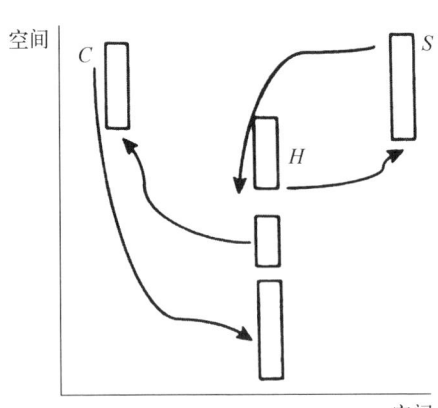

图 2　安东尼·吉登斯分析学校教育时空图示[9]

后疫情时代,在线教学模式使学校教学实践可以脱离学校物质实体而进行,即吉登斯所说的脱域(disembedding)。在线教学模式的脱域性在打破空间区隔的同时,教学实践的时空分离也削弱了学校空间的社会属性。学校空间根据自身构成物的基本形态,被划分为物理空间、人际空间、知识空间和体验空间。[10]在线教学的开展依托于网络空间,而与学校的物理空间基本脱离,除了知识空间由于信息传播的便利性而得到扩展,原本基于面对面互动的人际空间和体验空间却被教学活动的时空分离打破。通常以面对面形式进行的问题交流、学生管理和作业辅导等课后教学活动也无法像在学校空间场域中那样得以维系。

此外,学校教育实践的现代性还体现在时间的精细化上,学校的日常教学实践实际上正是按照这种社会时间的属性来布置的,这也使得学校的日常生活变得可控。"学生全部都嵌入到了由铃声、时间表、各类计划表等组成的时间序列中。"[11]不仅学生受到时间因素的影响,教师的日常工作也在时间维度上被制度化了,无论是教师的职业惯例、行政管理还是对教师的社会期待,都在特定的制度化时间内得以形塑。[12]疫情防控时期的在线教学,则无法进行如此精细化的时间布置。由于长时间观看视频不利于未成年学生身体健康,尤其有损视力,疫情防控期间的线上课程时长较线下要短,一节课通常时长为 20—30 分钟。除在线课堂以外,学校一般会分享网络课程等教育资源,而这些教育资源往往是可以重复播放的,从而使不可逆的课堂时间变成可逆的。

2. 时空分离后学校教育中存在身体不在场的潜在风险

身体即人的肉体,但在教育过程中,身体的意义体现为人与人的交往过程中将彼此的思想与意识作为信息传递给他人,而并不只是大脑支配的躯干。[13]教育过程中的身体是与他人身体、社会环境、文化互动进行信息传递的载体,支持着个体在整个生命历程中完成社会化,进而在社会中体现出生存价值。个体不仅以身体为载体在现实社会的时间和空间中经由直观感觉去感受整个世界,同时身体作为一个行动系统,在个体的社会化过程中发挥着重要作用。[14]后疫情时代的学校教育中,身体不在场的风险紧随时空分离的风险而至,对学校教育的教学效果及其社会化功能都产生了冲击。

在场是一种主体间交往互动的实体关系,身体在场与否是学校线下教学与在线教学的最大区别。[15]言传身教是教育开展的基本形式,[16]"身体"在师生间的授业过程中承担着重要的媒介作用。线上教育虽然能够摆脱身体桎梏,大大提高了知识传递效率,但"身教"的缺位却也使得教学效果大打折扣,削弱了教师的影响力和权威性。有学者在定量分析后指出,疫情期间教师无法与学生进行线下面对面的交流和沟通,这会影响到学生对知识的理解与接受,也会使学生学习过程缺乏有效的外部监督,这对学生的自我管理、自主学习能力提出了挑战。[17]学校不仅承担着重要的教学职能,同样也承担着重要的社会化功能。[18]学校作为个体社会化的重要场域,学生个体的社会化主要在同辈群体以及师生之间的互动中完成,身体不在场会导致身体互动的缺位,进而使学校的社会化功能大大衰弱。

总体而言,疫情防控期间的线上教学方式虽然实现了学校教育实践的脱域,在空间意义上将其带入学生各自所在的家庭之中,在特殊时期为学生提供了必要的教育支持,并且在时间上打破了以往学校的制度化安排,在不影响学生健康成长的前提下尽量适应了学生居家学习的要求。但是,身体的不在场削弱了学校教育的教学职能与社会化功能。在后疫情时代,学校治理需要将这种潜在风险纳入考量范围,建构新的治理措施以应对其中的不确定性。

3. 知识与情感分离的潜在风险

知识与情感分离的风险同前述两种风险并存,并且伴随着这两种风险的出现而进一步滋生。受现阶段教育评价体系影响,学校教育中存在"成绩本位"取向,成绩不仅成为学生个体竞争力的直接体现,同时也是对教师乃至学校进行绩效考核的主要指标。[19]自学生到教师再到学校管理层,都面临着繁重的成绩压力,这也致使与学生成绩看上去并无直接关系的情感教育被日渐边缘化。不仅学校教育的时间基本全被用于教学活动,甚至连学生的课余时间都遭到挤占,补课在全国范围内成为一种普遍现象,不补课反而成为一种反常。

疫情期间的空间隔离措施在有效防止疫情扩散的同时,也使学校教育面临限制,学校教育不得不从传统的线下教学走向线上。无论是出于主观上学校、教师甚至家长对知识和成绩的过度偏重,还是线上教学方式本身存在的客观限制,知识的传递在线上教学中占据了绝对的主导地位,而师生间的情感沟通与互动渠道几近中断,学校教育中知识与情感的分离被进一步放大并直观呈现出来。尤其是基础教育阶段,许多省份考虑到省内、市内教材的统一性,通常采取集中当地优质师资,以直播或录播的形式,使分散在各自家庭中的学生可以依靠通信技术在线学习。这种方式虽然保证了授课教师的教学水平,但由于这种线上教育方式的单向性,教育过程中的情感输出处于真空状态。

实际上,教师与学生基于正向情感而产生的主动性对于教学效果而言发挥着积极的促进作用。现阶段学校教育对知识的偏重以及对情感的忽视,一方面会有损师生的积极性与主动性,限制了教学效果的提升;另一方面,对情感的忽视也极易导致心理问题的产生,教师与学生都已成为心理问题的高发人群。后疫情时代,随着线上教学方式的兴起和广泛应用,知识与情感分离的风险将会持续存在甚至不断加剧。知识与情感分离的潜在风险在社会不确定性日益增加的现代性问题中,将成为学校治理乃至社会治理面临的主要危机。

三、不确定性的应对:学校情感治理及其现实基础

所谓情感治理(emotional governance),是指运用符合程序合法性与程序合理性的制度对被治理者的情感以及治理场域的情感空间进行治理。[20]人的情感因素正在成为现代风险社会不确定性的重要来源,对情感的忽视甚至压抑也正在成为现代教育的潜在危机,情感治理概念的提出是对变动的社会事实的重要回应。情感治理作为一个单独的概念被提出,带着一定的"命名政治"色彩,[21]在理论层面先命其名,再于实践层面呼唤其肉身,以此将情感重新带回治理者视域,以更好地应对学校教育中的潜在风险乃至现代社会日益积聚的不确定性。实际上,学校场域与社区之间具有较强的相似性,学校本身蕴有强烈的共同体意涵,这也奠定了

学校情感治理得以为之的现实基础。

一般认为,把共同体(community)从社会(society)概念中分离出来作为一个基本的社会学概念,最早可以追溯到德国社会学家滕尼斯(Ferdinad Tonnies)1887 年发表的《共同体与社会》(*Gemeinschaft and Gesellschaft*)。Gemeinschaft 在德文中的原意是"共同生活",滕尼斯用它来表示建立在自然情感一致基础上紧密联系、排他的社会联系或共同生活方式,这种社会联系或共同生活方式产生关系亲密、守望相助、富有人情味的生活共同体。[22]从共同体的概念不难看出,共同体既是生活共同体,也是情感共同体。学校作为社会的重要组织单元,也是教育教学的核心空间场域,在一定程度上蕴含着深刻的共同体意涵:一是从空间场域角度而言,学校作为教学的空间场域直接承载着"教师—学生"之间的互动,师生之间有着共同目标,即学生的培养;二是从关系角度而言,学校内部存在着教师群体关系、学生群体关系以及师生关系,这些关系共同构成学校内部的社会关系网络,并维系着学校内部多元主体互动的有序进行;三是从情感角度而言,师生在学校的日常生产生活活动中通常会形成共同的身份归属感与心理认同感,这些共同的归属感与认同感也构成学校的情感共同体,并融入学校共同体的日常运作过程之中,构成学校日常运作的情感空间。学校共同体包含的互动场域、关系网络以及情感意涵共同奠定了学校治理、学校情感治理得以付诸实践的现实基础。

1. 制度空间:学校治理得以为之的现实基础

学校在作为共同体而存在的同时,也可视作组织单位,学校组织的有序运作无法脱离一系列制度的支持。制度作为现代社会高度理性化的结果,将组织活动置于制度框架之内,为组织目标的实现保驾护航。无论是"学校管理层—教师队伍"之间、"教师—学生"之间以及学生之间的日常互动过程中都存在着相应制度,以维持学校共同体的日常运作,规范着学校内部多元主体互动的有序进行。例如,就学生管理制度而言包括班干部管理制度、教学考核制度、奖学金评定制度等;就教师管理制度而言包括绩效考核制度、晋升制度、意见反馈制度等。从吉登斯的结构化理论中的"结构二重性"看来,[23]这些制度产生于学校内部各主体的多元互动过程之中,又反过来影响着学校内部的多元互动。制度已经深度融入现代组织之中,制度化成为现代学校组织实践的主要趋势,不同层次的制度相互嵌套,共同构成学校共同体内部广阔的制度空间。而治理作为现代社会维持社会秩序的主要方式,其实践的具体展开有赖于制度的使用,即通过制度手段对治理对象展开治理,这也是现代社会治理较之传统社会乡治以及上一阶段社会管理的区别所在,体现着对程序合法性与合理性的追求。[24]学校内部存在的制度空间为学校治理实践的开展提供了工具,使之成为可能。

2. 情感空间:学校情感治理得以为之的现实基础

情感作为个体能动性的重要体现,学校内部多元主体的情感互动也同构出学校内部的情感空间,赋予学校以情感共同体意涵。学校内部制度空间与情感空间并存且相互作用,进而共同影响着学校治理的实践走向。学校治理的关键在于学校组织制度的运用,但个体的能动性以及学校内部情感空间的存在使得组织互动实践的进行并非完全刻板地遵从组织制度,对组织制度的过度遵从容易导致死板僵化、形式主义、仪式象征性等问题的出现,严重时为保证组织目标实现而设置的组织制度甚至会适得其反阻碍组织目标的实现,[25]甚至会由于对个体情感因素的忽视与压抑而引发新的问题。因此,在学校组织运用制度展开学校治理实践的过程中,情感将成为学校治理无法忽视的重要维度,同时个体情感作为现代社会不确定性的重要根源,也将成为学校治理乃至社会治理的主要内容。现代社会,情感不仅是不确定性乃至诸多社会问题的根源之一,同样也是应对社会问题、维持社会稳定的重要手段之一。例如,学校多元主体共同的心理归属感与身份认同感会大大增强学校共同体的抗风险能力,学校各群体内部以及各群体之间的良好情感关系也为学校共同体的日常有序运作提供保障,甚至一些情感资源将成为解决学校内部问题的主要手段。学校内部情感空间在学校共同体内部发挥着"双刃剑"的作用,既是引发问题的根源,也是解决问题的助力,既是学校情感治理为何为之的现实根源,也是学校情感治理得以为之的现实基础。

学校共同体内部作为理性化结果的制度空间与代表着人性的情感空间并存,前者奠定了学校治理得以开展的制度基础,后者决定了情感将成为学校治理不可忽视的重要维度。与此同时,新冠肺炎疫情使得现代社会的不确定性与全球性风险直观显现,同样也将"人"直接推向"社会秩序—不确定性"张力的中心,情感作为人性的直观体现,在后疫情时代势必成为学校治理的重要转向。

四、情感闭合圈:后疫情时代学校情感治理的建构

"情感闭合"(emotional closure)是借用了社会学家科尔曼的"代际闭合"(intergenerational closure)概念,后者指在"学校—社区"的互动场域中形成的"教师—家长—其他社会成员"之间的闭合性人际交往圈,这为身处其中的学龄儿童提供了良好的生活和学习环境,有利于学龄儿童的学业成绩与身心健康。[26]"情感闭合"在"代际闭合"概念的基础上提出,重点强调学校内部以及家校之间、学校与社会之间人际交往圈的情感面向(见图3)。学校情感治理的核心是运用制度手段对学校情感空间予以治

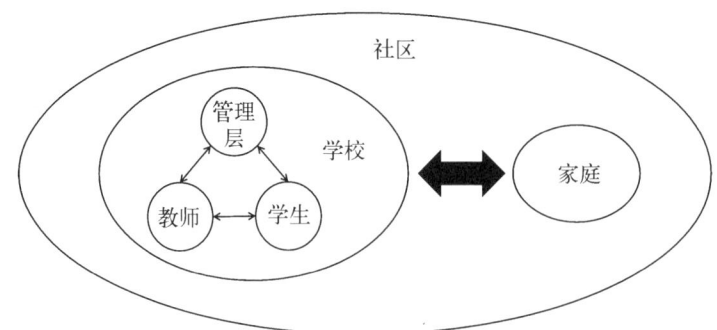

图3 "社区—学校—家庭"情感闭合圈示意图

理,而学校身处更广阔的社会范围之中,与学生家庭乃至所在社区之间都存在着紧密的情感联系。无论是学校内部各群体之间,学校与家庭之间,还是学校与所在社区之间,都是学校情感治理的潜在空间。

1. 着眼学校内部情感空间,加强各群体之间的情感联结

学校作为教育活动的重要场域,也是学校内部各主体间的日常互动空间。各主体间互动的进行直接影响着学校内部各主体的情感体验以及学校教育的具体效果。对学生而言,他们多处于儿童期或青春期,正是情感萌芽与养成时期,同学作为其重要的所属群体,同学关系对学生个体成长而言具有重要影响。除此之外,青春期学生或多或少会有一定的逆反心理,在师生互动中希望作为一个独立个体而得到应有的尊重,师生互动方式将直接影响师生间的情感关系,进而影响学生对学校教育的接受程度与配合程度。对教师而言,他们既是治理者,也是被治理者,既需要对班级内部的学生群体进行治理,也是学校管理层的治理对象。教师群体在学校教育中直接肩负着教育职责,不仅需要从事教学活动,同时也将"育人"作为重要目标。但在当前过度理性化趋势影响下,不仅学生面临成绩压力,教师同样面临沉重的绩效考核压力。学生与教师的个体情感在"成绩本位"影响之下都遭受忽视,两者都正在成为心理问题发生的高危群体。除此之外,情感与个体的主动性息息相关,而学校教育的效果与学生、教师的主动性与投入程度息息相关,这也是情感在学校教育中直接功能的显现。

学校内部各主体的情感体验与学校内部各主体之间的关系及其互动紧密相关。群体关系、群体互动较之主观性的个体情感而言具有更强的可操作性,这也将成为学校内部情感治理实践开展的主要对象。学校治理者需要采取一系列制度设置,为同学之间、师生之间以及教师与学校管理层之间提供充足的情感互动空间,进而改善学校内部各主体之间的情感关系,形成学校内部的情感闭合。具体而言,其一,学校管理者需要通过校长信箱等设置畅通学校内部的意见反馈渠道,为学生、教师意见与情感的表达提供渠道。其二,学校内部要设置专门的心理咨询室,并在实践层面将心理咨询落于实处,而不是形同虚设,能真正为有需要的师生提供心理辅导。其三,打破"成绩本位",将情感与育人功能重新拉回学校教育视域,为师生提供必要的情感互动平台与机会,如定期举办团建活动、党建活动等,使这些具有情感属性的学校互动制度化、例行化、常态化。

2. 明确家庭教育的重要性,加强家校间的情感沟通与合作

家校关系具有亲密型、附属型和疏离型三种类型。良好的家校关系对学生发展至关重要。根据相关数据显示,家校关系的亲密程度与学生学业成绩之间呈现出正相关,家校关系越紧密越有益于学生成长。[27]但整体而言,我国学校教育与家庭教育之间较为疏离,家长对学校教育的理念、方法以及具体内容知之甚少,学校教育对家庭教育的实际影响也难以保证,本应相互合作的两大主体却在教育系统内部形成了两个独立运转的半球。[28]实际上,学校教育与家庭教育在学生成长和发展上具有目标一致性,这也奠定了两者间合作的基础。具体而言,学校教育的优势在于其专业性,无论是在教学的目标、知识的选择还是讲授的方法上,学校教育都是由职业人完成的专业工作。除学校教育外,学生的课后生活多在家庭环境之中展开,时刻受到家庭环境潜移默化的影响,家长也直接承担着重要的教养职能。家庭教育对于学生个体的影响不仅体现在学业成绩方面,更体现在心理性格以及为人处世方法的养成上。因此,家庭教育与学校教育之间的理想情况是,学校教育引导家庭教育的方向,家庭教育支持学校教育的开展,以实现两者间的紧密结合、有机互动。

疫情期间学生被限制在家庭之中,相较于学校教育的"身体不在场"而言,家庭教育的"身体在场"使其作用被放大,这也为我们观察家庭教育提供了良机。我们认为,可以从以下三个层面对家庭教育的实际作用加以分析:第一,家长对学生学习过程具有监督作用,监督力度主要取决于家长的教育观念和重视程度,并不需要太多技术性含量。第二,家庭教育常常包括各类补充性的辅导活动。随着基础教育的普及和高等教育的扩张,年轻一代家长的文化程度有了显著提升,大多能够为子女提供一定程度的作业和课程辅导,家庭教育的替代性功能凸显。第三,家庭教育以陪伴的形式建立了对学生知识获取和行为习惯的隐性影响。由于社会化的过程与模仿行为密不可分,情境性的教育行为通常是在潜移默化之中对学生产生有意识和无意识的影响,这也体现出教育的文化属性。[29]

家庭教育作为学校教育的重要合作对象应当得到重视,但当前,无论是在教育政策的制定上,还是具体的教育实践中都存在一种误区:学校教育的主体地位被过度放大,家庭教育却往往遭受忽视。甚至学生家长自身也常常将教育责任单方面地归至学校,一旦出现问题便大多认为是学校的责任。现阶段,不仅家校合作因相关制度规范的缺失而处于离散状态,教师与家长之间沟通的缺乏也直接影响了家校关系,严重时甚至会引发家校冲突。要改变这种现状,一方面需要从教育政策以及教育方式层面入手,将家庭教育与学校教育直接关联起来;另一方面,家校互动的实际效果与教师—家长间的关系紧密相关,教师与家长之间的情感关系在家校合作过程中发挥着润滑剂的作用。从情感治理角度而言,校方需要加强制度创设,对家长情感予以关注,例如完善家长意见反馈渠道、开设家校沟通平台、建设校园亲子活动等,以建构家校之间的情感闭合。

3. 关注学校所处社会生态系统,推动多元主体共同参与

作为具有中国特色的组织,保留了典型单位制特征的工作单位时常会给内部职工提供各项福利保障,其中就包括学校教育服务。单位制大院内往往设有自己的学校,其中的学校教师和家长都属于该单位的职工,彼此生活在同一空间内,家校之间的关系是非常紧密的。而伴随市场经济和中国单位制的转型,集体化的生活正在瓦解,个体化趋势不断增强,众多单位已经消解或者转型,当下城市学校内的许多适龄儿童都是依据"就近入学"政策而入学的,他们往往生活在学校周围的社区内,单位制的教育福利功能已经转移到社区层面,此时的社区应该与单位一起,共同参与到教育治理中去。实际上,学校问题的发生往往有着更广范围的社会

根源,社会中的多元主体也为学校问题的解决提供助力,同样,学校作为重要的社会治理单元,在社会问题的应对过程中也发挥着重要作用。这也奠定了学校治理与社区治理乃至社会治理之间得以嵌合的基础。但在现阶段学校治理实践中,单位和社区的作用常常被忽略,比如面对教育公平问题,更多的是通过各类教育政策的出台来约束家长"择校"和限制学校"掐尖",以缓解教育不平等现象的蔓延。但这些措施并非治本之策,目前我国家庭间的差异巨大,这种差异往往是造成教育不平等的根本原因,学校教育只是"折射"出相关问题。

学校治理实践的开展需要与更广范围的社区治理乃至社会治理相联结,推动单位和社区等主体共同参与学校治理,学校可以利用工会、居委会、社会工作机构、家委会等多种组织和活动形式影响学校和家庭教育。学校情感治理的开展,必须进一步促进学校—家庭—社区之间情感闭合圈的建构,并以此为纽带,实现学校治理与社区治理乃至更广范围社会治理系统的嵌合,以便更好地联合起来共同应对后疫情时代的风险与不确定性。

五、 总结与讨论

此次新冠肺炎疫情对学校教育造成巨大的冲击,学校治理作为风险治理机制的重要功能显现而出。无论是疫情防控期间的线上教学措施,还是疫情常态化防控阶段的日常管理,都显现出学校治理作为现代社会风险治理机制的重要作用。但新冠肺炎疫情这块试金石也使现阶段学校教育中的潜在风险显现,情感问题便是其中的重点。疫情后复学初期全国范围内发生数起学生自杀事件,这与疫情期间学生情感问题遭受忽视不无关系。后疫情时代,情感将成为学校治理的重要转向,而学校共同体内部存在的制度空间以及情感空间也奠定了学校情感治理的现实基础。学校情感治理较之学校内部日常性的情感互动,其关键在于制度的应用,即在制度框架内开展情感互动,这也指明了学校情感治理实践的开展方向。通过制度手段在学校内部、学校与家庭之间以及学校与社区之间构建情感闭合圈，以改善学校情感空间，不失为现阶段学校情感治理实践的可行路径。整体而言，虽然情感互动始终作为中国社会重要的互动形式而存在，但情感治理作为其制度化的结果仍处于初生阶段。笔者在本文中简要探讨了学校情感治理的必要性、可能性和实践路径，其中仍有诸多问题有待深入。

1. 学校情感治理与技术治理之间的关系问题

理性与感性之间的张力无法避免，技术治理作为理性化的结果，常常与情感治理被人们划分开来，甚至认为两者是不兼容的对立面。但实际上，情感治理是将情感作为主要治理对象而非将情感因素带入治理程序之中，强调运用制度化的对被治理者的情感以及学校内部的整体情感空间进行治理。这种制度化的治理方式也正是技术治理的提倡和追求的。情感治理与技术治理之间并无直接冲突，情感治理的建构过程几乎可被视作技术治理逻辑与情感空间相结合的产物。但囿于治理者对技术治理背后理性主义思维的过度解读以及治理者对各项制度的僵化运用，情感因素不仅被排除在治理程序之外，而且在治理内容层面也被日益边缘化，甚至被直接摒弃在外。在治理程序规范化程度以及治理效率不断提高的同时，社会情感问题也日益严重，甚至在过度理性化趋势的掩盖与压抑之下而处于更为危险的"隐而不发"的状态，正在成为现代社会不确定性和全球性风险的最大根源。也正是现阶段治理者对技术治理与情感因素之间关系的错误认知和实践偏差，使得情感治理作为一个独立概念而被提出刻不容缓。同样，情感治理实践的开展也必定要建立在厘清技术治理与情感治理关系问题的基础之上。

2. 学校情感治理的延展性

情感作为人类的主观感受通过人们的社会行动过程而外显，而社会关系则是维系人们日常互动的纽带，情感治理实践通常也沿着社会关系网络而展开。学校深深嵌套在现代社会之中,不仅其内部存在着诸多社会关系网络,同时也联结着更广范围内的其他社会单元:一方面,学生作为教育对象,将学校与家庭紧密关联起来;另一方面,学校作为组织单元存在于社会环境之中,与政府部门、周边社区也都存在着诸多关系。这些复杂的社会关系网络以及组织关系网络的存在,也使得学校治理与微观层面的家庭互动、中观层面的社区治理乃至宏观层面的社会治理紧密联系起来,赋予学校情感治理以延展性。学校情感治理的延展性为其提供了丰富的行动资源。例如,疫情期间家庭和社区便为跨时空脱域教学活动的开展提供了支持,在我国精准扶贫过程中,失学学生的"劝返"活动通常也需要学校和社区的共同努力。但具体而言,学校治理应当如何实现与家庭互动以及社区治理之间的有效协作?又应当如何恰当地嵌套到社会治理整体格局之中?本文提出的情感闭合概念似乎为学校治理与社区治理、社会治理之间的嵌合提供了纽带,但其具体实践层面的协作与联结仍是摆在我们面前的现实难题。

参考文献

[1][3] 文军.直面新冠肺炎:风险社会的社区治理及其疫情防控[J].杭州师范大学学报(社会科学版),2020,42(02):3-11.

[2] 乌尔里希·贝克.风险社会[M].何博闻,译.南京:译林出版社,2004.

[4] 马克斯·韦伯.新教伦理与资本主义精神[M].北京:北京大学出版社,2012.

[5] 文军.社会治理的认识困境及其未来转向[J].上海城市管理,2019(01):2-3.

[6] 袁振国.不断走向以人为中心的教育[J].探索与争鸣,2018(08):16-18.

[7] 王枬.学校教育时间和空间的价值研究[J].教育科学研究,2019(11):93-96.

[8][9][23] 安东尼·吉登斯.社会的构成:结构化理论纲要[M].李康,李猛,译.北京:中国人民大学出版社,2016:127.

[10] 付强,辛晓玲.空间社会学视域下的学校教育空间生产[J].山东社会科学,2019(4):74-79.

[11] 桑志坚.现代时间结构中的学校生活研究[J].当代教育科学,2017(9):33-47.

[12] 王富伟,胡媛媛,赵树贤.小学教师典型一天的制度分析[J].全球教育展望,2018(9):117-128.

[13] 齐学红.教育中的身体隐喻[J].上海教育科研,2006(01):15-17.

[14] 安东尼·吉登斯.现代性与自我认同:现代晚期的自我与社会[M].赵旭东,等译.北京:三联书店,1998:113.

[15] 赵建国.身体在场与不在场的传播意义[J].现代传播,2015(8):58-62.

[16] 徐超富.大学教师：言传身教的学者[J].大学教育科学,2010,2(02)：60-64.
[17] 杨晓哲,张昱瑾.疫情防控下中小学教师在线教学与在线培训分析[J].现代教育技术,2020(3)：5-11.
[18] 马德峰,胡杰容.我国青年社会化研究评析[J].青年研究,2000(07)：23-31.
[19] 章乐.现代教育的"分数崇拜"：社会学视角的分析[J].教育发展研究,2012,32(18)：76-80.
[20] 罗阳,刘雨航.学校情感治理机制探究：现实诉求与行动逻辑[J].中国电化教育,2020(11)：30-38.
[21] 吴越菲,文军.作为"命名政治"的中国社区建设：问题、风险及超越[J].江苏行政学院学报,2015(05)：64-70.
[22] 斐迪南·滕尼斯.共同体与社会[M].林荣远,译.北京：商务印书馆,1999：3.
[24] Langlois, Richard N. The New Institutional Economics: An Introductory Eassay. New York: Oxford University Press, 1986: 1-25.
[25] Merton, Robert K. Bureaucratic Structure and Personality[J]. Social Theory and Social Structure, 1940(2): 195-206.
[26] Coleman, J S. Social Capital in the Creation of Human Capital[J]. American Journal of Sociology, 1988(94): 95-120.
[27] 黄菲菲,张敏强,崔雪平,黄熙彤,甘露.家校关系类型对小学生学业成绩的影响：基于潜在剖面分析[J].教育研究与实验,2018(2)：88-91.
[28] 贺春兰.家校关系：舆论诉求与回应建议[J].教育科学研究,2019(7)：26-29.
[29] 刘谦,冯跃,生龙曲珍.家庭教育与学校教育互动的文化机理初探[J].教育研究,2012(7)：22-28.

作者简介

刘雨航　华东师范大学社会发展学院博士研究生,研究方向为社会治理
罗　阳　陕西师范大学教育学部师资博士后,研究方向为教育社会学

电子邮箱

545001422@qq.com；
17321285161@163.com

Part 4
疫情下的教育实践

Chapter 15

培养学生的社会与情感能力：后疫情时代教育发展的重要指向[*]

刘 志 安连义

> **摘 要**：疫情造成的广泛影响以及新科技的快速发展，使人类正面临高度复杂性、综合性的社会问题与不确定性的挑战，更加考验做好情绪管理、实现社会性发展的综合能力。教育应重新审视人的能力发展，注重培养学生的社会与情感能力，才能更好地应对当下及未来社会发展的挑战，促进人获得幸福与成功。基于对社会与情感能力重要性的共识，美国学术、社会和情感学习联合组织，经济合作与发展组织，世界经济论坛三大国际组织及一些较发达国家，通过项目式推进、教育政策引领、主题课程落实等政策与实践举措，有效推进了学生社会与情感能力的培养，并提供了有益启示。我国应根据后疫情时代社会发展对人的能力发展的要求，借鉴国际经验，因地制宜，突破学校教育中社会与情感能力培养的瓶颈，构建起社会与情感能力培养在政策理念、课程实施、能力评估、教师引领、落实保障等方面系统性的实施机制。
>
> **关键词**：社会与情感能力；后疫情时代；重要指向；教育政策

快速变化是当今时代发展的基本特征，而新冠疫情的爆发又给个人与社会的发展带来更多的不稳定性和难以预测性，这也让人类与社会发展面临的不确定性日益增强，而人要适应社会的发展，就要在不确定性中去寻找确定性。具体到教育领域，教育的改革与创新应把培养学生适应

---

[*] 本文系国家社会科学基金"十三五"规划 2019 年度教育学重大招标课题"立德树人的落实机制研究"（课题批准号：VEA190002）及华东师范大学"优秀博士生学术创新能力提升计划"项目的阶段性成果。

未来社会发展应具备的确定性能力作为教育实践的核心追求,这种确定性能力应兼具个人和社会的发展性,而当前国际教育领域普遍倡导的对社会与情感能力(social and emotional skills)的培养,正是面向不确定性的未来以增强人的幸福感的能力发展之策。大量研究表明,社会与情感能力是支撑社会和人的发展,使人获得幸福与成功的关键能力。由此,对学生社会与情感能力的培养,应是后疫情时代全球教育发展的重要指向。

一、在后疫情时代的挑战中审视人的能力发展

此次新冠肺炎疫情爆发前,学界更多地在讨论人工智能时代的来临给人和社会的发展带来的各种挑战,以及人如何积极应对这些挑战。而重大疫情的爆发使得社会发展中的问题呈现出高度复杂性与综合性,给人的健康生活带来了众多的困扰与挑战。疫情之外,人工智能、大数据、物联网等新兴技术并没有停止发展的步伐,甚至受疫情影响,新兴技术的开发与使用更加广泛,越来越多地渗透在人们生活的每个环节,这也构成后疫情时代新的社会发展环境。而人是社会中的人,这要求我们必须正确看待此次重大疫情与人工智能时代发展的叠加对人的生活和工作带来的问题与挑战,正确审视后疫情时代社会发展对人的能力发展的需求,充分发挥教育在促进人与社会发展中的积极功能,而审视人的能力发展,就要清楚我们现在及未来发展需要的又最缺的是什么。

1. 重大危机事件下凸显情绪管理能力的重要性

疫情的发生使原本正常的社会生活与学习秩序被打乱,家庭与学习生活中的诸多问题日益凸显,我们越来越多地听到、看到亲子关系和学习教育的问题在"停课不停学"下集中爆发,导致很多学生产生厌学情绪、过度烦躁、焦虑、抑郁、情绪失控以至于行为失控。[1]学生跳楼、弑杀亲人、报复社会的事件接连发生,让人悲痛不已。我们需要有针对性地深入分析其背后的原因。当前社会正处于加速转型时期,学生处在一个不断变化

与变革的环境中,学生的心理问题和行为问题凸显。

上述负面事件基本上是由不良情绪引发的,不良情绪会对人的认知判断、情绪稳定以及人的行为产生重要影响,甚至会让人失去理智,产生难以挽回的后果和影响。以频发的学生跳楼事件为例,从小学生到研究生的死亡人数与过往相比显著增加,原因多是亲子关系和个人心理出现问题,进一步讲是个人的心理发展与现实状况产生了一种不平衡的矛盾,进而导致学生与父母或其他人员互相不理解,在难以沟通或有效交往的情况下,孩子更多地选择封闭自己,负面情绪和压力与日俱增,而每个人的心理承受能力和情绪管理能力不同,那些心理抗压能力差、情绪管理能力弱的孩子就容易情绪失控,进而发生类似自杀或反社会的极端行为,对人的生命健康造成消极影响。因此,学会情绪管理,提升情绪管理能力是每个人都要面对的问题。

从心理学视角看,情绪管理能力是一种心理特征,是使人顺利实现情感活动所需的心理条件。[2]情绪管理能力与普通能力的区别在于这种能力的操作对象与众不同,不是客观事物,而是人的情绪和情感。哈佛大学心理学家丹尼尔·戈尔曼(Daniel Goleman)在其《情商》一书中认为,情绪管理能力是"控制情绪冲动、解读他人情感和处理各种关系的能力"。戈尔曼聚焦情绪的自我管理能力,这种能力建立在自我觉知的基础上,是指能调控自己的情绪,构建良好的情绪状态,使之适时、适地、适度。情绪管理能力弱的个体容易受到不良情绪的困扰,情绪管理能力强的个体则可以突破情绪的困扰,良好的情绪管理能力是人减少负面情绪与极端行为,保持身心健康的重要能力。

2. 智能时代挑战下凸显人的社会性能力的重要性

以大数据、5G、互联网与物联网等新兴技术的广泛运用为特征,使人生活在快速变化的人工智能时代,再加上疫情的"推波助澜",人们的学习、生活和工作环境正发生着革命性改变,人的生存方式逐渐虚拟化与智能化,这使得人与人之间的现实生活交往越来越少,人的社会性发展正面临巨大的挑战,而社会性是人的根本属性,人的团队合作能力、责任感、创新性、思想开放性等社会性能力是人在智能时代取得成功与获得幸福的关键要素。与此同时,智能时代的教育形态也在改变,受疫情的"助力",在线教育的快速推进正在挑战制度化的学校教育,基于移动互联网的信息技术正在改变着学校教育环境。为此,有学者认为,智能时代的学校教育功能也将发生改变,确定性知识的"训练"开始被人工智能取代,实体学校的教育功能将回归基于人的品性与社会性养成的教育本质。[3]由此可见,人的社会性能力是超越智能机器的独特优势,对人的社会性能力的培养变得越来越不可忽视,这也是"以人为本"教育理念的核心所在。

3. 新形势对学生能力培养的新要求

当前,无论是疫情产生的重大影响还是人工智能时代的到来,人类的生存面临着越来越多的"本领恐慌",人与人、人与社会的关系比较复杂,人自身的问题凸显出来,越来越考验人的综合能力与素质。而当下的教育过度关注认知能力,很多父母把孩子的学业成绩放在第一甚至是唯一重要的位置,忽视了适应社会生活与促进个人身心健康的社会性能力与情感能力的培养,这无疑加剧了孩子的片面发展,不能适应社会发展的要求,也就难以实现个人的幸福与成功。反思我们的教育,我们应培养学生具备怎样的能力来适应后疫情时代社会与个人发展的需要?这是教育发展的本源问题。教育是发展人的,如何实现人的平衡发展,促进人形成健全的人格、健康的身体以及积极的情感,是教育必须考虑的问题。我们认为,在现有教育体系更加注重认知能力培养的基础上,未来的教育需要让学生的情感发展更加丰富、人格发展更加完善、社会性发展更加健全。

2015年,联合国教科文组织(UNESCO)发布了面向未来的《教育2030行动框架》(Education 2030 Framework for Action,简称EFA),其中提到"教育既需要关注认知能力的培养,更要关注培养儿童识别和管理情绪、关心他人、作出负责任的决定、建立积极人际关系以及巧妙应对挑战性情境等社会与情感能力"。[4]同年,经济合作与发展组织

(OECD)发布了《促进社会进步的技能：社会与情感能力的力量》(Skills for Social Progress: The Power of Social and Emotional Skills)的报告，报告中指出，儿童和青少年需要一套平衡的认知、社会与情感能力才能在未来的生活中取得成功。[5]由此，社会与情感能力的概念被广泛接受，社会与情感能力是社会发展对人的发展所要求的重要能力方面，也符合个人发展的内在需求。同时，有大量的实证研究证实社会与情感能力具有重要的价值和意义。有研究证明，社会与情感能力能够预测大量重要生活结果与重要事件的成功，它具有很强的可塑性，并能够通过教育措施进行有效干预。社会与情感能力的发展有利于学生学校适应[6]，提升学生学业成就[7]，改善学生心理和身体健康，社会关系和就业能力。[8]由此可见，社会与情感能力是面对不确定的未来我们应具备的确定性能力。

二、培养学生的社会与情感能力是全球教育发展的重要趋势

从世界教育发展趋势来看，全球都在探讨通过教育如何促进人的成功，如何通过教育促进人的健康与幸福。超越传统的知识授受的教育范式，关注学生终身发展的关键能力与必备品格以应对21世纪的诸多挑战，已经成为世界教育发展的重大课题。随着全球性疫情这一巨大挑战对人的健康与幸福的深刻影响，这一课题的有效解决就显得尤为迫切。近年来，培养学生的社会与情感能力逐渐被提上全球教育的政策议程，社会与情感能力的培养成为应对全球性学生发展问题的重要手段，无论是国际组织还是一些较发达国家，纷纷通过政策引领、课程建构、项目推进等方式，实施学生社会与情感能力发展的变革策略，推动全球教育不断前行。

1. 关于社会与情感能力的内涵界定与比较

目前各界对社会与情感能力的界定较为多元。1994年，美国学术、社会和情感学习联合组织(Collaborative for Academic, Social, and Emotional

Learning,简称 CASEL)提出"社会与情感能力"这一概念,并致力于通过社会情感学习(social and emotional learning,简称 SEL)项目提升学生的社会与情感能力。该组织按照个体内部与社会之间的关系将社会与情感能力定义为三种技能:个体内部的自我意识、自我管理,社会与人际的社会意识、人际关系技能,以及同时属于个体和社会的负责任决策。[9]

经济合作与发展组织(OECD)这样定义:"社会与情感能力可以表现为思维、情感和行为的一致模式,以及个人在一生中获得社会成果的重要驱动力,它包括实现主体目标、与他人合作和管理情绪所涉及的技能,并通过正式和非正式的学习经历得到发展。"这三方面技能分别包含更加具体的品格能力(见表1)。这些品格能力表现在无数日常生活中,也在人生活的各个阶段中发挥着重要作用。[10]

表1 三大国际组织关于社会与情感能力的内涵界定框架

	美国学术、社会和情感学习联合组织	经济合作与发展组织	世界经济论坛
内涵维度(具体能力)	● 个人层面 自我意识、自我管理 ● 社会层面 社会意识、社会关系 ● 集体层面 集体意识、负责任决策	● 目标实现维度 毅力、自控力、成就动机等 ● 与人合作维度 社交能力、尊重、乐群等 ● 情绪管理维度 抗压、乐观、情绪控制等	● 胜任力 批判性思维、创造力、交流能力、合作能力 ● 个性品质 好奇心、创新力、心理韧性、适应力、领导力、社会文化意识

世界经济论坛(World Economic Forum,简称 WEF)2020 年 1 月发布了《未来学校:定义第四次工业革命时代的新教育模式》(School of the Future: Defining New Models of Education for the Fourth Industrial Revolution)白皮书,指出"以人为本的技能"(包括责任心、同理心、合作、包容及全球意识等)是未来必须培养的核心技能,[11]这也指向社会与情感能力的培养。而世界经济论坛在 2016 发布的《教育新视野:通过技术促进社会与情感学习》的相关报告中指出社会与情感能力涵盖了四种胜任力和六种个性品质在内的社会性和情感性能力(见表1)。[12]

上述三大国际组织关于社会与情感能力的内涵维度，为我们理解社会与情感能力提供了可比较借鉴的框架结构，均体现了"以人为本"的理念，但各有侧重。例如，美国学术、社会和情感学习联合组织的定义主要围绕个体发展在不同层面的情感、认知和行为三个维度进行论述，这种横向划分利于社会与情感学习项目目标的阐述和项目成果的评价，为社会与情感能力培养和相关测评研究的概念界定提供参考。经济合作与发展组织的定义则强调社会与情感能力在不同情境中表现出的连续性和一致性，从综合情境中提炼个体应具备的稳定特征。世界经济论坛更关注从技术层面促进社会情感学习，其定义既涵盖了人格特质也包括社会能力。

通过以上分析可以得出三点启示：第一，三种框架存在内在一致性，均围绕"个体"和"社会其他群体"及两者之间的关系展开；第二，社会与情感能力的内容均体现了自我适应和社会适应应具备的能力，符合个体的社会化发展和自我实现需求；第三，社会与情感能力是一种可提升的能力，这种能力的发展与其所处的社会环境密切相关。总之，有计划的支持以教育活动为基础的社会与情感能力培养可以为儿童和青少年营造稳定的日常生活，提升人际关系和情绪管理的技能，从而有效应对疫情等危机事件对儿童和青少年的负面影响。

2. 国际社会关于促进社会与情感能力培养的策略

对社会与情感能力培养的关注具有深远的时代背景和未来意义，国际组织和很多国家在不断探索中逐渐将社会与情感能力培养作为学生综合素质提升的重要手段，主要通过国际项目推进、教育政策引领、主题课程落实三种途径来推动。

一是国际项目推进。联合国儿童基金委员会（UNICEF）主导的以发展学生社会与情感能力为目的的社会情感学习（Social and Emotional Learning，简称SEL）项目已经在美国、新加坡、马来西亚、英国、澳大利亚、日本、韩国以及拉美、非洲等一些国家和地区数以万计的学校得以推广和实施，我国中西部部分省份的试点区县也参与了该项目的实施，取得了明显的进步。同时经济合作与发展组织(OECD)基于前期的研究调查和工具开发,首轮在 9 个国家推进国际学生社会与情感能力测评项目(Social and Emotional Skills Study,简称 SSES)①,2019 年底已完成首轮正式测评,苏州代表我国参与了该项目的首轮国际测评,测评研究的成果将在 2021 年公布。该项目是与 PISA 测试平行的国际调查项目,旨在测评学生的社会与情感能力发展水平以及哪些因素影响了这些能力的发展,并进一步探索如何通过教育实践提升这些能力。这两大国际项目在各国的实施有其最基本的价值判断,即社会与情感能力在个人发展和社会进步中的作用和影响越来越重要。

二是教育政策引领。早在 20 世纪 80 年代,美国社会各界就对教育中只注重学生智力发展,而忽视非智力因素中的情感发展、社会技能等问题进行了广泛批判。在这种偏颇的价值体系作用下,学生发展面临着学习能力不高、心理健康问题频发、社交能力缺乏等问题,为应对这些难题,美国政府先是在 2002 年出台《不让一个孩子掉队法案》(No Child Left Behind),又在 2015 年颁布《每一个学生成功法案》(Every Student Succeeds Act)取代前法案,以提升美国基础教育的质量,其中通过社会情感学习(SEL)项目推进学生标准化学习成就测试[13],鼓励学校营造学生情感发展支持的良好氛围、建立关心型共同体、培训教师和管理人员的情感维护能力,在校园中建立了系统的情感教育体系。近年来,美国各州基本制定了本州的社会情感学习课程标准,进一步推动了社会情感学习在更大范围内的实施与推广。面对类似的学生发展问题,英国政府自 2003 年颁布《每个儿童都重要》(Every Child Matters)文件以来,借鉴美国的社会情感学习项目开展的经验,提出促进儿童健康成长、安全、享受生活、作出积极贡献并促进经济福祉的五项目标,大幅度提高社会情感学习项目在全国中小学的覆盖率。具体措施包括学校干预、教师培训、重新打造学

---

① 经济合作与发展组织社会与情感能力项目首轮国际测评的参与国家为哥伦比亚、韩国、芬兰、美国、土耳其、俄罗斯、加拿大、波多黎各、中国。

习环境、社会情感教育的课程实施等,必要时给予学生针对性的辅导,致力于打造情感学习的学校管理制度与实施体系。[14]由此可见,国家层面认为,社会与情感能力是本国教育发展的关键目标,是需要通过学校教育进行培养的重要技能,通过教育法案或政策实现教育发展的有效引领。

三是主题课程落实。教育政策法案可以通过多种方式转化为学校实践,而课程标准和实施指南是系统连贯的促进社会与情感能力发展的直接参照,并通过专门课程、综合课程或主题课程予以落实。具有强烈社会与情感能力课程框架的一个很好例子是澳大利亚十年级基础课程,它确定了七个"一般能力",包括"文学理论""计算能力""信息和通信技术能力""批判性和创造性思维""个人和社会能力""道德理解"和"跨文化理解"。其中,"个人和社会能力""道德理解"和"跨文化理解"作为社会情感的技能要求不会作为课程中的单独主题添加,而是作为跨主题进行处理。例如,数学课程可以通过提供主动性、决策、沟通过程和发现的机会,以及在数学课堂中独立和协作地工作任务来增强"个人和社会能力"。[15]课程标准框架是衡量教育质量的准绳,无论在国家层面、地方层面还是在学校层面,课程标准框架的制定为课程的实施及评价提供了判断依据。

在课程的落实上,通用课程、专门课程、学科课程整合、借助社会资源推动课程等形式来促进学生社会与情感能力的提升。例如,很多国家和地区的通用课程包括体育和健康教育,社会与公民教育以及道德或宗教教育等课程;[16]在英格兰,个人、社会、健康和经济教育(Personal, Social, Health and Economic,简称 PSHE)作为非法定的专门课程在初中提供,通过帮助学生建立自己的个人身份、自信、自尊、作出职业选择以及了解影响他们决策的因素;[17]自 2020 年 9 月起,英格兰地区的小学必须开设关系教育课程,中学必须开设关系与性教育课程,所有中小学都必须开设健康教育课程,这些课程都重点教授积极关系的建构。[18]在学科课程整合上,爱尔兰自 2014 年 9 月起采用了针对初中学生的新课程,该课程更加重视所有学科的学生的社会情感发展,这个新课程包括六个关键技能:管理自己;身心健康;善于沟通;富有创造力;与他人合作;管理信息和善于思考。这些技能体现在所有课程规范的学习成果中。[19]

以上推动社会与情感能力培养的国际经验集中在项目式学习、能力测量与评估、政策引领、课程落实四方面,涉及政府、学校、教师等多元主体。项目式学习成为当前的主流方式,社会与情感能力的测量和评估引领着科学培养与实践干预的方向,教育政策中强调了责任感、合作能力、情绪稳定性等社会与情感能力的重要性,多类型的课程实施使社会与情感能力在学科内与学科间得到了解决。这些经验对于我国教育改革推进社会与情感能力的培养具有重要的启示意义,同时,面对后疫情时代的新形势、新变化和新要求,也要求我们进一步审视当前我国学校教育中培养学生社会与情感能力存在的问题,以更好地系统实施相关政策和措施。

三、 当前学校教育中培养学生社会与情感能力的瓶颈

促进学生社会与情感能力的发展是学校教育的应有之意,是教育的重要目标。在社会发展的新要求和国际教育发展的驱动之下,我国基础教育发展过程中也从未停止过对育人模式与内容进行改善的各种尝试,但由于受制于种种因素,学校的变革困难重重,尤其在重点培养学生社会与情感能力方面仍存在一些障碍。

1. 评价文化的束缚

在当前传统教育观念和高校人才评价、选拔机制未有改变的情况下,不少中小学校仍以片面追求升学率和学生考试分数为主。在选择发展目标上,学校到底是为了学生个性全面发展,综合素质提高的长远利益,还是为了取得高分、提升升学率的眼前利益?对这个问题的回答与认识,影响学校育人模式变革的有效性和针对性,影响学校究竟把学生社会与情感能力的培养放在什么位置。

2. 缺乏完善的社会与情感能力课程体系

学校育人最重要的渠道是课程育人，但前提是要有合理的课程体系。在中小学校当前的课程实践中，在课内，仍然是各学科课程为主，在落实学科核心素养的要求下，虽然也涉及学生社会与情感能力的培养，但仍以认知技能的培养为主要目标，德育工作不系统，音、体、美教育被忽视或被"压榨"导致育人效果不明显。[20]在课外，综合活动缺乏针对性，活动流于形式，与校外课程资源没有有效结合。在国外，美国是开展社会与情感能力培养比较成熟的国家，从国家教育法案，到各州课程技能框架，再到地方学校的校本课程开发，社会与情感能力培养的课程体系较为完善。[21]如前文所述，澳大利亚根据不同年级学生发展的规律，制定了不同年级社会与情感能力发展课程标准，开发了专门课程。而在我国，关于教育发展的政策方针虽有对人才培养目标的指引，但针对学生社会与情感能力的培养，尚未从课内与课外构建起完善有效的课程体系，尤其是在后疫情时代，线上教育与线下教育的结合成为常态，这也为课程体系的开发与完善提出了新要求。

3. 教师的社会与情感能力水平亟待加强

疫情的发生对教师也产生了重要影响，教师也面临着压力和逆境，教师的能力和需求需要重点关注。不少中小学教师是在应试教育环境中成长的，专业化水平的提升主要围绕如何将学科知识传授好，围绕如何把课上好而进行。受过去重视学生认知能力发展的影响，教师的社会与情感能力存在"先天不足"与"后天停滞"现象，导致教师在教育教学中更多地传授知识，忽略培养学生健康人格，漠视学生情感需要。[22]大量研究表明，教师积极的情感、良好的人际关系和健康的人格，才是教师发挥育人职能最核心的能力，才能更有效地促进学生自由全面的发展。同时有研究表明，教师影响认知、社会与情感能力的水平在很大程度上是独立的，这意味着一些教师可能特别擅长塑造儿童的社会与情感能力，但不一定擅长塑造他们的认知能力,反之亦然。[23]而当前,教师作为影响学生发展最重要的主体,作为引领者,其自身对社会与情感能力的概念尚未有系统的把握,也没有经过科学的培养提升。现阶段,面对后疫情时代育人能力的发展需要和教师自身的健康成长,教师的社会与情感能力水平亟待加强。

4. 学校育人与家庭、社区育人环境的不协调

家庭、学校、社区形成的支持性环境是儿童和青少年良好成长和发展的最佳基础,但普遍来看,家校间有联系但合作少,社区资源也未得到充分利用。究其原因,在于学校与家庭、社区的育人理念不一致,育人环境不协调。尤其在学生社会与情感能力的培养上,家庭起着非常重要的作用,疫情期间家长更多参与了孩子的学习成长,既有积极关系的塑造也有负面关系事件的发生,而提供支持性活动和温暖的家庭有助于学生社会与情感能力的提升。[24]目前,家庭比学校更重视学生的学习成绩,家校在认知能力的提升上容易达成一致,但在社会与情感能力的培养上尚未达成统一。同时,社区学习环境最重要的组成部分是非正式学习,非正式学习涉及学校以外的一系列课外、公民和文化活动,与学生的学业、社会能力的积极变化有关。[25]非正式学习依赖于校外社区活动的可用性,社区的育人环境仍需要进一步统筹,学校与社区的合作应进一步加强。

四、 促进学生社会与情感能力培养的政策讨论

基于时代发展的社会背景,我国教育发展立足能力本位,在战略及政策层面向来强调促进学生能力的全面发展,并在不同时期根据人才培养的需要调整优化能力培养的要求。2010年7月发布的《国家中长期教育改革和发展规划纲要(2010—2020年)》强调全面实施素质教育,着力提高学生服务国家服务人民的社会责任感、勇于探索的创新精神和善于解决问题的实践能力。2019年2月中共中央、国务院印发《中国教育现代化2035》,强调要发展素质教育,全面提升学生的意志品质、思维能力、合作

能力、创新能力等综合素质,提高身心发展水平。国家政策中强调的能力培养与当前国际社会普遍重视社会与情感能力培养相吻合,也符合后疫情时代教育发展的未来指向。学生社会与情感能力的培养是一个系统工程,可探讨在以下五个方面进行落实。

1. 在政策理念上,社会与情感能力的培养应在国家教育政策中予以明确

在国际上,大多数国家的政策法案和课程方针中在不同维度涉及社会与情感能力的多数具体能力,培养学生社会与情感能力成为每一个教育系统的重要目标,引领了本国教育发展的路向。基于此,结合后疫情时代社会发展的要求和我国教育发展的实际,应全面深入理解社会与情感能力的必要性、重要性以及社会与情感能力各维度的功能并促进均衡发展,深刻认识社会与情感能力培养之于国家、社会及个人发展的重要作用,应建立对培养学生社会与情感能力的体系性认识,将社会与情感能力的培养上升到国家教育发展战略的高度来考虑相关政策目标的调整与优化,出台详细的社会与情感能力培养指导方针,通过政策理念的引领,为学生在当下及未来发展过程中获得幸福与成功做好能力准备。

2. 在课程改革上,课程教学从注重认知能力培养向社会与情感能力拓展

教育质量提升的根本在于基于学生发展的学校课程与教学的变革,学校课程与教学中注重学生认知能力发展,忽视社会与情感能力培养的整体现状尚未得到根本转变,而培养学生社会与情感能力是改变当前学生能力结构失衡的内在诉求。国际组织及一些发达国家的课程技能框架中普遍重视认知能力同社会与情感能力的结构均衡,否则结构的失衡必然带来价值的失衡,在应试教育导向较为严重的国家,尤其是在我国,过分注重考试成绩、过分重视认知能力培养使得学生的身心健康与全面发

展受到限制,学生的发展迫切需要提升合作、社交能力、创新与批判性思维等方面的社会与情感能力,学生要提升个人竞争力、为未来生活做好准备,就要求关于学校课程的政策或能力框架改变能力结构培养失衡的现状,学校课程及学科教学要创新举措,从注重认知能力培养向社会与情感能力拓展,使学生认知能力同社会与情感能力的发展取得平衡。

3. 在能力评估上,合理使用评估指标和测评结果以确定发展性的策略

准确把握学生的社会与情感能力水平是促进学生全面发展的需要,也是改进教学实践的关键步骤。经济合作与发展组织实施的国际学生社会与情感能力测评项目为科学测量学生的社会与情感能力水平及分析影响因素提供了可借鉴的评估路径,以向教育政策制定者、教育实践者提供对针对性改革和教学干预的有力证据。同时,许多国家在其教育目标和课程技能框架的引领下为学校制定了评估学生社会与情感能力的指导方针,并在学生的成绩单中包含社会与情感能力的表现评估。在这里,评估社会与情感能力通常不是为了学生的晋级或认证,也不是为了评价教师。相反,评估倾向于以一种形成性方式,帮助教师和学生准确把握他们在社会与情感能力方面的优势和不足。在我们的教育评估中,应科学合理使用社会与情感能力的评估指标和测评结果,以对促进学生的能力提升确定有针对性和发展性的改进策略。

4. 在教师发展上,提升教师开展社会与情感能力教育的专业品质和素养

教师在促进学生社会与情感能力的发展,促进学生成长和获得人生幸福的道路上扮演着重要角色。教师的社会情感品质是彰显教师专业内在的关键价值尺度。[26]学校要调动教师在教育理念、教学实践中树立培养学生社会与情感能力的主动意识,充分认识教师引领学生素质健康发展的关键作用。在促进教师专业化提升的过程中,应注重提升教师自身的社会与情感能力,促进教师的成长与蜕变,同时给教师专业化赋予新的内涵。要调动教师探索在班级管理、课堂教学、课外活动中培养学生社会与情感能力的技能和方法,注入情感力量,师生共同应对挑战、解决现实问题,形成和谐的师生关系,促进科学知识同社会与情感能力培养的相互结合。

5. 在落实保障上,形成课内与课外、服务与管理及多元主体协同机制

教育培养目标和课程技能框架等政策层面的改进必然要求实践中的改进落实,以形成有效的制度保障和落实机制。首先,课程活动是培养学生社会与情感能力最重要、最有效的渠道,要实现课程教学与课外活动的有机衔接,社会与情感能力的培养通过专门课程、学科课程和综合课程等方式实现全方位的覆盖,同时要重视课外活动在培养学生社会与情感能力上的重要价值,国家应制定课外活动的指导方针,规范活动的类型和时间等要素,发挥学校自主权,以科学有效地开展课外活动。其次,地方政府部门和学校要为学生社会与情感能力的培养创设有利的制度环境,合理分配资源,创新活动载体,服务于学生的全面成长。再次,除了学校教师外,家长和社区也是育人的主体,社会与情感能力的培养更多是在建立支持性的环境、进行沟通交流以及榜样示范的过程中不断实现提升,因此要发挥学校、教师、家长和社区等多元育人主体的合力作用,形成育人导向的重大事件应对机制,形成培养学生社会与情感能力的多元协同机制。

参考文献

[1] 李文昊,祝智庭.改善情感体验:缓解大规模疫情时期在线学习情绪问题的良方[J].中国电化教育,2020(05):22-26+79.

[2] 马向真,王章莹.论情绪管理的概念界定[J].东南大学学报(哲学社会科学版),2012,14(04):58-61+127.

[3] 范国睿.智能时代的教师角色[J].教育发展研究,2018,38(10):69-74.

[4] UNESCO. Incheon Declaration and SDG4 — Education 2030 Action Framework [EB/OL].(2018 - 10 - 19)[2020 - 03 - 22]. http://unesdoc.unesco.org/images/0024/002456/245656e.pdf.

[5][10] OECD. Skills for Social Progress: The Power of Social and Emotional Skills [M/OL]. Paris, OECD Publishing, 2015[2020 - 03 - 24]. https://doi.org/10.1787/9789264226159 - en.

[6] Webster-Stratton, C., & Reid, M. J. Strengthening Social and Emotional Competence in Young Children — The Foundation for Early School Readiness and Success [J]. Infants & Young Children, 2004, 17(2): 96 - 113.

[7] Durlak, J. A., Weissberg, R. P., Dymnicki, A. B., et al. The Impact of Enhancing Students' Social and Emotional Learning: A Meta-Analysis of School-Based Universal Interventions[J]. Child Development, 2011, 82(1): 405 - 432.

[8] Nelis, D., Kotsou, I., Quoidbach, J., et al. Increasing emotional competence improves psychological and physical well-being, social relationships, and employability[J]. Emotion, 2011, 11(2): 354 - 366.

[9] Collaborative for Academic, Social, and Emotional Learning. The 2013 CASEL guide: Effective social and emotional learning programs — Preschool and elementary school edition [EB/OL].(2017 - 12 - 06)[2020 - 03 - 24]. http://www.casel.org/preschool-and-elementary-edition-casel-guide/.

[11] Schools of the Future: Defining New Models of Education for the Fourth Industrial Revolution (2020 - 01 - 14)[2020 - 05 - 26]. https://cn.weforum.org/reports/schools-of-the-future-defining-new-models-of-education-for-the-fourth-industrial-revolution.

[12] New Vision for Education. Fostering Social and Emotional Learning Through Technology [EB/OL]. (2016 - 03 - 10)[2020 - 03 - 24]. https://cn.weforum.org/reports/new-vision-for-education-fostering-social-and-emotional-learning-through-technology.

[13] Zins, J. E., Weissberg, R.P., Wang, M.C., & Walberg, H.J. Building Academic Success on Social and Emotional Learning: What does the Research Say? New York: Teachers College Press, 2004: 189 - 208.

[14] UK Government. Every Child Matters [EB/OL].https://www.gov.uk/government/publications/every-child-matters.

[15] AustralianCurriculum.www.australiancurriculum.edu.au/GeneralCapabilities/Overview/general-capabilities-in-the-australian-curriculum.

[16] Lapsley, D.&D.S. Yeager (2012). "Moral character education", in W.M. Reynolds, G.E. Miller and I.B. Weiner (eds.), Handbook of Psychology: Vol. 7. Educational Psychology, 2nd ed., John Wiley and Sons, Inc., New Jersey.

[17] Source: Israel Ministry of Education (2008). "Life skills in primary schools" (in Hebrew), Ministry of Education.

[18] 马文婷.英国关系、性与健康教育的课程建设[J].上海教育,2020(20):10 - 13.

[19] Department of Education and Skills (2012). "A Framework for Junior Cycle", Department of Education and Skills, Dublin.

[20] 刘志.县域教育行政部门落实立德树人工作的角色、瓶颈与路径——基于教育政策执行的视角[J].中国电化教育,2020(07):38 - 44.

[21] Durlak, J. et al. (2011). "The impact of enhancing students' social and emotional

learning: A meta-analysis of school-based universal interventions". Child Development, Vol. 82, No. 1, pp. 405－432.

[22] 李福灼.教师发展引领学生社会情感学习[N].中国教育报,2018－11－21.

[23] Jackson, C. K. (2013). "Non-cognitive ability, test scores, and teacher quality: Evidence from 9th grade teachers in North Carolina". NBER Working Paper, No. 18624.

[24] Baxter, J. & D. Smart (2011). "Fathering in Australia among couple families with young children". Occasional Paper, No. 37, Department of Families, Housing, Community Services and Indigenous Affairs, Australian Government, Canberra.

[25] Conway, A. (2009). An Investigation into the Benefits of Extracurricular Activities Like Clubs and Societies to Students and Colleges: Are These Benefits Evident in the Opinions and Perceptions of Staff and Students in DIT? Dublin Institute of Technology.

[26] 王坤,朱小蔓.情感文明：教师育人素养的关键价值尺度[J].中国教育学刊,2019(05)：75－79.

作者简介

刘　志　华东师范大学教育学系博士生、讲师

安连义　泰山学院副教授

电子邮箱

ecnuliuzhi@163.com

Chapter 16

后疫情时代学校综合实践活动课程的价值再认与实践重构

史加祥　濮玉芹　陈金良

摘　要： 2020年初受疫情影响，我国开展了大规模线上教学，尝试了各种形式的"停课不停学"教学模式。随着疫情的缓解，基础教育进入后疫情时代。疫情期间的线上教学以学科课程为主，暴露出学生兴趣动机缺失、自主学习能力较差等问题。后疫情时代对学校综合实践活动课程的变革提出很大的期望，因其有着独特的育人价值和实施空间，在"双线融合"的基础上开展综合实践活动课程的"双线建构"，构建综合实践活动课程的全纳结构，发挥课程既关注基础通识又兼顾个性差异的价值，促进学生身心智慧发展，为学生成为未来具有主体性智慧的人奠定基础。

关键词： 后疫情时代；综合实践活动课程；课程目标；实践重构

2020年初的疫情令全国按下了暂停键，中小学校纷纷推迟开学。在随后的时间里，超过2亿的在校生转向线上课程学习，全国各地通过各种平台和形式开展线上教学的探索与实践，为在线教育的发展按下了快进键，保证了"停课不停学"的顺利实施。上海在疫情期间的"空中课堂"覆盖全市中小学生143万人、4.2万个班级，尽管在线学习的时间长达两个月，然而学生的学习基本没有受到影响。[1]随着疫情缓解，2020年秋季如期开学，基础教育进入后疫情时代。我们需要打破原有的传统教育秩序与格局，在课程体系化重建的基础上多方面多维度深度融合，[2]思考后疫情时代学校课程的重点发展方向与学生发展的迫切需求。

一、综合实践活动课程的疫情失语与缺席

1. "空中课堂"学科课程整体出席

为了保证"停课不停学"的顺利展开,各省市根据地方特点制定了在线教学指导意见,上海市教育系统新冠肺炎疫情防控工作领导小组发布《关于做好疫情防控期间本市中小学在线教学工作的指导意见》,明确了上海在线教学的组织形式,即一个入口,全媒分发;统一课表,多元补充;优课示范,双师教学;先录后播,适时互动。

上海的"空中课堂"小学阶段每天安排 6 节课,全市按统一课程表进行教学,主要课程为基础型课程,包括语文、数学、英语、自然、劳技、美术、体育、音乐等,每节课视频直播 20—30 分钟,班级互动 10—20 分钟,互动主要是教师使用网络工具了解学生学习情况、维护学习秩序、辅导学生学习等。其他省市实施情况与上海虽略有差别,但也基本采取"录播＋线上答疑"的形式,课程表中亦以学科课程为主,以分科教学为主要组织形式。

分科教学起源于原始社会,复兴于文艺复兴到工业革命前期,兴盛于第二次世界大战时期。[3]疫情期间基础型学科课程的整体出席,体现了分科教学易于组织教学与评价,方便学生获取学科系统知识,教学效率较高的优势,[4]对学生的学习起到了保底作用。

2. 综合实践活动课程的疫情缺失

然而在疫情期间,除了基础型课程之外,研究型、拓展型课程没有出现在"空中课堂"的课表中,其他地区的综合实践活动课程在课程表中也鲜见甚至缺失。在线上教学期间,上海众多小学尝试进行了一些学科拓展或综合活动,如家务劳动、防疫知识了解等。浙江省在指导意见中也明确了小学低年级可以指导学生开展一些居家综合实践活动,如打扫卫生、整理房间等。其他省市也有各种类型的实践活动,如学生阅读实践、家庭

小实验、家庭环保服装秀、"疫情"宣传员、自制口罩等。实践活动为学生的居家学习提供了多种实践体验。虽然疫情期间居家学习的学生有了很多参与综合实践活动的机会，但很多活动由家长代劳，抑或被认为是"不务正业"。上述种种活动与综合实践活动课程之间存在本质差别，在线上学习期间也很难由学生自主完成和全面展开。

2017年教育部颁布了《中小学综合实践活动课程指导纲要》，明确指出综合实践活动课程是国家义务教育阶段的必修课，需要与学科课程并列设置，是基础教育课程体系的重要组成部分。被界定为必修课的综合实践活动课程在疫情期间为何没有像学科课程一样进入课程表？综合实践活动课程与疫情期间的探究拓展活动是否具有同样的含义？回归学校的后疫情时代，综合实践活动课程如何调适和构建实施？

二、综合实践活动课程的后疫情价值再思

2019年中共中央国务院发布了《关于深化教育教学改革全面提高义务教育质量的意见》，指出要优化综合实践活动课程结构。重视和强化综合实践活动课程是后疫情时期的发展需求和必然结果，需要在传统分科教学基础上思考综合实践活动课程的组织形态与价值体现。

1. 后疫情时代分科课程与综合课程的并存与互补共生

疫情期间的线上教学以分科课程为主，复课之后，综合课程重回课程表。但受到疫情的持续影响，小学阶段的研究型、拓展型课程还未完全回归原有的活动与组织形式。近代课程以分科为根本特征，但并不摒弃综合课程，现今课程改革中强调综合课程的趋势越来越明显。2001年教育部印发的《基础教育课程改革纲要（试行）》提出在小学阶段设置综合课程，在小学高年级阶段开展综合实践活动，适应和满足不同学生发展需求。2017年至今的课程改革的文件与指导意见中，对综合实践活动课程的性质、活动方式和评价要求等一系列问题进行了确定与解释。可见，分

科课程与综合课程在学校课程中互相交织、互补共生,因为综合是相对分科而言,分科亦是从整体分化而来,两者作为课程的两极并存,并在科学发展与社会需求中转化前进。[5]

虽然分科课程与综合课程在学校中并存,但由于综合实践活动课程涉及课程门类众多,发展目标与要求综合性强,课时难以得到持续保证。有调查发现,常规教学中将综合实践活动课程列入课表的不足20%,众多问题显示出对综合实践活动课程的价值与定位理解不到位。[6]后疫情时期需要针对疫情期间的学习现实,对分科课程与综合课程的并存状况进行界定,深入认识互补共生的辩证关系。

2. 后疫情时代综合实践活动课程的学校角色

综合实践活动课程不是学科课程的附庸或补充,它与小学阶段的其他课程互补共生,具有同等地位,有着自身独特的功能与价值。[7]由此可见,疫情期间的很多实践活动并不能归属到综合实践活动课程的范畴之中,只能作为学科的延伸和拓展,或是生活实践活动。在学校现有课程体系中,综合实践活动课程扮演什么角色?综合实践活动课程与校本课程之间存在组织结构与实践上的差别(见表1)。校本课程与国家课程、地方课程并列构成三级课程体系,属于课程管理范畴。综合实践活动课程则是一种课程组织形态,与学科课程并列但目标与价值追求上不同,弥补学科课程过分以知识传授为主引发的在功能与育人上的不足。[8]

表1 综合实践活动课程与校本课程的区别

国家课程	课程管理方式	课程组织形态	学科课程
地方课程			综合实践活动课程
校本课程			研究型、拓展型课程(小学低年级主题式综合活动课程)

除此之外,综合实践活动课程与校本课程在实践上也存在交叉地带,校本课程可以是学科课程也可以是综合实践活动课程,而综合实践活动课程有着国家和地区的统一目标与要求,学校亦可以进行校本化的理解

与实施。除此之外,很多学校将综合实践活动课程等同于兴趣课程、STEM课程、PBL教学法等,虽然都有跨学科综合的特征,但后者更偏向学习方式和活动形式,综合实践活动课程有着整体明确的目标,如价值体认、责任担当、问题解决、创意物化等。

表1中的研究型课程和拓展型课程是上海第二次课程改革中除基础学科型课程之外设置的课程,是综合实践活动课程的地方解读与特色设置。为了帮助学前儿童顺利过渡到小学学习阶段,同时落实教育部关于综合实践活动课程的指导意见,上海在小学低年级阶段开展了主题式综合活动课程的试点与实践探索,作为幼小衔接和准备期课程的整体升级,是综合实践活动课程的上海解读与小学实施方案,更是为在小学阶段全面实施综合实践活动课程做好准备。

疫情期间以学科课程为主的线上教学使得学校暂时遗忘了综合实践活动课程,因为疫情期间的教学以"保底"为主,与学校常规教学的要求有所差异,但综合实践活动课程的缺失显示出其与学科课程的角色差异。在后疫情阶段,需要对综合实践活动课程的价值以及如何发挥课程对学生综合学习能力发展的重要作用进行再思考。

3. 后疫情时代综合实践活动课程的价值思考

以学科教学为主的大规模线上教学创造了中国教育的奇迹,当我们重新回到学校教学常态时,经历过学习方式变革的学校课程的价值与实践应该得到新的诠释。作为临时解决方案的线上教学,对小学生的学科学习起到了"保底"保障,但也暴露出教师与学生学习中互动不足,学生在学习中欠缺学习的兴趣动机,自主学习能力较差,在后疫情时代的学科课程中,需要创造主动参与的学习机会与氛围,而不是控制与规训,[9]让学生具备自动自主的学习力。还有研究者指出,教师在教学期间,没有针对学生的学习样态深入分析,教师"主播"继承了传统告知和传授知识的隐喻,学科教学在疫情期间被简化为浅表的知识教学。[10]后疫情时代,回归常规教学的学科课程凸显出的问题被忙碌掩盖或者有意忽视,绝大部分学校又回到原来的旧轨道,试问如果因为其他原因再次开展线上教学,之前暴露出的问题在多大程度上会得到改变?会不会是情景再现、涛声依旧?

疫情期间缺失的综合实践活动课程,淡化学科知识,激发学生兴趣,帮助学生获得主动学习能力,在超越技术并重构后疫情时代学校课程中呈现出独特价值。后疫情时代综合实践活动课程的价值首先体现在学生的兴趣与学习投入,其次是转变知识的获得与技能的训练的学习观,给予学生学习的方法、思维的习惯和综合的素养,课程需要促进学生的学习,形成未来自主的学习力,而这正是疫情期间的线上学习显示出学生亟须提升的能力。原有的学校课程设置有的将学生当作"缩小版成人",忽视了儿童与成人的学习差异,有的将学生当成"白纸",虽然看到儿童与成人的差异,却忽略了儿童的主体性及在发展过程中产生的差异,还将学生当作"水瓶",可以灌输知识和规则。有些认识随着教育观念的转变逐渐消逝,但很多学科课程将学生当成知识"容器"的现象在教学中依旧屡见不鲜。[11]

后疫情时代的综合实践活动课程在关注学生差异上需要发挥独有的价值,学生差异包括认知与发展差异、兴趣与生活经验差异、学习风格与方法差异,学生之间存在众多差异性,然而差异性之间又存在共同性,因此差异不是指学生的个体差异,而是指具有共同差异性的学生群体,基于群体认知差异的综合实践个性化课程设置就是要充分发挥双线教学的优势,改善集体性实践活动难以关注学生差异多样性、同质性的不足,促进学生身心智慧发展,为学生成为未来具有主体性智慧的人奠定基础。

三、综合实践活动课程线上线下融通共生实践

复课之后的学校课程回复了以往的结构体系,复课后能否超越原来的教学模式?"双线混融"可以作为突破点进行探索与实践,在这之前需要对线上线下的混融教学的理论基础和实践策略深入研究,对疫情期间

以学科课程为主的线上教学出现的问题提出推进和深化的解决方案。后疫情时代,综合实践活动课程回归学生的学习,在线上线下混融教学的过程中,需要对综合实践活动课程的混融理论起点和实践策略进行有效的构建,为学生的自主学习奠定基础。

1. 综合实践活动课程"双线融通"的发展必然

后疫情时代线上线下的"双线教学"能否从"各自为战"转变为"双线融合",回归学校之后的课程教学?线上与线下教学的融合不是形式上的叠合相加,而是要从课程的本质角度进行复杂性的"融通"思考与实践,双线教学是学校课程里一种全新的教学体系,线上线下不存在前后时间差异,而是在课程学习过程中同时发生及时补位的"共时性"教学系统。[12]

后疫情时代,综合实践活动课程需要发挥其课程价值,从课程内容"融通"与活动过程的"共时"进行建构(见图1)。综合实践活动课程需要解决的首要问题是学生自主学习并学会学习。从大规模线上教学的实践

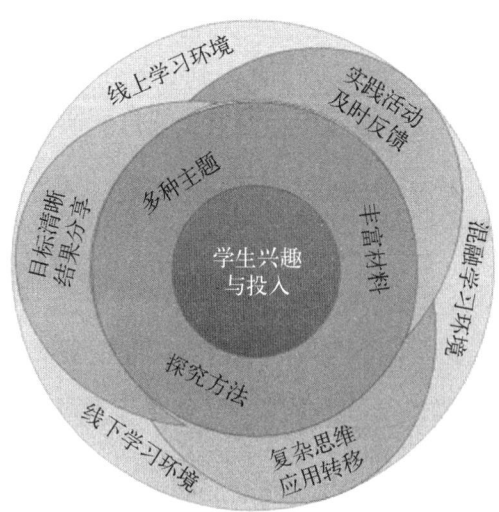

图1 综合实践活动课程的建构思考

来看,小学生个体间的学习差异很大,但学习效果较好的主要是自主学习能力较强的学生,而自主学习能力的核心要素则包括学习的兴趣与内在动力,对学习的规划与管理等。[13]因此,在综合实践活动课程建构过程中,要将学生兴趣与投入作为核心问题,激发学生学习的内需与动机,让学生进入学习状态并为此而努力。在此基础上,通过多种主题活动、丰富适切的材料和各种探究方法的持续迭代活动,帮助学生学会学习并形成学习力,线上与线下指的是学习与活动环境的差异,是对学生学习不同需求的满足。

综合实践活动课程需要制订明确的整体性目标,期望在真实活动的体验过程中,在丰富资源的支撑下,课程目标逐步落实与达成,除了显性目标的达成,综合实践活动课程更关注学生无形经验的获得,重视学生在活动中形成"学习力",为学生未来发展奠定基础,从而实现课程的价值。后疫情时代的综合实践活动课程(见图2),在整体设计的同时需要融合线上线下,达到共生共长的目的,双线融合学习的基础是高质量的学校和家庭网络,学生也需要有适合易得的移动终端,学会利用信息技术的方法与技能,在具身学习和线上学习的同时发生,让学生获得无形经验并自主成长。

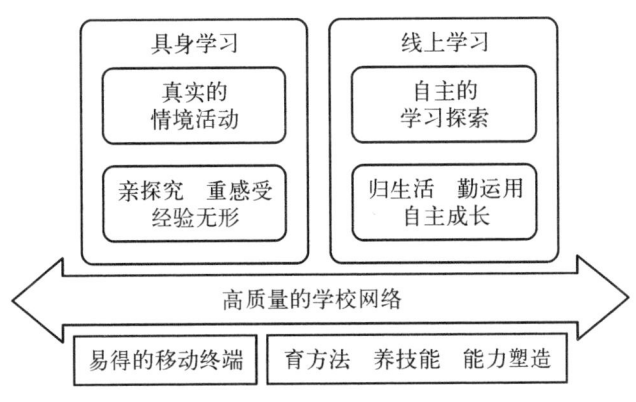

图2 综合实践活动课程的"双线融通"模式

2. 综合实践活动课程"双线构建"的整体设计

综合实践活动课程的"双线融通"建立在对课程目标的整体化设计和

系统实施上,综合实践活动课程基于 ADDIE 教学设计模型[①]并对其进行延伸和对主题进行系统设计,在实践中对过程和实施步骤进行优化(见图3)。在小学阶段,活动的主题对于学生的实践有着非常重要意义,课程之所以确立了我与自己、我与社会、我与自然三个大模块,就是期望开发课程时选择学生感兴趣、贴近学生学习和生活的主题。

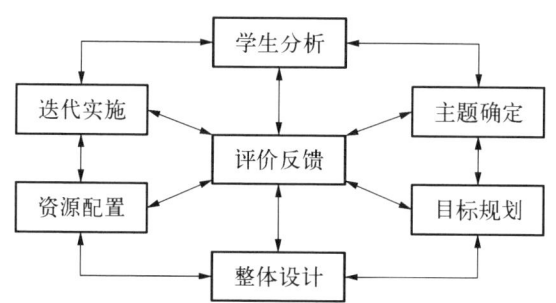

图3　综合实践活动课程的整体设计与实施

表2呈现的是在实践过程中开发的小学低年级综合实践活动课程部分主题,从主题名称显示了活动实践内容与学生之间的关系,主题能够充分关注学生的兴趣以及已有的学习经验和认知过程,体现出学生视野。主题的来源多样,有教师从学校已有的课程和其他教材中引申而来,也有从学生的学习和生活中产生的主题。在每轮实践之后,让教师和学生对实施的主题进行评价与反馈,在迭代实施之后,对学生喜欢的主题进行调整完善,对学生不感兴趣的主题展开修改或删减,在整体系统的设计与实施后形成适合小学生的综合实践活动主题群。

"目标规划"则是从课程的价值出发进行的整体架构,在对《上海市小学低年级主题式综合活动课程指导纲要(征求意见稿)》课程目标进行细化解读的基础上形成了低年级综合实践活动课程三大模块九大目标二十七小点的目标体系(见图4),目标体系的整体规划体现了淡化知

---

① ADDIE 模型是一套系统发展教学方法、培训课程开发的模型之一,ADDIE 模型就是从分析(Analysis)、设计(Design)、发展(Develop)、执行(Implement)到评估(Evaluate)的整个过程。

识规范与要求，强调过程性和技能性的要求，尤其侧重感受、体验、兴趣、态度等。[14]

表2 小学低年级综合实践活动课程部分主题

模块	我与自己	我与社会	我与自然
主题名称	认识我自己	同学友爱真快乐	探秘小蜗牛
	自理小能人	民间游戏真好玩	苗草小天地
	保护我自己	家庭社区真热闹	水中小秘密
	记忆小超人	健康自护真安全	小小建筑师

图4 小学低年级综合实践活动课程目标体系

在主题确定之后对目标进行重组，增加主题活动与目标之间的契合度，并绘制成目标发展雷达图。图5是"健康自护真安全"主题目标雷达图，从图中可以看出，该主题的主要发展目标为"遵守规则"和"管理自己"，其中"遵守规则"中又以"规则意识"和"安全防范"为重点发展目标，"管理自己"以"自主自理"和"自我保护"为重点发展目标。期望在该主题的活动之后，学生在雷达图中的目标能够基本达成。在小学阶段具有独特目标指向主题的持续实践活动中，"双线融通"的综合实践活动课程的新组织方法与形态，清晰表明课程与学科课程之间的差别，即以学生切身经验和能力发展替代原有以知识为表征内容获得，[15]综合实践活

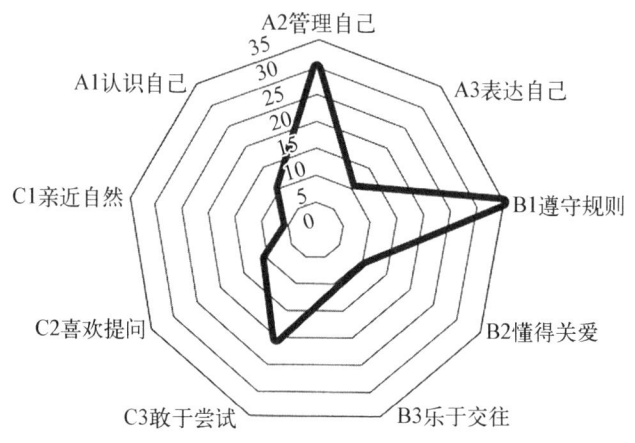

图 5 "健康自护真安全"主题目标雷达图

动课程目标的雷达图会逐渐补充与完整,最终形成一个完整的课程目标"圆"(见图 6),学生各方面的能力与素养在迭代实施中不断发展和补充,指向学生综合素养的全面提升。

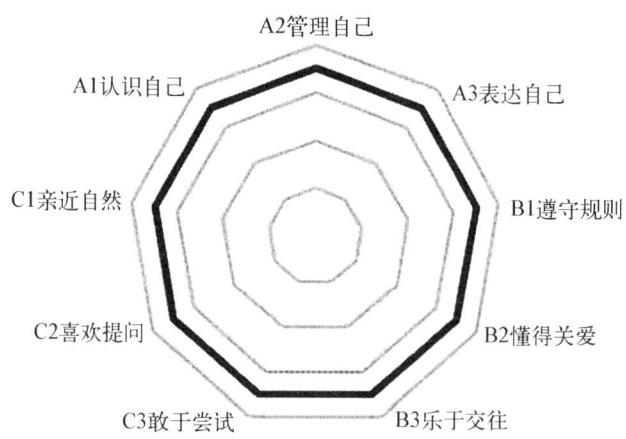

图 6 小学低年级综合实践活动课程目标"圆"

在目标达成的过程中,充分利用线上线下教学方式,融合并发挥信息技术在学生学习过程中的优势作用,同时重视线下活动的真实体验与互动,全方位多维度地开展综合实践活动课程。

3. 综合实践活动课程个性化设置的时代需要

伴随互联网技术和人工智能技术的发展,很多人觉得后疫情时代的教育方式正由群体教学向个性化教学转变,如何开展精准化、个性化教学已然成为教育研究的重点和热点课题。个性化设置的主要目的是让学生形成与其实际情况相符的自主学习力,疫情期间的在线教学带来新的教学形态。也有很多研究者指出,个性化学习已经成为现实,在各种新技术,如物联网、云计算和大数据的支持下,根据学生开放性、需求性进行个性化教学将成为常态。[16]"双线融通"的综合实践活动课程应综合学习分析技术、大数据技术,对学生学习力发展进行全面关注,同时综合多元学习方式,如在线协作与探究、人机互动学习等。[17]

"双线融通"的综合实践活动课程为在小学阶段开展个性化设置的逻辑起点是维护教育公平,是通过有效方法来识别不同个性差异的儿童,采用相对比较弹性的教学方式和灵活的课程体系为具有不同个性差异的群体学生提供适切的教育,使得每一个儿童都能得到充分发展。[18]识别的目的不是为了给学生贴标签和归类,而是需要在课程上采取行动,不同个性差异的学生群体都有着特殊的课程需要。[19]学校综合实践活动课程设计的出发点是承认学生存在差异,在此基础上发挥课程价值与作用,保证过程公平,这意味着课程需要对每一个学生平等,还包含对不同差异群体的适切对待。这是对综合实践活动课程基础性和底线式平等对待的确定与强化,也是对不同学生差异发展现实的尊重,并在此基础上设置适合个体发展需求多样性的对待方式。[20]

综合实践活动课程在学校中的组织形式多样,有着不同的理解与发展现实(见图 7)。绝大部分学校实施的综合实践活动课程采用了统一型课程的形式,课程设计从所有学生出发,追求整齐统一。疫情期间,无论是学科课程还是综合实践活动,都采取了统一实施形式。在此种课程组织形式中,必然有一部分学生难以融入课程的学习中,抑或课程的目标难以全部实现,学生的差异性也难以在统一型课程组织形式中得到适切的关注与对待。

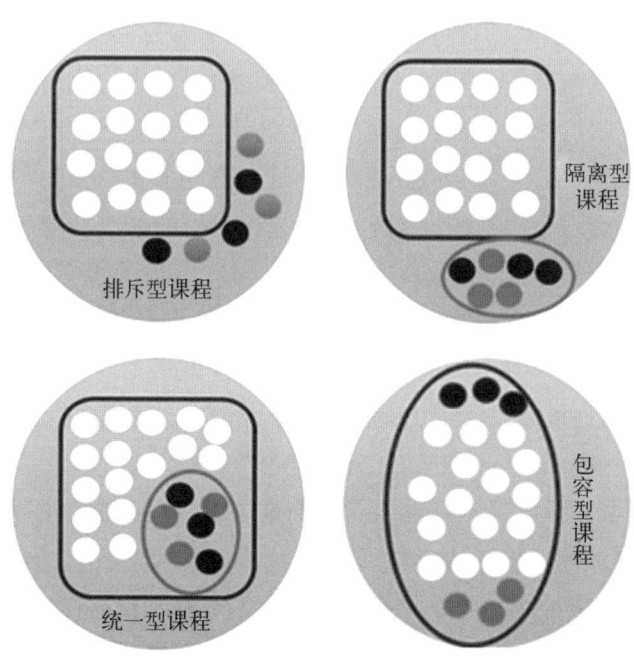

图 7 综合实践活动课程的学校组织形式与类型

小学低年级个性化综合实践课程的组织形式为包容型课程,是在统一规划、差异设计的基础上实现课程包容与发展的价值。包容型综合实践活动课程呈纺锤形:首先是小学阶段所有学生被纳入课程的设计与规划;其次在满足学生共性需要的同时,关注学生的差异性,即关注处于纺锤形两端的学生的发展差异与需求;最后是在课程统一设置的基础上进行两端个性化课程的设计。学校在整体设计与迭代实施的基础上,让每个学生能够在实践活动中学习、体验和发展,尽可能达成课程目标"圆"。然而在学校的实际实施中发现,有一部分学生在课程目标"圆"的发展中会存在缺失,也有一部分学生在课程目标"圆"的某一个方面会特别突出,综合实践活动课程需要帮助存在缺失的学生尽量弥补不足,也需要促进与强化学生凸出部分发展(见图 8)。为此,在"双线融通"的教学与技术背景下进行个性化课程的设计,形成综合实践活动全纳课程,在原有课程的基础上,针对有个性化发展需要的学生设计出"资优发展"课程和"特需发展"课程。"资优发展"课程针对在常规综合实践主题活动中表现较好的学生,根据他们的个性化发展需要开展针对性的"项目化"活动或研究,"资优发展"课程的目标与实施策略正在建构与设计中,期望在上文现有综合实践活动课程的基础上也形成"资优发展"的系列课程(见图9)。

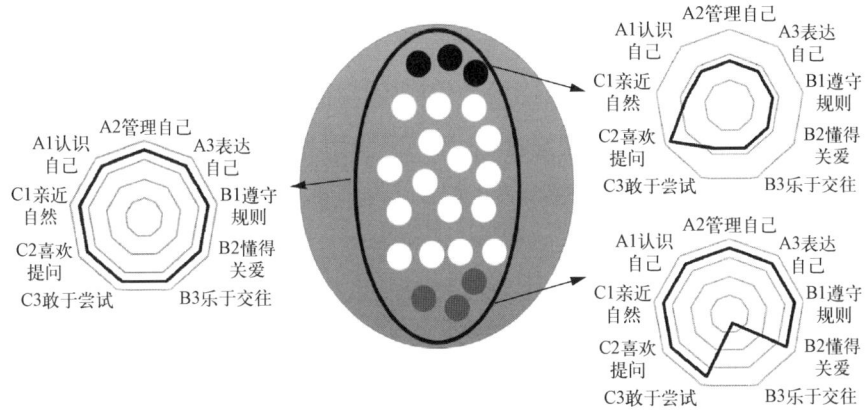

图8 小学低年级综合实践活动课程目标"圆"的发展现实

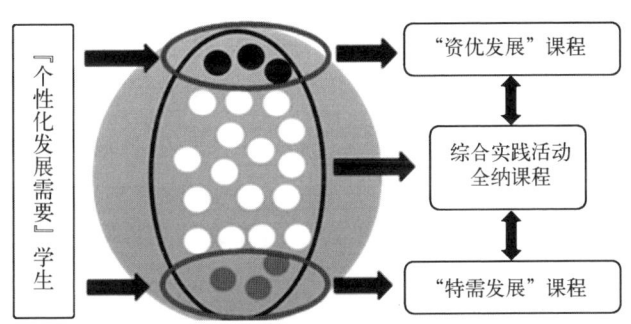

图9 小学低年级综合实践活动全纳课程结构与组成

"特需发展"课程的建构与设计相较于综合实践其他课程更复杂,厘定"特需发展"的学生需要专业的帮助与指导,尤其涉及行为、情绪与心理特殊发展需要的学生,需要儿童学习与心理发展、脑科学等方面的专家参与到课程的设计与实施过程中,关注学生在课程实施过程中的表现,对过程进行及时的干预和矫正设计,帮助有特殊发展需要学生,为他们的未来学习与生活奠定基础。在上述综合实践活动全纳课程扎实实施的基础上,学生能够逐步形成适合自己的自主学习能力,能够在分科知识与技能不断丰富充实的基础上综合应用,促进学生整体与个性发展。

后疫情时代教育的"双线融通"模式就是要打破"网线"界限,强调"融合"或"融通",在混融中"共生",[21]体现在综合实践活动课程中,就是在保证课程目标的整体设计(基础性特征),充分尊重学生发展的差异性(个性化设置)的基础上,充分利用和发挥线上线下的优势,将网络学习和移动终端使用等作为学生学习力的组成部分,利用人工智能技术关注学生学习过程与差异,构建双线融通的课程模式与有效实施策略,促进学生综合学习力的提升,为每个学生的发展提供可能。

参考文献

[1] 梁林梅,蔡建东,耿倩倩.疫情之下的中小学在线教学:现实、改进策略与未来重构——基于学习视角的分析[J].电化教育研究,2020(5):5-11.

[2] 李政涛.后疫情时代,基础教育向何处去?[J].基础教育,2020,17(3):94-98.

[3] 李泽林.分科教学:历史、问题与趋势[J].教育史研究,2014(02):81-88.

[4] 张明蓉,曾蓉,庄昭燕,刘衍玲,郭成.从分科·整合走向互补:基于学生素养发展的学校课程实践[J].现代中小学教育,2019,35(12):1-5.

[5] 陈彩燕.论整合课程与分科课程的并存关系[J].华南师范大学学报(社会科学版),2004(03):119-124+160.

[6] 郭洪瑞,雷浩,崔允漷.忠实取向下综合实践类课程实施问题与对策研究[J].课程·教材·教法,2020,40(04):23-30.

[7] 张华.论"综合实践活动"课程的本质[J].全球教育展望,2001(08):11-19.

[8] 马玉琪.综合实践活动课程与校本课程的关系探析[J].教育理论与实践,2012(08):7-10.

[9] 崔允漷,余文森,郭元祥,等.在线教学的探索与反思(笔谈)[J].教育科学,2020,36(3):1-24.

[10] 徐猛,李玲.从大规模在线教学的问题看常态化课堂教学的改进[J].中小学教师培训,2020(8):1-4.

[11] 严仲连.幼儿园个性化课程研究[D].南京:南京师范大学,2005.

[12] 李政涛.基础教育的后疫情时代,是"双线混融教学"的新时代[J].中国教育学刊,2020(5):前插3.

[13] 桑新民.后疫情时代:探究返璞归真的教育创新系统工程[J].广西师范大学学报(哲学社会科学版),2020,56(05):45-58.

[14] 史加祥,陈金良,何园英.小学低年级主题式综合活动课程的现存问题与实践策略[J].教育参考,2020,4:5-10.

[15] 成瑶,王玲玲.综合实践活动课程的涵义、实质与价值澄清[J].现代教育科学(普教研究),2011(3):142-143,52.

[16] 刘晓琳,黄荣怀.从知识走向智慧:真实学习视域中的智慧教育[J].中国电化教育,2016(03):14-20.

[17] 万昆,郑旭东,任友群.规模化在线学习准备好了吗?——后疫情时期的在线学习与智能技术应用思考[J].远程教育杂志,2020,38(03):105-112.

[18] 李翠翠.美国、英国和澳大利亚资优教育国际比较及启示[J].外国中小学教育,2019(4):19-29.

[19] 缪学超.英国全纳教育进程中的普通学校:职责、经验、挑战与启示[J].中国特殊教育,2019(6):21-28.

[20] 杨小微.在教育公平意义上理解和运用增值评价[J].教育测量与评价,2020,8:6-8.

[21] 李政涛.基础教育的后疫情时代,是"双线混融教学"的新时代[J].中国教育学刊,2020(05):5.

作者简介

史加祥　上海市金山区第一实验小学教师、中学高级教师,华东师范大学教育学部教师教育学院课程与教学专业博士生

濮玉芹　上海市金山区教育学院小学教研室主任,中学高级教师

陈金良　上海市金山区教育学院小学教研室教研员,中学高级教师

电子邮箱

39003971@qq.com

Chapter 17

后疫情时代灾难化思维的教育干预[*]

——兼论新冠肺炎疫情下灾难化思维的发生与后果

闫 闯

> **摘　要：** 在危机和灾害的情境面前，人具有恐慌的本能和权利。但急性恐慌和过度担忧，会唤醒人的非理性恐惧，酿成夸大事件恐怖结果的灾难化思维。突发的新冠肺炎疫情容易使人滋生极度恐慌的心理，在生物机能、病毒易感、网络媒介、认知偏差的多方酿制之下，灾难化思维悄然登场。作为一种病态性思维方式，灾难化思维给个体带来身体苦痛、关系断裂、价值虚无三种危害后果，指向生命意义上"存在的不安"，可谓另一场"公共危机"。在后疫情时代，灾难化思维的教育和干预势在必行。教育实践应当秉持变危机为契机的理念，借由恐慌意识教育、疫情风险教育、媒介素养教育和生命意识教育，促进个体学会认识灾难，掌握规律，集聚正能量，增强自信心，更使人在疫情风险不时而来的现代社会中，具有战胜危机的决心和勇气，心怀正向力之坚守。
>
> **关键词：** 后疫情时代；灾难化思维；教育干预；存在的不安；新冠肺炎疫情

"任何传染性疾病的流行都可能造成社会心理恐慌。"[1]重大疫情灾害下，"由于不确定性高，时间紧迫，人们面临高度的风险和威胁，极易出现一些群体恐慌、群体怨恨和非理性行为"，[2]产生"相当的心理压力和情绪问题"，[3]形成心理学家阿尔伯特·埃利斯（Albert Ellis）所言的"灾难化思维"。[4]灾难化思维是一种非理性恐惧，它夸大了事物本身

---

[*] 本文系广东省普通高校新冠肺炎疫情防控科研专项"公共突发事件下大学生道德成长风险与规避对策研究"（课题编号：2020KZDZX1142）阶段性成果。

的风险及其发生的可能性,故而是病态的、有害的,具有十足的破坏性,容易导致个体产生巨大的恐慌情绪和痛苦心理。[5]恩格斯认为,"没有哪一次巨大的历史灾难不是以历史的进步为补偿的"。[6]要在重大疫情危机中实现历史的进步,就需要从伤痛中吸取教训,将破坏性危机转为人的发展与社会发展的建设性契机。因此,本研究从灾难化思维的概念剖析出发,以新冠肺炎疫情为例,探讨重大疫情下灾难化思维的发生机制和危害后果,提出后疫情时代灾难化思维的教育干预策略,进而降低灾难化思维带给个人和社会的不利影响,变公共危机为教育契机。

一、多方的酿制: 新冠肺炎疫情下灾难化思维的发生机制

灾难化思维是指个体将某种事情恐怖化,甚至对将来不可能发生的事情也要从最坏处考虑。此种思维方式,描述了人面对突发危机事件和疫情灾害时的一种极度担忧和过度恐惧的思维倾向,严重限制了个体的自觉行动。"灾难化思维"一词的创造者埃利斯认为,灾难化思维是一种病态性思维方式,它往往根据错误的假设和想象,夸大特定事件的消极后果,把什么都看成灾难,把不是灾难的事情放大成灾难,甚至对不可能发生的事情也做最坏的打算。[7]作为一次突发公共危机事件的新冠肺炎疫情,其所滋生的灾难化思维容易造成个体对感染新冠病毒的过度恐惧,或极度担忧自己被染上新冠肺炎,感觉自己随时有可能被他人传染,无限放大了自己被感染的可能性。形成灾难化思维的个体,在想象中创造了一个灾难性事件,通常只看到事物消极的一面,看不到事物积极的一面,内心充满悲观感或焦虑感。在埃利斯看来,灾难化思维属于急性恐慌,是一种不健康的焦虑类型。"大多数严重的或不健康的焦虑心理都是自我塑造的",由先天性生物因素和后天性环境因素相互作用而成。[8]新冠肺炎疫情下灾难化思维的发生,同样是在多方酿制下悄然登场的(见图1)。

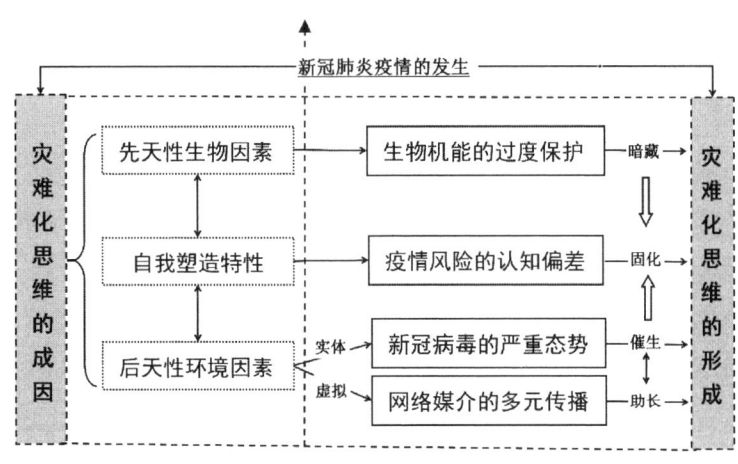

图 1 新冠肺炎疫情下灾难化思维的发生机制①

1. 自我保护：生物机能暗藏灾难化思维

从先天性生物因素来看，人性趋利避害的特点，使得自然之母赋予了人极度焦虑感和恐惧感，暗藏着灾难化思维的种子。灾难化思维是人面对突发的公共危机事件时启动防御机制的一种过度性自我保护反应。

一方面，作为生物体的人，具有受环境变化或危险刺激而作出相应的感应性保护机能。马克思认为："人直接的是自然存在物，人作为自然存在物，而且作为有生命的自然存在物，具有自然力和生命力。"[9]保全生命，免受外在的攻击与伤害，合理的利己即自爱，是人的生物机能表现。"人的天性的首要法则是保护他自己的生存。"[10]人在危险境况下进行自我保护，恐惧感便本能地产生了。人即将受到攻击而又不想受到伤害时，如果没有产生担忧、警惕、焦虑、紧张或惊慌失措等情绪，就不会采取任何行动保全生命和追求幸福，而灾难化思维只是自我保护性的焦虑感过度

---

① 按照埃利斯的理解，作为不健康焦虑类型的灾难化思维之形成，既受先天性生物因素的作用，又受后天性环境因素的影响，同时两者均受个体自我塑造的制约。图 1 新冠肺炎疫情下灾难化思维的发生机制，是基于灾难化思维的成因进行的分析和建构。

而已。[11]另一方面,作为过度性自我保护反应的灾难化思维,同样是伴随人类进化而来的生物遗传机能。人是理性存在物,是具有智慧和文明的高级动物。但从生理特征而言,人也可以被称为一种没有"牙尖嘴利"的薄皮动物,容易受到强大凶猛动物的伤害。因而,在人类产生之初,原始的生物人为了保全生命,获得生存,就必须在危机丛生的自然世界中心怀恐惧、焦虑、谨慎等情绪,即灾难化思维,这是人类从几十万年以前充满危机的原始生活中进化而来的基因,一直暗藏在人的身体当中,成为人作为生物体的一个机能。

新冠肺炎疫情发生以后,伴随着病毒"人传人"的特性形成定论,公众对疫情的判断和情绪开始变得恐慌,继而造成公共空间之中的"人怕人",甚至形成"他人即病人"的人人自危感觉,导致自我容易产生随时有可能感染病毒的过度担忧思维。人们面对突发其来的公共危机事件,出于生物机能的自我保护反应,心中滋生对新冠肺炎疫情的恐惧和焦虑,形成"万一我感染了……""如果我被隔离……"的灾难化后果想象。灾难化思维是人的生物机能开启自我防御机制的一种本能表现。

2. 人群易感：疫情灾害催生灾难化思维

从遭遇的后天性实体空间环境来看,新型冠状病毒的出现是复杂的、偶然的,甚至是不可完全认知的,因而导致社会公众对病毒及疫情的复杂性、模糊性和不确定性往往进行简约化处理,容易作出"每一个人普遍易感"且"疫情发展态势难以控制"的判断,直接催生出灾难化思维。

社会学家尼克拉斯·卢曼（Niklas Luhmann）提出"社会的简化机制"主张,即"在不断提高的社会复杂性的条件下,人们能够而且也必须发展出比较有效的简化复杂性的方式"。[12]为此,人在认知社会复杂性的过程中往往进行简化处理,采取一种简化机制。新型冠状病毒的传染能力较强,存活时间较长,主要有"直接传播、气溶胶传播、接触传播"[13]三种路径。传播方式的难以控制性,使得公众容易采取"每个人极可能感染病毒"的简化机制,进而在恐慌和想象中无限放大了自己被感染的可能性,逐渐形成万一防护不利或者暴露公共场所就会被病毒入侵的灾难化思维。比如,有人一下子囤积够吃一月的蔬菜大米,购买几十瓶消毒液,出门戴十几层口罩,折射出一种因担心病毒感染而表现出超硬核安全防护的过度焦虑情绪。

新冠肺炎疫情初期,全国各地的确诊病例和疑似病例连续增加,不少省份启动重大公共卫生事件一级响应,武汉更是采取了"封城"举措。各种复杂状况诱发公众作出"病毒传染态势难以控制"的简化判断,进一步加剧公众的恐慌情绪和紧张心理,继而极其担心发生自己感染病毒的灾难化后果。譬如,酒店、餐馆、景点拒绝接待湖北市民,强制封闭湖北务工归乡人家大门,此种"恐鄂情绪""排鄂行为"不仅是"湖北人"是"危险者"的一种简化机制处理,而且是担心接触以后"万一被病毒感染"的灾难性想象。这开拓了人们萌发灾难化思维的疫情土壤,反过来又有力催生灾难化思维。

3. 灾难再造: 网络媒介助长灾难化思维

从遭遇的后天性虚拟空间环境来看,网络信息传播的加速化和视觉化让公众第一时间感受到危机威胁的强烈在场感,疫情信息传播的警示性和失真性因迎合公众的恐慌情绪而造成恐慌情绪的再度繁殖。因此,网络媒介凭其在疫情信息传播过程中的特殊身份担当了灾难化思维的"助推器"角色,成为公众灾难化思维的再造参与者。

当今世界已经进入网络时代,相对应的是,人类传播活动迈入互联网传播时代。[14]新冠肺炎疫情发生以来,公众借助微信、微博、抖音等网络媒体平台,瞬时就能获得关于疫情的最新进展。许多人早上起床的第一件事,就是拿起手机刷一下疫情的实时动态。即使人们并不身处疫情现场,但医院或街道的实景以视频的形式在网络中迅速传播,甚至是各种内部境况都能迅速流传出来。如疑似从医院拍摄的音频或视频中,病人的求救声,疑似病例晕倒,医护人员哭泣的声音等,被及时推送到普通受众的眼前。这种远程的在场感,会让公众第一时间具有病毒感染者的相似痛苦感受,察觉到疫情的巨大威胁,但同时助长了人的恐慌情绪、恐惧心理和灾难化想象,充当了灾难化思维的发动机和放大器。

与此同时,网络媒体平台上的疫情信息铺天盖地,谣言四起。以国内11亿用户人数的微信为例,各种新闻、信息霸占了朋友圈的头条。比如,"警惕！1名外卖骑手确诊""上下楼邻居被感染或因搭同一电梯""出租车司机被确诊,其间载客154人次""一男子经武汉10分钟被感染""收快递取外卖能感染病毒"。警示性的新闻和失真的谣言,营造出身边随时有可能出现感染者、在任何地方都有可能被感染的不可预料的恐怖气氛。"恐慌认知会影响人们对该类事件的风险的理性评价,进一步催生新的恐慌,即从一种相对温和的恐慌快速转变成一种恐慌性的反应,患上所谓的'恐慌症'。"[15]也就是说,借助网络媒介传播疫情风险的信息,其"不良运作"与公众的恐慌情绪达成无意识共谋,并且再生产出公众思维的灾难化和恐怖化。

4. 理性归隐：认知偏差固化灾难化思维

从灾难化思维的自我塑造特性来看,处在风险社会之中的公共危机事件,经过公众自我风险感知的"中介化"呈现,产生的紧张和恐慌能够使其失去理性,发生对事件风险的认知偏差,进而在猜测与想象中完善、确定以致固化个人的灾难化思维。

新冠肺炎疫情不仅是一次突发的公共危机事件,而且是人类进入风险社会之后出现的一次公共风险问题。作为公共风险的新冠肺炎疫情,按照风险社会理论学者乌尔里希·贝克(Ulrich Beck)的理解,"我怕"是风险社会的驱动力。"在风险状况中,可以说日常生活中的事物可能在一夜之间就变成带来危险的'特洛伊木马'。"[16]因此,"当某一重大风险事件,尤其是与民众切身利益有关的风险事件发生以后,一般公众最直接的反应就是关注该事件的各种相关信息"。[17]但由于公众并不具有足够的科学知识,在个人主观感知新冠肺炎疫情风险的过程中,容易偏离专业化的解释和权威性的判断,生成"对技术的敌意"的非理性表现,集中表现为对疫情风险感知的不确定性情感反应,加大对疫情恐惧心理和病毒感染可能的确认。

一项覆盖全国调查的数据显示,58.5%的民众认为自己社区可能被传染,民众的"担忧"情绪平均得分最高。[18]进一步说,新冠肺炎疫情给公众带来强烈的担忧情绪和恐慌心理,形成心理噪声效应。心理噪声影响个体理性的释放,造成人的理性的暂时归隐和非理性的占据上风,严重干扰其对病毒感染和疫情发展的客观感知,进而悲观猜测疫情发展的严重性,无限想象个人感染病毒的可能性,最终固化了因先天性生物因素和后天性环境因素相互作用形成的灾难化思维。

二、存在的不安:新冠肺炎疫情下灾难化思维的危害后果

新冠肺炎疫情下病态性存在的灾难化思维,非理性恐惧深深弥漫于人际中,甚至造成社会公众的急性恐慌,可谓另一场"公共危机",无疑对社会和个体造成不可估量的危害后果。从个体来看,身为生命存在物的人,在新冠肺炎疫情面前表现出来的过度恐慌心态,本质上指向对死亡的内在恐惧。"恐惧担忧的正是恐惧着的存在者本身即此在",恐惧的对象是人的存在方式——"人的所有可能性",但"死亡"会让人失去拥有的一切东西,失去所有的可能性,走向"人生的终结"。[19]因此,新冠肺炎疫情下灾难化思维滋生的恐慌心理和担忧情绪,即那些"一直萦绕在心头并且挥之不去的不安,就是对不知何时可能会降临到自己头上的灾难的不安,也是对死亡的不安"。[20]一言以蔽之,"死亡的不安"是灾难化思维之于个体的严重危害后果的集中表征。套用存在主义哲学的话,"死亡的不安"就是"存在的不安"。日本学者山竹申二把"存在的不安"分为身体的不安、关系的不安、认可的不安。[21]三者构成灾难化思维的个体危害后果(见图 2)。

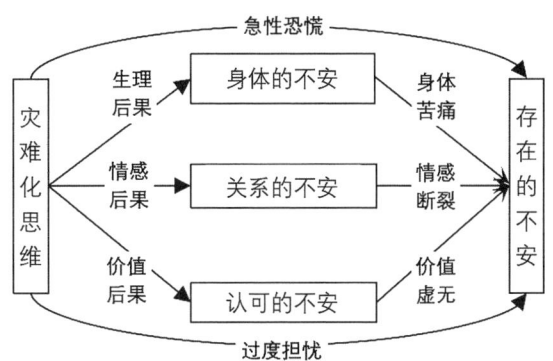

图 2　灾难化思维的个体危害后果表现①

1. 身体的不安：灾难化思维的生理危害后果

人出生且存在于世界之中,生命的体征依据是人的身体,而且"身体是意识产生乃至行为产生的初生状态的'肉体逻各斯'"。[22]因此,灾难化思维对个体造成的首要危害后果,就是导致"身体的不安"。

身体和思维是相互影响的,身体的感受影响思维,思维影响身体的感受。每个人凭借自己的"身体"存在于世,思维的运作离不开人的肉身,同时也指向人的肉身。人通过身体和感官获得的感知或感受,能在无意间实实在在地影响人的思维。[23]"感知的身体生产着并组织着意义的最初进程",[24]"身体是使我们拥有一个世界的最基本的媒介",[25]因而人的肉身是获得感觉和产生思维的首要条件,没有脱离身体反应的"活思维"。突发疫情危机下的灾难化思维,不仅是人身体最初的恐怖化心理和过度焦虑感,而且直接反作用于身体,产生身体染上病毒的不安反应。进一步说,人之所以产生身体的不安,是因为病毒感染以后的身体是一种生病卧床的状态,同时往往伴随剧烈的疼痛和药物的折磨,直接导致身体的舒适性大打折扣。这会失去"身体的愉悦",出现"身体的苦痛"。故此,个体放

---

① 在《不安时代的生存哲学》一书中,日本学者山竹申二根据不安的经验,将不安分为三大类。第一种是身体的不安,包含疾病、衰老、事故、灾害等;第二种是关系的不安,包含离婚、失恋、离别等;第三种是认可的不安,包含亲人的斥责、朋友的批判、周围人的歧视等。图2灾难化思维的个体危害后果表现就是由此而形成的。

大病毒感染的可能性想法,容易使个体产生"身体的苦痛"之想象与体验。灾难化思维不过是人的身体不安的一种信号反应,直接影响着身体的感受。

来看这样一个案例:"王某,女,自疫情发生后就全面关注疫情动态,每天都用消毒液及酒精对家中里里外外进行消毒;每隔 2 小时测量体温一次,即使每次都正常,还是坚持测量。她现在看到报道中有什么症状,就感觉自己身体出现相同症状,甚至常常会感到心慌、胸闷、气紧及心跳加快,多次要求前往医院做全身检查。"[26]不难看出,灾难化思维促使个体感觉到"身"处病毒侵袭的危险之中,被感染无论何时何地都是存在的,且直接引发"身体的苦痛"的生理后果。

2. 关系的不安: 灾难化思维的情感危害后果

人存在于世界之中,不是作为人海中的孤岛而存在。人的世界是共同世界,自我与他人互为条件而存在。"共在"是人生在世的基本规定。故而人对自我的身体产生不安,同样会对他人的身体产生不安。自我与他者的关系性本质,决定了灾难化思维的严重危害后果内在地造成"关系的不安"。

马克思认为,"人是最名副其实的社会动物"。[27]"社会动物"表明,人的存在深深根植于社会关系。"人就其本质而言是一种关系性的存在",[28]存在于家人、恋人、朋友、同事、伙伴等诸多关系之中。为了追求幸福的生活,人"渴望充满爱的亲子关系和恋爱关系,追求充满信赖、相互帮助的朋友关系和伙伴关系",从中得到"关系的愉悦",治愈人的孤独、苦难和悲痛。[29]因此,"在死亡面前,人们害怕的不是丧失或虚无,而是害怕伴随而来的无边无际的孤独和寂寞。也就是说,死亡焦虑或死亡恐惧的核心是害怕失去关系。"[30]突发疫情危机下灾难化思维之于个体的危害后果,根本指向"存在的不安",不仅承载了自我的身体不安,而且承载了别人的身体不安,自我与他者的共在本质铸成了一种关系的不安。以爱的关系为例来说,人具有一种面向所爱对象的同感、共鸣、一体感,即"快乐着你的快乐"或"痛苦着你的痛苦"。面对突发疫情灾害的严峻形势,灾难化思维使人极其害怕家人、亲友、恋人感染病毒甚至死亡,带来一种关系的不安。因为家人、亲友、恋人感染病毒而隔离治疗,意味着物理空间上爱的关系的暂时丧失,治疗无效而死亡象征着存在意义上爱的关系的永久断裂。无论是隔离还是死亡,都会造成原有关系愉悦感的急剧降低,生成自我的孤独感或寂寞感,带来情感上的严重创伤。

看一则某社区发布隔离通知后个人反应的案例。"看到这一消息,瞬间就懵了:在家都快一周了,现在又折腾去隔离点,万一那里防护措施不到位,交叉感染怎么办?孩子有哮喘又对抗生素过敏,万一加重怎么办?老人身体不好,忧心躺倒怎么办?"[31]从中看出,人非常关心自己所爱的对象,像担心自己一样担心对方,"万一……怎么办"的灾难化思维表达方式,正是害怕自己的家人遭遇痛苦的不安表现,淋漓尽致地表现出对关系不安的情感后果。

3. 认可的不安:灾难化思维的价值危害后果

人存在于世界的诸种关系之中,决定了人的思考与行为是由关系制造出来的。但关系使人的行动受到限制,"因为我们只能以被其他人认为有意义的方式行动",[32]关系的不安作为灾难化思维的情感后果,实质上又造成对他人认可自己的不安。

决定人类存在状态的最根本因素,就是想要得到他人认可的欲望。[33]作为一种关系性存在,人如果没有他人的认可,就没有证明自我行为的意义性和合理性,更无法真正确信自我的存在价值。人为了确证自己的存在价值,才渴望得到他人的认可。职是之故,人对他人认可的追求,归根到底是为了展示自我存在的价值和意义,诠释生命的尊严和高贵,即"为什么活着""怎么样活着""活成什么样"。突发疫情灾害下人的非理性的恐惧性心理和灾难化想象,无限夸大了疫情灾害的风险及其发生感染的可能性,不仅导致失去身体上或关系上的愉悦感,而且恐惧丧失自我的存在价值和生存意义,退化成没有尊严感的"无用之人",而"缺乏尊严可能是灾难性的"。[34]在灾难化想象中,自我一旦感染病毒,将会进入一种封闭隔离治疗的存在状态,接着变为被控制和被研判的医学治疗对象,"顺从"和"屈服"于医护人员的照料和管理,同时承受着难以忍耐的虚无感和痛苦感,不能展示自我存在价值的行为能力,如关爱家人亲友的行为能力、完成工作要求的业务能力等,彻彻底底地成为一个"无所作为"之人。从他人来看,感染病毒者和潜在感染者是众人避而远之的危险对象,个别人甚至对其产生憎恨,更遑论得到他人的认可和尊重。

来看几条疫情防控的宣传标语:"返乡人员不隔离,亲人不死扒层皮""带病回乡不肖儿郎,传染爹娘丧尽天良"。这样的警示,给感染病毒者造成巨大的心理压力,否定自我存在的价值;给正常人造成过度担忧,极度恐惧的灾难化思维让人怀疑自我存在的意义。

三、建设性契机：后疫情时代灾难化思维的教育和干预

新冠肺炎疫情下的灾难化思维,可能随着疫情得到控制而不断弱化,直至完全消解;也可能给人留下沉重的心理创伤,长久不能释怀。在后疫情时代,采取一定的教育干预策略诊治或预防人的灾难化思维,具有重要的现实意义。教育哲学家博尔诺夫(Otto Friedrich Bollnow)认为,人的生活中会有一些突然出现的非连续性事件,它们包括威胁生命的重大危机、对今后生活有重要影响的遭遇等等,但"无论如何不能把这些事情纯粹地视为外来干扰……相反,这些事件具有重要的积极作用"。[35]新冠肺炎疫情及其孵化而出的灾难化思维,可谓生活中一次突然暴发的非连续性事件。按照博尔诺夫的解释,从教育干预角度来看,后疫情时代的教育"必须防止危险的畸形发展或纠正那些已经发生的畸形发展",把人从非理性的恐惧和焦虑中解放出来;"不能用安慰性的掩饰来降低危机的严重性",必须帮助人"明确认识危机的含义",把具有破坏性的公共危机开创成建设性的教育契机。[36]

1. 疏导心理：从"我怕"到"不怕"的恐慌情绪教育

疫情灾害下驱之难散的灾难化思维，是一种恐慌情绪的"我怕"表征。恐慌心理削弱了理性思维的防御力，经疫情风险的催化，逐渐发酵为对新冠病毒及其被感染的过度性恐惧。因此，后疫情时代实施恐慌情绪教育，既是破解灾难化思维的首要干预策略，也是阻碍灾难化思维形成的铺路石。恐慌意识教育是理性认识恐慌情绪、有效消解过度恐慌的实践活动，让人从"我怕"的泥潭里抽身出来，转为一种"不怕"的心理倾向。

首先，教育公众认识恐慌情绪的本质所在。当人的生命遭受危险甚至是死亡的威胁，出于保护自我的生命安全，人必然会产生恐慌情绪。恐慌情绪是人在危险境况下启动防御机制的一种本能反应，更是人应当具有的权利。新冠病毒持续人传人的强大能力、无特效药治疗、有一定死亡率这三个特点，人们对其产生恐慌情绪是非常自然的。恐慌意识教育旨在疏导人的恐慌心理，教会人们接纳恐慌，使其认识到人面对突发公共危机和重大疫情灾害时出现的恐慌情绪，不过是一种与生俱来的生物本能反应，不要担心个人身心出了问题，无需为自己的恐慌情绪感到羞耻。

其次，教育公众理解恐慌情绪的正向功能。在埃利斯看来，一般意义上的恐慌情绪是一种"健康的焦虑"，它是"有益的，能够帮助个体避免其得到自我不想要的东西"。[37]在个体遭遇重大疫情灾害时，恐慌情绪能够唤醒"理性的恐惧"，让人产生对危机事件的警惕感和敏感性。恐慌情绪教育要在公众认识恐慌情绪本质的基础上，充分理解恐慌情绪的存在价值和正向意义，教会公众知道恐慌情绪是有积极作用的，它能够使其在防护疫情危机上保持一种谨慎状态，以保护自己远离危险。

最后，教育公众学会急性恐慌的消解方法。恐慌情绪的过度发展就是急性恐慌，灾难化思维则是急性恐慌的同一版本。急性恐慌往往使个体置身于警戒状态的身心痛苦之中，陷入将事情恐怖化的狼狈境地，警惕一切潜在的危险，还会为想象中的危险或微不足道的危机而感到极端的焦虑和担忧。对此，恐慌情绪教育需要根据人的具体情况，探测重大疫情下个体处于何种心理状态，找出具体的原因，进而教育个体掌握自我急性恐慌心理的消解方法,直至摧毁灾难化思维。

2. 引导认知: 由错觉到本真的疫情风险教育

公众面对突发疫情危机事件产生的过度恐慌情绪,是对病毒感染风险可能性的无限放大和灾难想象。这种疫情风险感知的非理性错位,造成对病毒的"恐怖化认知"。正是对病毒的"恐怖化认知",一手催生出灾难化思维。加之个体疫情风险认知的偏差,不知不觉地唤醒一种对灾难化思维的渴求。因此,后疫情时代进行疫情风险教育,是破除灾难化思维的必要干预策略,它可以提升公众疫情风险认知理性的意识和能力,引导人们认清疫情风险的真相,实现由错觉到本真的认知转移。

"当灾害突然降临的时候,公众能够启动理性的程度是应对危机的重要基础。公众的认知理性受到两个方面的挑战:一方面来自风险事件本身的特征,另一方面来自公众认知的局限。"[38]同理,针对灾难化思维的后疫情时代疫情风险教育,既需要教育公众客观看待疫情风险,坚持科学精神,又需要教育公众排除疫情风险认知因素干扰,坚持理性精神。对于前者,疫情风险教育主要教会公众对疫情风险或病毒感染具有全面深入的科学认识,充分了解疫情灾害事件的本质,养成科学素养,提高对疫情的警觉性和关注度,使其看到一些疫情发展的积极事实,从而对疫情灾害事件作出科学的判断。对于后者,疫情风险教育主要教会人们掌握一定的病毒学知识,了解病毒传播的基本途径,告诉公众病毒防护必须/不必做什么、需要/不需要做什么、应该/不应该做什么,形成理性认知。例如,可以把新冠病毒防护教材化与课程化,创建成疫情常态化下的教育资源,以校本课程、主题讲座以及班会活动等形式,教育大中小学生科学理性的认识疫情灾害及其防护。同时,疫情风险教育要教会公众相信,做好科学防护是有效的,病毒是可以被有效消灭的,坚决摒弃对疫情风险的主观性猜测与想象,尽量排除来自无关因素的干扰,不以片面化的思维、情绪化的心理认识疫情风险,从而规避因个人认知局限带来的灾难化想象。

3. 甄别信息：从接受到辨识的媒介素养教育

人们对疫情灾害的恐慌性情绪及疫情风险的恐怖化认知，伴随着以网络媒介为主载体传播疫情发展与病毒风险的各种资讯，诸如铺天盖地的疫情新闻、防护通知、信息提示，它们一起构成孕育灾难化思维的温床，因而以训练公众批判地看待网络媒体、学习辨别媒介传播内容为基本要求的媒介素养教育，是消除灾难化思维的重要干预策略。后疫情时代的媒介素养教育，主要培养公众面对网络媒体各种疫情信息时的理解能力、选择能力、评估能力和质疑能力，实现从被动接受到主动辨识的转变，以"免受媒介所传播的不良文化、道德观念或意识形态的负面影响"[39]，让网络媒介传播引发灾难化思维的恐惧能量得以释放。

一方面，教育公众养成对媒介信息的充分理解和理性选择。在互联网传播时代，公众对于突发性疫情灾害的多数观察和体验，大多数是通过网络媒介获得的，同时，网络媒介提供的信息左右着人们对疫情灾害事件的感觉和判断。根据网络媒介获得的观察和体验，公众增进了对疫情的了解，加上个人的情感好恶，形成对病毒感染和疫情风险的看法和观点。后疫情时代媒介素养教育需要塑造公众拒绝全盘接受各种信息的习惯，全面深入理解疫情灾害、病毒感染和防护防控的关键信息，提升公众甄别真假媒介信息的意识和能力，尽量排除个人偏好的影响，作出正确合理的信息选择。

另一方面，教育公众养成对媒介信息的价值反思和价值批判。媒介信息大都是"人工精心建构的产品"，[40]经过了人为的刻意加工甚至捏造。它可被作为"媒介化了的事件"来看待，其内容是一种"符号的建构"，而不是事物的客观真相本身，"'媒介真实'不等于'客观真实'"。[41]在突发性疫情灾害中，网络上各种谣言、流言、谎言满天飞，抗谣与辟谣络绎不绝，失真的媒介信息恶化了公众紧张和恐惧的情绪，使灾难性想象增压。后疫情时代的媒介素养教育，需要培养公众深入分析和反思媒介传播内容的道德性意识，保护公众免受不良媒介内容的污染和腐蚀，提升公众甄别好坏媒介信息的观念和能力，增强公众对媒介信息的价值批判与价值批判行为,使公众采用反思质疑的眼光看待媒介传播信息,拒绝传播不良信息,做到不造谣、不信谣、不传谣。

4. 体悟生命:由不安到敬畏的生命意识教育

新冠肺炎疫情下的灾难化思维,具体表现为个体对疫情灾害的过度恐惧,感觉自己随时都有可能感染病毒,其危害后果指向身体苦痛、关系断裂、价值虚无之"存在的不安"。"存在的不安"可谓灾难化思维带给个体生命成长的本源性危机,因此,以生命安全教育、生命态度教育和生命死亡教育为基本内容的生命意识教育,是消解灾难化思维的关键干预策略。在后疫情时代,生命意识教育旨在引导公众对个人的疫情灾害境遇和病毒防护认知进行独立思考,努力摆脱感染病毒而面临死亡威胁的不安情绪,体悟生命的伟大而神秘之处,保持对公共危机情境下生命存在的敬畏之心,实现遭遇疫情灾害时从不安到敬畏的生命反思。

第一,生命安全教育。人与人以及人与动物处于一个命运共同体之中,生物之间的生命成长具有同构性。"每种以生命的形式存在着的生物之间是相互依存的",生命教育须"关涉一切'有生之命'"。[42]面向灾难化思维的后疫情时代生命安全教育,不但要教会公众以大爱境界关注所有生命之物,学习人与自然和谐相处的人生之道,培育人的同情之心、怜悯之心,而且要教会公众热爱人类自身生命,学会熟悉病毒防护的行为和有效消灭病毒的技巧,使公众具有自我保护和自我救护的能力。

第二,生命态度教育。人的生命境遇存在是多样化的,有美好也有危机,继而人面对生命存在的态度不可能永远保持自信乐观的心理。"教育不能仅仅为学生展示世界美好的一面而回避人生的焦虑、烦恼、恐惧、孤独和绝望的一面,因为恰恰是这些传统上被作为消极、负面的东西构成了生命本体的真实存在。"[43]后疫情时代的生命态度教育,应当培养公众秉持积极的处世态度坦然对待出现的各种病毒危机,理性应对疫情灾害时出现的消极情绪,接纳生命境遇存在的美好和危机,发现生命存在的魅力所在,促进人的"诗意的栖居"。

第三,生命死亡教育。死亡是一种自然现象,而且是"不可代理的"。针对灾难化思维的后疫情时代生命死亡教育,要以适当的方式和方法让公众逐步了解死亡、认识死亡和接纳死亡,树立正确的死亡观,更要让人们全面认识到疫情灾害带来的死亡威胁,包括疫情灾害造成的死亡人数有多少、死亡比率有多高、死亡原因有哪些,等等,以此消除他们对感染病毒致死的恐惧感。退一步说,"教育是直面生命的活动",[44]以生命死亡教育促进灾难化思维的消解、预防灾难化思维的生成,是后疫情时代教育实践本该追求的。

四、结语

风险社会学表明,"风险性"是"现代性"的孪生兄弟。步入风险社会的现代人,生活之中充满了"被制造的风险"。风险深深地埋藏于人类存在的本质当中。新冠肺炎疫情是继 SARS 之后的又一场重大公共危机事件,它的暴发,无疑是人类迈向风险社会历程中现代性膨胀的副产品。面对风险和危机,社会公众全都拥有恐慌情绪的权利。恐慌情绪是人的自我保护的本能反应,同样埋藏于人类存在的本质中。但急性恐慌和过度担忧,则会唤醒人的非理性恐惧,酿成一种病态性存在的灾难化思维。灾难化思维根本指向人作为一种生命存在的不安,是不健康的,不利于举国上下的疫情防控阻击战,会导致人的生活陷入巨大的痛苦之中。因此,在后疫情时代,破除灾难化思维是必要的和必需的,既能为彻底打赢疫情防控战奠定精神根基,又能使人们在疫情危机不定期到来的未来社会中,具有战胜危机的信心,心怀正向力之坚守。

灾难化思维的治愈是一项社会系统工程,需要多种社会治理路径齐下。教育干预只是一条必要渠道,而不是唯一途径。后疫情时代借由恐慌意识教育、疫情风险教育、媒介素养教育和生命意识教育,提升人的理性认知和科学素养,以理化情,治愈人的灾难化思维,预防人的灾难化思维发生,可以说是有效的,但也不能夸大教育干预的价值与功能。但作为突发公共危机的新冠肺炎疫情,突发性和公共性的特点使这场危机对中国社会各个领域的影响和伤害是深远的,灾难化思维的教育干预应当位列其中。新冠肺炎疫情给中国教育改革带来了什么样的启示?后疫情时代中国应如何加大正向引导的力度?这些都是值得深刻反思的重要问题。

参考文献

[1] 谢俊贵.试论SARS的社会控制[J].湖南师范大学社会科学学报,2003(5):57-61.
[2] 朱颖.突发公共事件中的网民心理与风险沟通[J].暨南学报(哲学社会科学版),2016(9):120-126.
[3] 王一牛,罗跃嘉.突发公共卫生事件下心境障碍的特点与应对[J].心理科学进展,2003(4):387-392.
[4][7] [美] 埃利斯,兰格.我的情绪为何总被他人左右[M].张蕾芳,译.北京:机械工业出版社,2019:26-28.
[5][8][11][37] [美] 埃利斯.控制焦虑[M].李卫娟,译.北京:机械工业出版社,2019:13-17,21,12-18,13.
[6] 马克思,恩格斯.马克思恩格斯全集:第39卷上[M].北京:人民出版社,1974:149.
[9] 马克思,恩格斯.马克思恩格斯全集:第42卷[M].北京:人民出版社,1979:167.
[10] [法] 卢梭.社会契约论[M].李平沤,译.北京:商务印书馆,2011:5.
[12] [德] 卢曼.信任:一个社会复杂性的简化机制[M].瞿铁鹏,李强,译.上海:上海人民出版社,2005:10.
[13] 中国疾病预防控制中心.新型冠状病毒感染的肺炎公众防护指南[M].北京:人民卫生出版社,2020:8-9.
[14] 赵宇华,于志勇.媒介化时代人类生存视域下的日常生活转型[J].辽宁工程技术大学学报(社会科学版),2019(6):470-475.
[15] 戚建刚.极端事件的风险恐慌及对行政法制之意蕴[J].中国法学,2010(2):59-69.
[16] [德] 贝克.风险社会[M].何博闻,译.南京:译林出版社,2004:62.
[17] 谢晓非,谢冬梅,郑蕊,张利沙.SARS危机中公众理性特征初探[J].管理评论,2003(4):6-12.
[18] 王俊秀.新型冠状病毒肺炎疫情下的社会心态(第二轮)[EB/OL].2020-01-30[2020-10-10].https://mp.weixin.qq.com/s/vcztlg8fLb4ElZLexXeoRg.
[19] 那薇.道家的愚人之心与海德格尔的畏[J].浙江社会科学,2003(4):131-135.
[20][21][29][33] [日] 山竹申二.不安时代的生存哲学[M].朱悦玮,译.北京:中信出版社,2015:Ⅸ,27-29,53,89.
[22] 冯合国.现代教育中的"身体"关怀[J].现代大学教育,2015(6):7-12.
[23] [美] 洛贝尔.感官心理学:身体感知如何影响行为和决策[M].靳婷婷,译.北京:中信出版社,2018:7.
[24] [法] 梅洛-庞蒂.知觉的首要地位及其哲学结论[M].王东亮,译.北京:三联书店,

2002:45.

[25] Merleau-Ponty, M. Phénoménologie de la Perception [M]. Paris: Gallimard, 1945:171.

[26] 周波.新型冠状病毒感染的肺炎11类人群心理干预与自主手册[M].成都:西南交通大学出版社,2020:49.

[27] 马克思,恩格斯.马克思恩格斯全集:第12卷[M].北京:人民出版社,1962:734.

[28] 鲁洁.关系中的人:当代道德教育的一种人学探寻[J].教育研究,2002(1):3-9.

[30] 白福宝.关系性联结:死亡焦虑纾解之道[J].医学与哲学,2019(3):21-25.

[31] 桂晓伟.面对"超硬核"防控,我们成了"钉子户"[EB/OL].2020-1-30[2020-10-10].https://mp.weixin.qq.com/s/ZgVXQ8T5e1eq8vHumTTruw.

[32] [美]肯尼思·J.格根.关系性存在:超越自我与共同体[M].杨丽萍,译.上海:上海教育出版社,2017:57.

[34] [加]泰勒.自我的根源:现代认同的形成[M].韩震,等译.南京:译林出版社,2001:21.

[35][36] [德]O.F.博尔诺夫.教育人类学[M].李其龙,等译.上海:华东师范大学出版社,1999:56-58,58-64.

[38] 谢晓非,郑蕊.风险沟通与公众理性[J].心理科学进展,2003(4):375-381.

[39] Buckingham, D. Media Education in the UK: Moving Beyond Protectionism[J]. Journal of Communication,1998,48(1):33-43.

[40] 宋小卫.西方学者论媒介素养教育[J].国际新闻界,2000(4):55-58.

[41] 王莲华.新媒体时代大学生媒介素养问题思考[J].上海师范大学学报(哲学社会科学版),2012(3):108-116.

[42] 肖川,陈黎明.生命教育:内涵与旨趣[J].湖南师范大学教育科学学报,2013(4):30-36.

[43] 阎光才.教育的生命意识——由荒野文化与园艺文化的悖论谈起[J].清华大学教育研究,2002(2):49-54.

[44] 冯建军.论教育学的生命立场[J].教育研究,2006(3):29-34.

作者简介

闫　闯　岭南师范学院教育科学学院讲师、教育学博士

电子邮箱

yanchuang1987@163.com

Chapter 18

后疫情时代公民受教育权保障的现实困境与制度策略*

魏文松

摘　要： 受教育权是基本权利体系中的重要权利，如何更好地保障公民受教育权，是后疫情时代应当予以重视的现实问题。教育宪法论、国家义务论和司法救济论作为公民受教育权保障的基本理论，能够为后疫情时代公民受教育权的保障提供重要的理论指导。综合来看，相关法律制度缺失、教育发展的不平衡与不充分、传统教育模式的局限性是后疫情时代公民受教育权保障面临的主要问题。为此，应当完善相关立法，以健全后疫情时代受教育权的规范体系；整合教育资源，以提升后疫情时代受教育权的权利内涵；创新教育模式，以促进后疫情时代教育秩序的重塑。

关键词： 后疫情时代；受教育权；国家义务；权利内涵；教育模式

一、问题的提出：公民受教育权何以在后疫情时代获得充分保障

新冠肺炎疫情在全球范围内产生了巨大影响。从疫情防控层面而言，新冠肺炎疫情属于典型的重大公共卫生安全事件，各级政府为应对这场重大疫情，调动整合了多种社会资源，以期最大限度地降低影响并早日

---

* 本文系2019年教育部人文社会科学规划基金项目"新时代公平优质受教育权：教育平衡充分发展的国家义务研究"（课题批准号：19YJA820012）、2020年江苏省研究生科研创新计划项目"紧急状态下公民受教育权的限制与保障研究"（课题批准号：KYCX20_0067）的阶段性成果，受"中央高校基本科研业务费专项资金"（项目编号：32130521030）资助。

恢复社会秩序。从制度建构层面而言,新冠肺炎疫情的发生充分显现了现代风险社会的突出特征,潜在风险无时无刻不对现代国家的制度建构产生重大影响,风险挑战与法律规制成为时代发展进程中的核心主题。从权利保障层面而言,无论是重大疫情本身,还是疫情防控策略的开展落实,公民受教育权的实现都受到一定的影响,传统的教育模式也受到不同程度的冲击,在线教育、互联网教育、远程教育等再次成为热门话题,而且人权保障也成为后疫情时代权利保障语境中最突出的理论话语。但正如有的学者所指出的:"由于在紧急状态下整个社会的首要任务是采取最为有效的措施来控制乃至平息紧急状态,以尽快恢复正常的社会秩序,所以,在这种情况下,公共利益将会处于绝对优先考虑的位置,而公民权利将会受到严格的限制。"[1]

进一步而言,如何更好地保障公民受教育权是后疫情时代应当予以重视的现实问题。这一问题的提出是基于权利保障范畴对后疫情时代教育发展进行的理论反思,深刻体现了对重大公共卫生安全事件发生的现实关切意识。在疫情防控实践中集中呈现的突出难题就是社会公共利益与公民个人权利的平衡问题,究其本质,也是一个价值平衡问题。就权利的存在形态来看,"受教育权的应有形态是指公民应当享有的受教育权,受教育权的法定形态是指公民根据实在法的规定可以享有的受教育权,受教育权的实有形态是指公民实际享有的受教育权"。[2]

公民受教育权在疫情防控中受到的影响主要是承继于后者对整个教育体制的影响,由于新冠肺炎疫情的突发性、特殊性与复杂性,现行的教育模式受到较大冲击,以往的教育规划、教育机制以及授课模式都不能很有效地在疫情防控期间开展,公民无法在固有的教育理论范式中享有充分的权利内容,因而公民受教育权的实现与保障面临较大的风险挑战。在后疫情时代,对包括受教育权在内的公民基本权利进行限制其实是一种难以避免的现实选择,这也是价值平衡进程中应当客观面对的理论难题。意欲使受教育权在后疫情时代获得充分保障,需要在促进各项疫情防控措施不断落实的进程之中,充分结合实证分析,进而从理论层面探寻受教育权保障的有益指导经验,针对当下面临的现实困境,反思未来教育事业发展与公民受教育权保障的基本对策。

二、保障公民受教育权的基本理论

1. 教育宪法论:一种根本法层面的释义学解读

基于规范分析的立场,学界多数学者肯定了受教育权入宪对于受教育权保障的重要意义。《中华人民共和国宪法》第四十六条规定,中华人民共和国公民有受教育的权利和义务。这就以国家根本大法的形式,规定了受教育既是我国公民的一项权利,也是我国公民的一项义务。这也成为教育法释义学解读的规范基础。我国台湾学者许育典在法律语境中提出教育基本权的概念,认为教育基本权所欲保障的核心,是人的自我实现与学习之间的双向式因果互动的自由空间以及它的具体实践。法律成为探讨教育基本权的一种重要理论视角,同时也为后疫情时代公民受教育权的保障提供了重要的理论指导,法教义学逐渐在法学研究中发挥越来越重要的作用,推动法学研究迈向更为成熟、深入与多元的境界,这也为教育法学研究中的权利保障问题建构了一种较为关键的理念进路。

教育宪法论从根本法的立场出发,基于规范解释的基本进路,探讨受教育权保障的宪法价值、宪法设计和宪法功能等规范意蕴,形成受教育权保障的完整宪法逻辑。与此同时,关于受教育权的保障也因此形成一种宪法保护论,根本法层面的释义学解读在一定程度上描绘了特殊时期权利保障的理想图景,可以据此系统地展开后疫情时代公民受教育权保障的制度设计以及政策安排。然而,有学者不无忧虑地指出:"传统的基本权利的解释方法,认为条文的意涵固定不变,是封闭性的。解释者只能以历史解释、立法者原意解释往回追溯其当时的意义。"[3]教育宪法论为后疫情时代公民受教育权的保障提供了一种更开放的思路,扩充了立法主体与行政主体开展权利保障活动的宪法空间,提升了从根本法层面出发进行教育法释义学解读的可能性,从而奠定了受教育权保障的根本法基础。权利与秩序具有内在的互动关系,而权利的实现与秩序的形成都依赖于法律制度的存在作为前提性条件,由此生成的宪法保护论就使得受教育权保障具备根本法层面的规范依据,并不断成熟和丰富。进一步而言,受教育权保障问题的产生其实在很大程度上与教育资源的分配有关,权利的保障应当立基于一种规范意义上的解读,这是理解抑或实现权利的一种具有现实意义和可操作性的路径选择,否则权利保障将犹如空中楼阁,只是停留在一种臆想的层面,无法付诸实践。因此,学界也不乏提出推动宪法走向实践、走向司法的呼声,以此来进一步彰显宪法在受教育权保障方面的重要规范价值,推动宪法由文本向实践的转向,而不是仅仅停留于制度宣示层面。

2. 国家义务论:"权利—义务"结构理论的阐释

"权利—义务"结构理论是经过多次演变并最终形成的对现代国家建设中国家与公民关系的科学认知,即以国家义务来确保公民权利的实现。国家义务理论是研究权利保障的一个重要理论视角,也为人权保障体系的完善提供了理论参考价值,对后疫情时代公民受教育权的保障同样起到理念指导作用。国家义务理论强调国家义务对公民权利实现的积极保障功能,国家权力的基本取向就在于促进公民权利的实现。国家义务对于公民权利具有重要价值与意义,国家义务以公民权利为目的,是公民权利的根本保障。以国家义务保障公民权利,是对国家权力保障公民权利的超越。[4]具体而言,国家需要以两种形式来承担公民权利实现的义务,一是常态性义务,主要是指在社会发展的正常情形下,国家对公民权利实现所应负有的一般性义务;二是特殊性义务,主要是指在特殊时期为实现公民权利而要求国家负担的,相较于平常更多或者要求更高的义务。从一定意义上讲,国家义务需要特定的国家机构来逐项落实,各级政府其实正是负责保障公民权利实现的义务主体。应当肯定的是,在后疫情时代,对于包括公民受教育权在内的公民权利的实现而言,国家义务发挥着重要的引导与服务功能,各级政府在此次疫情防控中发挥着重要的作用,既要指导疫情防控各项实践活动的进行，竭尽全力保障公民的生命财产安全，也要深刻认识到人民群众永远是历史的创造者与推动者，是这场"战役"中的真正英雄与胜利者。

进一步来看，政府义务其实就是国家义务在一定程度上的外化表现，在后疫情时代，公民受教育权的实现需要政府更加积极主动地履行义务。正如有学者所指出的："政府作为公共权力的最核心载体，其责任就是政府的义务，而政府的首要义务是为公民提供保护。政府的义务来源于政府的责任，政府义务寓于政府的功能之中。"[5]在后疫情时代，各级政府更需要以一种主动作为的姿态应对潜在风险，统筹部署各项教育活动的实施，在受教育权实现的开始、过程以及结束阶段都应当提供权利实现所需的各种条件。强调国家义务在"权利—义务"结构理论中的重要作用，是现代法治政府建设和服务型政府建设的一种基本价值取向。"现代社会政府的定位正在从全能型向服务型转变，政府在教育中的作用也应尽快适应这种转变的步伐。"[6]值得肯定的是，现代政府的一大重要转变就在于从全能政府向服务政府的转变，而国家与公民的关系则经历了从命令向合作的转向，这是现代政府建设过程中一种突出的理念转变，代表了现代政府建设的重要发展趋势。

3. 司法救济论：受教育权救济方式的价值分析

无救济则无权利，没有救济作为保障的权利也很难成为真正的权利。权利的实现需要救济来提供充分的保障，而司法救济正是权利实现的一种非常重要的救济方式。司法救济同样也是公民受教育权一种重要的救济途径，究其本质，司法救济论强调司法机关对于公民受教育权实现的重要推动作用，促进公民通过司法方式维护自身合法利益，增强受教育权的可诉性。当然，在公民个人不能有效维护自身合法权益的时候，教育公益诉讼就为后疫情时代公民受教育权的实现提供了一种新的理念思路。因此，就有学者认为："受教育权内容的广泛性与受教育权司法救济路径狭窄的窘境，又严重背离了受教育权基本人权的权利地位，这就需要基于受教育权权利属性的特殊性,为学校义务层面的公民受教育权利在尊重中国现行司法体制的基础上进行司法救济路径的再造。"[7]

当然,从司法实践来看,司法救济是公民基本权利保障的一种后置程序,但是扮演着重要的角色,同时形成公民受教育权保障的重要经验。教育公益诉讼对公民受教育权保障的价值是多元的,有效拓宽了受教育权保障在司法领域的适用范围。教育公益诉讼的内在特质决定了其可以有效地解决我国教育领域的诸多问题,促使教育法律法规的形成与完善,推动教育制度变革和促进教育制度的良性发展。[8]但不可否认的是,司法途径同样也面临着一定的困难,从权利与义务的对应关系来看,受教育权的实现需要广泛的义务主体承担相应的责任。在不同的义务主体之下,受教育权的司法保障程度与实现能力是不尽相同的。以学校作为义务主体来看,行政法律关系、民事法律关系并存于其中,呈现出复杂的权利义务关系,这就在一定程度上导致公民受教育权在此层面,很难平衡好相关利益关系,因而就不能通过司法路径很好地进行权利救济。而与此同时,以政府、社会和家庭作为义务主体的话,因为各主体之间权利义务的相对清晰与直接,所以对受教育权进行司法救济就够得以顺利开展,公民可以依据相关规范主张自身的受教育权。

三、后疫情时代公民受教育权保障面临的主要问题

1. 公民受教育权保障的相关法律制度依然不够健全

权利之实现需要完备的制度保障提供坚实的规范基础,尤其是在发生重大公共卫生安全事件的特殊时期,对公民基本权利的保障更应当从法律制度的健全程度进行考量,这既是规范体系完善的正当程序,也是推动权利从应然形态走向实然形态的必要过程。因此,在后疫情时代,对于公民受教育权的实现需要充分反思,现行法律制度是否能够为此提供充分的规范依据,以期在立法体系不断健全的前提下,促进教育领域良法与善治的衔接互动;同时,最大限度地将制度优势转化为治理效能,不断推

动执法机制、司法机制的完善，从而既实现疫情防控的目标，又不减损公民基本权利。"统筹推进疫情防控和经济社会发展，就是统筹生存权与发展权。"[9]值得注意的是，学界有不少学者已经对后疫情时代的相关问题给予了关注，诸如"'疫情防控中的人权保障'网上研讨会""疫情防控与应急管理法治建设学术研讨会""公共安全应急管理保障地方立法项目推进会"等有关学术会议相继召开，围绕人权保障与法治建设等相关问题展开探讨，法学、社会学、管理学、政治学、医学、经济学等相关学科领域也开始涌现出一些疫情防控方面的研究成果。聚焦人权保障领域，在后疫情时代，公民受教育权的实现问题同样值得关注与重视。保障公民受教育权是满足人民美好教育需要的内在要求，也是推进教育现代化战略目标实现的题中应有之义，但现行法律制度在后疫情时代受教育权保障方面还存在一些问题。

具体而言，在后疫情时代，保障受教育权所依赖的法律制度主要包括两个方面：一是疫情防控方面的法律法规。国家层面的疫情防控法律法规主要有《中华人民共和国基本医疗卫生与健康促进法》《中华人民共和国传染病防治法》《中华人民共和国突发事件应对法》《中华人民共和国野生动物保护法》《中华人民共和国传染病防治法实施办法》，国务院通过的《突发公共卫生事件应急条例》《中华人民共和国政府信息公开条例》等，省级层面的疫情防控法规主要有《上海市实施〈中华人民共和国突发事件应对法〉办法》《天津市实施〈中华人民共和国突发事件应对法〉办法》《云南省突发事件应对条例》《江西省突发事件应对条例》《河北省突发事件应对条例》《广西壮族自治区实施〈中华人民共和国突发事件应对法〉办法》等由省(市)人大常委会制定的法规；二是教育方面的法律法规，主要有《中华人民共和国教育法》《中华人民共和国义务教育法》《中华人民共和国高等教育法》《中华人民共和国民办教育促进法》《中华人民共和国职业教育法》《中华人民共和国教师法》《中华人民共和国学位条例》以及《中华人民共和国通用语言文字法》。

对上述法律性质及其具体规定的分析来看，疫情防控对既有教育秩序的影响是较为突出的,加之教育活动本身的特殊性和疫情防控的复杂性,决定了公民受教育权的保障不能纯粹依赖教育方面的法律法规来实现,而应当综合考量运用多个方面、多个层次的法律制度。但是,现有法律制度并没有为受教育权的实现提供十分完备的规范体系,尤其是在后疫情时代,对于线上教学、网络课程、讲座直播等各种形式的教育教学活动,应当进行规范指引,相关侵犯公民尤其是学生受教育权的行为应该施以怎样的法律规制,现有法律并没有形成体系化、明晰化的规定。

以教育方面的法律法规为例,《中华人民共和国教师法》第八条第一项规定,教师应当履行的义务包括:"(一)遵守宪法、法律和职业道德,为人师表;(二)贯彻国家的教育方针,遵守规章制度,执行学校的教学计划,履行教师聘约,完成教育教学工作任务;(三)对学生进行宪法所确定的基本原则的教育和爱国主义、民族团结的教育,法制教育以及思想品德、文化、科学技术教育,组织、带领学生开展有益的社会活动;(四)关心、爱护全体学生,尊重学生人格,促进学生在品德、智力、体质等方面全面发展;(五)制止有害于学生的行为或者其他侵犯学生合法权益的行为,批评和抵制有害于学生健康成长的现象;(六)不断提高思想政治觉悟和教育教学业务水平。"《中华人民共和国教育法》第三十条规定了学校及其他教育机构应当履行的义务:"(一)遵守法律、法规;(二)贯彻国家的教育方针,执行国家教育教学标准,保证教育教学质量;(三)维护受教育者、教师及其他职工的合法权益;(四)以适当方式为受教育者及其监护人了解受教育者的学业成绩及其他有关情况提供便利;(五)遵照国家有关规定收取费用并公开收费项目;(六)依法接受监督。"除此之外,第四十四条规定了受教育者应当履行的义务:"(一)遵守法律、法规;(二)遵守学生行为规范,尊敬师长,养成良好的思想品德和行为习惯;(三)努力学习,完成规定的学习任务;(四)遵守所在学校或者其他教育机构的管理制度。"第四十五条则规定,"教育、体育、卫生行政部门和学校及其他教育机构应当完善体育、卫生保健设施,保护学生的身心健康"。以上这些法律条款主要是关于教师、受教育者、行政部门以及其他教育机构等教育参与主体在作为义务主体时应当承担的法定义务,但是没有具体体现或者间接反映在后疫情时代,或是在紧急状态下,如何对公民受教育权作出合理限制与充分保障的规范依据。

2. 教育发展的不平衡与不充分制约着权利内涵的提升

教育发展的不平衡与不充分是后疫情时代我国教育发展面临的主要难题,这是对教育发展难题的整体性描述,当然也制约着后疫情时代公民受教育权的实现。具体而言,教育发展的不平衡与不充分是一个"一体两面"的问题,既涉及教育的不平衡发展问题,也涉及教育的不充分发展问题,两大问题都在一定程度上制约着受教育权的权利内涵的提升。在后疫情时代,受教育权的保障应当更加强调公平性与优质性,据此可以提出受教育权的进阶形态,即公平优质的受教育权。与此同时,还应当强调的问题是,在后疫情时代,教育发展的不平衡与不充分问题会更加突出,社会经济秩序受到的冲击也会影响教育资源的充分供给,进而影响受教育权的保障。

教育资源的合理配置和共享发展在促进社会公平中具有重要的作用。教育资源作为教育的核心要素,其配置方式与结构日益成为影响我国教育事业发展乃至社会公平的重要因素。[10] 不可否认的是,各种有利于公民受教育权实现的教学活动的顺利开展,既需要相关行业提供硬件资源支撑,也需要诸如现代技术等软件资源的支持,尤其是作为教育教学主要场域的各类院校在开展教育实务工作时,都需要社会发展奠定必要的物质基础与技术基础,否则教育实践将无法正常进行,公民受教育权也无法得到充分的保障。

任何一项具备正当性的权利都应当与特定时期的经济社会发展情况相符合,同时也依赖于经济社会发展奠定的物质基础。从一定意义上讲,新冠肺炎疫情在资源供给层面对公民受教育权实现的影响主要表现为两个方面。一是直接影响,主要是指对教育教学活动开展产生直接影响的产业,因新冠肺炎疫情的发生而停产停业,致使受教育权实现缺乏必要的教育资源供给，难以维持多种教育活动类型的开展。二是间接影响，主要是指中间产业产生的影响通过其他载体传递给教育领域，这种影响是间歇性的，需要一些其他行业作为媒介体现出来，最终传导给教育领域，对教育教学活动产生一定的作用，从而影响到公民受教育权的实现。实现教育的平衡充分发展是推进教育内涵式发展的重要前提，也是提升公平优质受教育权更为丰富权利内涵的关键力量。当然，公平优质受教育权的实现也需要整合多种社会资源，而教育资源同时又涵盖了各类社会资源在其中，各项教育目标的达至以及教育规划的实施也需要经济社会的正常发展来供应丰富的教育资源。

3. 传统教育模式难以契合受教育权保障的内在需求

"线下教育""应试教育""灌输式教育"等概念是对传统教育模式及其基本特征的描绘，传统教育模式的固有缺点不利于推进教育现代化以及现代教育秩序的形成，也难以契合受教育权保障的内在需求。正如前文所论及的，在后疫情时代，公民对于教育质量、教育方式以及教育内容等方面都有了新的诉求，传统教育模式并不能很好地予以满足，亟须进行模式创新，既有的教育秩序也面临深层次的革新。教育秩序是指固有规范在教育实践历史进程中经过一定时期的发展而形成的一种确定性、连续性、有效性的规范结构，属于社会秩序系统的重要构成部分，对于教育系统的良善运行发挥着重要的价值功能。教育秩序对于教育法律而言也具有一定的价值意义。"教育法存在的一个基础性作用就是定分止争，规范教育行为，为教育带来秩序。教育秩序尽管不是教育法律的最核心价值，却是教育法的基础性价值。"[11]

在后疫情时代，受教育权受到影响的群体是庞大的，受教育权在基本权利体系之中不是孤立的，而是与其他公民基本权利相互影响、相互作用的。"教育秩序正是依凭各种明确而严格的教育规则，来设定教育生活的全体参与者的地位——权利和义务，借以规范人们的教育行为并建立相互之间的合理的依赖关系。"[12]正如我们所看到的，甚至是正在经历的，教师与学生等主要教育活动参与者正在适应线上教育、互联网教育、远程教育的新形式。

权利与秩序是法治体系建构中的重要构成要素,两者之间保持密切的联系,既相互依存又相互促进。任何权利的实现都需要借助一定的秩序建构,这种秩序应当是稳定的、有效的以及确定的,否则权利的实现无法得到有效的保障。停课、隔离使得教育资源与交流被限定在特定的空间和场域中,不管是学校还是其他教育培训机构,其既往的教育模式都受到一定的冲击,教育实践因疫情防控的需要而受到限制,因而公民受教育权的实现缺乏关键的教育秩序保障。而且公民个人的学习只能被限定在特定或有限的场景之中,家长为督促学生完成相应的课程要求,需要承担不同于以往的巨大压力。除此之外,教育秩序保障的不足对于以实验为主的理工科学生而言,受到的影响也更大一些,各种实验活动不能如期进行,而文科学生同样受到一定的影响。总体而言,因正常教育教学秩序受到影响,以及传统教育模式的固有缺陷,公民的受教育权不能较好地得到保障。

四、后疫情时代公民受教育权保障的制度策略

1. 完善相关立法,健全后疫情时代受教育权保障的规范体系

紧急状态是一种特殊的社会状态,是社会发展在特殊时期下的一种非常态表现,同时也隐喻着社会发展遇到比较大的危机。如何保障公民受教育权是紧急状态下应当思考的一个重要法律问题,这一问题同样伴随着后疫情时代到来而继续存在,而且疫情防控实践还远没有结束。紧急状态似乎与权利保障之间存在一种必然的排斥或矛盾的关系,但实际上并非如此。因此,就有学者指出:"紧急状态与权利(保护)之间并不总是相互对立的,前者也并不必然排除或挤压后者的存在空间。如果紧急状态不仅仅是一个单纯的事实,那么,通过某种建构性的解释,人们完全有可能将权利话语安置于紧急状态之下。"[13] 紧急状态与受教育权

保障同样不是处于一种绝对对立的状态,两者是可以调和与兼容的,紧急状态下的人权克减并不是必然的,而是有选择与有限度的。"我国当前紧急状态下人权克减的价值取向,应在确保公民基本自由价值实现的前提下,考虑公共危机的激烈程度,适当倾向于秩序价值,这是由我国目前公共危机事件增多的事实和我国相对保守的政治文化传统决定的。"[14]因此,在后疫情时代对公民受教育权保障的一项关键制度策略,就是要通过完善相关立法,来健全后疫情时代受教育权保障的规范体系。

简而言之,完善相关立法是保障疫情防控顺利进行的关键途径,同时也是对公民基本权利进行有效保障的重要前提条件,而对于公民受教育权的实现与保障也需要形成完备的法律制度体系提供规范支撑力度。具体而言,可以从以下两个方面着手。

一方面,可以考虑制定《紧急状态法》作为应对现代社会风险的基础性法律,可以具体涵盖的立法内容包括宣布进入紧急状态的权力机关、紧急状态的法律属性、紧急状态的确定标准、特定领域应对风险挑战的基本规范等方面,同时还应当考虑将公民基本权利的限制范围与程度写入具体条款,当然这些规定也就会对公民受教育权保障产生一定的积极效用。

另一方面,可以通过完善现有的法律法规,从而推动紧急状态下受教育权规范体系的健全,通过利用对《中华人民共和国突发事件应对法》《中华人民共和国野生动物保护法》《中华人民共和国突发公共卫生事件应急条例》《中华人民共和国高等教育法》《中华人民共和国教师法》《中华人民共和国学位条例》等法律法规进行修改的契机,增设紧急状态、应对特殊时期或规避社会风险的相关条款,进一步明晰紧急状态下教育参与主体之间的权利义务关系,强化对公民受教育权的规范保护。健全后疫情时代受教育权保障的规范体系,其主要价值意义在于从立法层面为权利的保障提供制度依据,使得疫情防控期间的行政执法与司法有基础性的制度依据,让依法防控、依法治理成为可能,实现制度建构与制度落实的双效衔接。除此之外,也可以通过法律解释创造出足够的法律适用空间,包括对宪法的相关条款进行解释,还包括对教育基本法的解释,以及对其他涉及疫情防控内容的法律法规进行解释,但这种解释必须在有限的范围内进行。

2. 整合教育资源,提升后疫情时代受教育权的权利内涵

新冠肺炎疫情发生以来,疫情防控和经济发展一直是当下社会发展的两大重要任务,两者需要统筹兼顾。正如前文所阐述的,在后疫情时代,传统教育面临着革新,需要建立健全新的教育教学秩序,而且对于受教育权的保障,在内容与实现方式上也有了新的要求。因此,后疫情时代对教育资源的整合也成为一个关键问题,对教育资源的整合能够在一定程度上提升后疫情时代受教育权的权利内涵。

整合教育资源首先需要从推动复工复产着手,完善既有的社会生产生活秩序。推动复工复产从其直接作用来看,可以实现企业的正常运转与达到既定的产能目标,从而进一步促进经济社会发展,避免经济发展长时间处于停滞状态,否则将会严重损害经济社会的正常秩序。还应当肯定的是,有序推动基础性产业以及其他一些重要行业的生产活动,能够为社会秩序的恢复奠定一定的物质基础,为各项公民基本权利的实现提供物质保障。目前我国在教育公共资源配置方面还没有形成较为明确的权利义务关系,诸如学前教育、基础教育、中等教育、高等教育等教育层级的资源分配也尚需进一步明确。

聚焦教育领域来看,推动复工复产也就意味着教育行业进一步恢复和正常运行,从而确保后疫情时代教育目标实现的资源需求。教育行业的发展以及公民受教育权的实现其实都是伴随着社会资源的整合与再分配,教育资源的整合也是必不可少的一个过程。有学者据此指出:"实践中,教育平等权如何落实,其核心当然还是教育资源的分配问题。任何一个国家都存在教育资源的竞争,这是难以避免的,更何况教育平等权作为一项基本权利必然与一定的利益密切相关,这种利益即教育资源。而教育资源配置问题的核心目标即教育资源公平配置且效益最大化。"[15]

除此之外,从受教育权的具体内容来看,根据受教育权产生、发展的时间顺序,可以将受教育权划分为三个阶段的子权利,即开始阶段的学习机会权、过程阶段的学习条件权和结束阶段的学习成功权。新冠肺炎疫情对受教育权的影响在这三个阶段都有所体现,只是在每个阶段影响的特定受教育者群体有所不同。在开始阶段,受影响最大的群体当属准备入学的学生、申请出国留学的学生,这些受教育者的学习机会权因而受到一定的影响。在过程阶段,受影响的群体是最广泛的,处于各种层次的受教育者的学习条件都无法得到较为充分的保障。在结束阶段,受影响的群体是特定的,指向的对象主要是即将于这学期完成学业并申请获得毕业证书与学位证书的学位申请人。

因此,可以看出新冠肺炎疫情对公民受教育权的限制是多层次、宽领域的,处于不同层次的受教育者受到的影响程度也不尽相同。整合教育资源的主要目的在于为社会秩序的恢复与维持奠定一定的物质基础,任何行业的发展都需要一定的物质保障。就疫情防控期间教育发展的实际情况来看,各类院校都还处于封校隔离状态,绝大多数学生还没有返校,只有个别院校允许部分符合限定条件的老师暂时返回学校。因此,整合多元教育资源是受教育权实现与保障的基本条件要求,更是确保特殊时期教育各项目标实现的前提条件,同时也为各项公民基本权利的实现都提供着物质支撑,推动着整个社会秩序的健康与稳定,维系着基本的生产生活秩序。

3. 创新教育模式,促进后疫情时代教育秩序的重塑

正如前文所论及的,传统教育模式在一定程度上已经难以契合后疫情时代受教育权保障的内在需求,创新教育模式将成为互联网技术持续发展趋势下,重塑教育秩序以及推动教育信息化建设的应对策略。新冠肺炎疫情的特殊性对传统的教育模式产生了很大的影响,原有的教育秩

序无法维系,尤其是作为受教育权的主要受益主体的学生,其受教育权的实现受到疫情的影响更大。为在后疫情时代更好地保障公民的受教育权,还需要重塑教育秩序,促进原有教育方式的改革,以实现教育模式的创新。

为此,各类学校深入践行"停课不停学、停课不停教",在线授课、网上教学、教学直播、讲座直播等成为新的教育教学方式,人工智能以及大数据等现代技术因素深刻影响着后疫情时代教育教学活动的进行,公民受教育权的实现也受到这些因素的影响,现代教育以技术为载体,体现了丰富的信息化属性。有学者认为:"很明显,现代教育严重依赖信息技术。离开了信息技术,我们无法创造所需要的专业工具,也无法构建现代教育的学习环境。"[16]应当予以肯定的是,现代科技是推动现代教育发展的重要推动力,技术的革新也在一定程度上使得受教育权的实现方式发生了转变。但是,也有不应当忽略的问题。"在线教育的核心问题是教学资源开发和教育教学质量,真正实现网络空间带来的个性化、智能化教育模式。但是,目前的线上教学距此目标还差得很远,很多只是将网络当成日常教学的工具,从传统的'黑板+粉笔'转换到'网络+讲授',没有发挥网络空间的优势。"[17]

进一步而言,创新教育模式以促进后疫情时代教育秩序的重塑,就需要打破传统的教育教学理念,充分发挥现代科学技术在疫情防控实践中以及公民受教育权保障方面的作用,充分利用多媒体技术、互联网技术参与到教育教学实践活动当中,以科技推动权利的实现。教育模式的创新既需要秉持正确的在线教学活动开展理念,也需要正确处理好学生与教师、学生与互联网平台、教师与互联网平台三者之间的互动关系,教师也需要提高自身运用科学技术的能力,为学生带来更好的授课体验。正如有学者所认为的:"以'学习者为中心、提供优质的服务与内容、线上线下互通、在线增值服务盈利'为核心的互联网教育思维,既是在线教育的根本思维方式,又是引领我国在线教育未来发展的重要理念。"[18]在教育模式转变以及教育秩序塑造的过程中,学生应当是核心主体。因此应当加强对互联网平台的法律规制,防止侵犯公民受教育权行为的出现,调整好相关参与主体的权利义务关系。

参考文献

[1] 黄学贤,郭殊.试论紧急状态下公民基本权利之保障[J].当代法学,2004(4):84.
[2] 申素平.受教育权的理论内涵与现实边界[J].中国高教研究,2008(4):15.
[3] 袁文峰.《宪法》第四十六条适用的教育阶段辨析[J].华东政法大学学报,2015(2):54.
[4] 龚向和.国家义务是公民权利的根本保障——国家与公民关系新视角[J].法律科学,2010(4):3.
[5] 于立深.正确对待政府义务和政府权力[J].长白学刊,2010(5):82.
[6] 周洪新,杨克瑞.教育资源配置中政府的责任[J].教育发展研究,2014(1):4.
[7] 张丽.司法救济路径下的公民受教育权利研究[J].教育理论与实践,2014(27):8.
[8] 崔玲玲.教育公益诉讼:受教育权司法保护的新途径[J].东方法学,2019(4):138.
[9] 郭研评.奉行以人民为中心的人权理念——谈中国新冠肺炎疫情防控中的人权保障[N].人民日报,2020-3-16(03).
[10] 陈坤,马辉.共享发展:社会公平视野中的教育资源配置研究[J].学习与探索,2019(3):49.
[11] 褚宏启.教育法的价值目标及其实现路径——现代教育梦的法律实现[J].教育发展研究,2013(19):3.
[12] 冯海英,李江源.教育秩序:教育制度建设的价值追求[J].清华大学教育研究,2009(5):24.
[13] 张帆.论紧急状态下限权原则的建构思路与价值基础——以我国《突发事件应对法》为分析对象[J].政治与法律,2020(1):120.
[14] 陈聪,周运祥.紧急状态下人权克减的价值取向研究[J].内蒙古社会科学(汉文版),2008(6):9.
[15] 王瑜.从文本到实践:论教育平等权的宪法保障及其路径选择[J].中南大学学报(社会科学版),2014(6):122.
[16] 杨开城,许易.论现代教育的基本特征与教育信息化的深层内涵[J].电化教育研究,2016(1):15-16.
[17] 李立国.重大疫情给教育改革创新带来的启示[N].光明日报,2020-03-31(13).
[18] 杨晓宏,周效章.我国在线教育现状考察与发展趋向研究——基于网易公开课等16个在线教育平台的分析[J].电化教育研究,2017(8):68.

作者简介

魏文松 教育部教育立法研究基地(东南大学)特约研究人员,东南大学人权研究院研究人员,东南大学法学院博士研究生

电子邮箱

1059451532@qq.com

通信地址

江苏省南京市江宁区东南大学九龙湖校区西门快递中心

附录：全球针对新冠肺炎疫情的有关教育政策汇编

- **针对疫情的国际组织综合性教育政策**

联合国

《疫情与后疫情的教育政策概要》

https：//www.un.org/sites/un2.un.org/files/sg_policy_brief_covid-19_and_education_august_2020.pdf

联合国教科文组织

《后疫情世界的教育》

https：//en.unesco.org/sites/default/files/education_in_a_post-covid_world-nine_ideas_for_public_action.pdf

联合国教科文组织

《疫情和高等教育：今天和明天（影响分析和政策建议）》

http：//www.iesalc.unesco.org/en/wp-content/uploads/2020/04/COVID-19-EN-090420-2.pdf

世界银行

《疫情期间远程教育的指导方针》

http：//documents1.worldbank.org/curated/en/531681585957264427/pdf/Guidance-Note-on-Remote-Learning-and-COVID-19.pdf

经济合作与发展组织

《疫情期间的教育：拥抱数字化学习和在线协作》

https：//read.oecd-ilibrary.org/view/?ref=120_120544-8ksud7oaj2&title=Education_responses_to_Covid-19_Embracing_digital_learning_and_online_collaboration

- **针对疫情的国家综合性教育政策**

英国：2020年11月2日　英国政府
《为被迫推迟学业的学生提供的一揽子支持计划》
https://www.gov.uk/government/publications/package-of-support-for-students-who-have-to-defer-their-studies/package-of-support-for-students-who-have-to-defer-their-studies

英国：2020年7月30日　苏格兰教育部
《在疫情下保障学习的连续性》
https://www.gov.scot/publications/coronavirus-covid-19-support-for-continuity-in-learning/

日本：2020年9月4日　教育部
《日本的后疫情教育——不让一个人掉队》
https://www.mext.go.jp/en/content/20200904_mxt_kouhou01-000008961_1.pdf

日本：2020年7月16日　教育部
《疫情期间的挑战与解决方案》
https://www.mext.go.jp/en/content/20200716-mxt_kokusai-000005414_02.pdf

巴西：世界银行巴西分行
《巴西能从世界各国学到什么？疫情期间的教育政策》
http://documents1.worldbank.org/curated/en/511671585947801777/Educational

巴西：世界银行巴西分行
《疫情在巴西：影响和教育政策回应》p110～114
http://documents1.worldbank.org/curated/en/152381594359001244/pdf/Main-Report.pdf

印度：2020年5月6日　印度政府
《印度国家委员会与教科文组织关于应对疫情的合作》

https://cdnbbsr.s3waas.gov.in/s3850af92f8d9903e7a4e0559a98ecc857/uploads/2020/05/2020050642.pdf

挪威：教育部
《政府重新开放挪威社会并放松冠状病毒限制的计划》
https://www.regjeringen.no/en/aktuelt/the-governments-plan-for-reopening-norwegian-society-and-easing-the-coronavirus-restrictions/id2701493/

芬兰：教育部
《教育文化部关于疫情的对策与准备》
https://minedu.fi/en/covid-19-epidemic-measures-and-preparing-for-it

- **针对疫情的教育财政支持政策**

英国：2020年3月18日　住房社区及地方政府事务部（英格兰地区）
《针对疫情下托儿所（儿童保育）自2020年至2021年营业税减免的地方性指南》
https://www.gov.uk/government/publications/business-rates-nursery-childcare-discount-2020-to-2021-coronavirus-response-local-authority-guidance

英国：2020年7月9日　教育部
《冠状病毒：对早期教育和儿童社会关怀的财政支持》
https://www.gov.uk/government/publications/coronavirus-covid-19-financial-support-for-education-early-years-and-childrens-social-care/coronavirus-covid-19-financial-support-for-education-early-years-and-childrens-social-care

英国：2020年7月20日　教育部
《保障教育连续性的补助政策》
https://www.gov.uk/guidance/coronavirus-covid-19-catch-up-premium

英国：教育基金会

《国家级辅导计划》

https://educationendowmentfoundation. org. uk/covid-19-resources/national-tutoring-programme/#nav-national-tuition-fund-ntf

https://nationaltutoring. org. uk/news/national-tutoring-programme-launches-in-schools

英国：2020年7月10日　教育部

《学校资金：2020年3月—7月间与疫情相关的特殊费用》

https://www.gov.uk/government/publications/coronavirus-covid-19-financial-support-for-schools/school-funding-exceptional-costs-associated-with-coronavirus-covid-19-for-the-period-march-to-july-2020

美国：2020年3月27日　国会

《冠状病毒援助、救济、经济保障法案》(CARES法案)

https://www. congress. gov/bill/116th-congress/house-bill/748?q = %7B%22search%22%3A%5B%22hr748%22%5D%7D&s = 3&r = 1

美国：2020年6月30日　参议院

《冠状病毒育儿和教育救济法》(CCCERA)

https://www. help. senate. gov/ranking/newsroom/press/senators-murray-schumer-democrats-introduce-430-billion-coronavirus-relief-bill- to-address-national-child-care-and-education-crises-as-democrats-urge-republicans-to-act-on-bold-covid-19-relief-

日本：2020年7月16日　教育部

《GIGA项目：一人一台设备的教学项目》

https://www. mext. go. jp/en/content/20200716-mxt_kokusai-000005414_04.pdf

日本：2020年7月16日　教育部

《为了解决教育可持续化的应急教育补助金计划》

https://www. mext. go. jp/en/content/20200716-mxt_kokusai-

000005414_05.pdf

● **针对疫情的课程设置与线上教学政策**

英国：2020年4月19日　教育部

《获得远程教育的帮助》

https://www.gov.uk/guidance/remote-education-during-coronavirus-covid-19#guidance-on-remote-education-during-coronavirus

英国：2020年6月26日　教育与训练督导处(ETI)

《远程和混合学习：课程挑战和方法》

https://www.etini.gov.uk/publications/remote-and-blended-learning-curricular-challenges-and-approaches

英国：2020年7月16日　教育部

《高等教育结构调整制度》(HERR)

https://www.gov.uk/government/publications/higher-education-restructuring-regime

https://assets.publishing.service.gov.uk/government/uploads/system/uploads/attachment_data/file/902608/HERR_announcement_July_2020.pdf

英国：2020年5月18日　威尔士政府

《注意安全,保持学习：保障教育系统运行》

https://gov.wales/stay-safe-stay-learning-supporting-education-system

美国：2020年8月14日　加州-州长行政命令

《关于各州政府机构协同弥合数字鸿沟的指导》

https://www.gov.ca.gov/2020/08/14/38666/

https://www.gov.ca.gov/wp-content/uploads/2020/08/8.14.20-EO-N-73-20-text.pdf

法国：2020年2月22日　教育部

《我们在疫情期间使用哪些资源和平台？》

https://cache. media. eduscol. education. fr/file/RS2020/22/2/Fiche-1.5-Outils-ressources_1309222.pdf

日本：2020 年 7 月 16 日　教育部

《如何在疫情期间保证学生的全面学习》

https://www. mext. go. jp/en/content/20200716-mxt_kokusai-000005414_03.pdf

印度：2020 年 5 月 6 日　教育部

《疫情：保持安全——在线学习措施》

https://cdnbbsr.s3waas.gov.in/s3850af92f8d9903e7a4e0559a98ecc857/uploads/2020/05/2020050666.pdf

● **后疫情时期的学校运营与重新开放政策**

英国：教育部

《学校全面开放的指导》

https://www. gov. uk/government/publications/actions-for-schools-during-the-coronavirus-outbreak/guidance-for-full-opening-schools

英国：2020 年 8 月 25 日　苏格兰

《关于 2020 年 8 月新学期开学应对疫情的指南》

https://www. gov. scot/publications/covid-19-scotlands-strategic-framework/

美国：2020 年 5 月　疾病预防控制中心

《疾病预防控制中心针对 COVID‐19 的行动和倡议与重新恢复美国秩序的总统计划》

https://www. cdc. gov/coronavirus/2019-ncov/downloads/php/CDC-Activities-Initiatives-for-COVID-19-Response.pdf＃page＝45

美国：2020 年 7 月 23 日　疾病预防控制中心

《重新开放校园的指标》

https://www.cdc.gov/coronavirus/2019-ncov/community/schools-childcare/indicators.html

美国：2020年7月23日　疾病预防控制中心

《疫情期间的学校运营：疾病预防控制中心的注意事项》

https://www.cdc.gov/coronavirus/2019-ncov/community/schools-childcare/schools.html

美国：2020年6月8日　加州教育局

《一起走向强大：安全再开放加州公立学校的指南》

https://www.cde.ca.gov/ls/he/hn/strongertogether.asp

美国：2020年3月17日　加州教育局

《远程教育的注意事项》

https://www.cde.ca.gov/ci/cr/dl/dlconsiderations.asp

法国：2020年8月23日　教育部

《2020返校——停课不停学计划》

https://histographie.net/2020/08/23/eduscol-rentree-scolaire-2020-plan-de-continuite-pedagogique/

法国：2020年1月22日　教育部

《我们应怎样协调停课不停学政策下的学校关系》

https://cache.media.eduscol.education.fr/file/RS2020/22/1/Fiche-1.4-accompagnement_1309221.pdf

新加坡：教育部

《安全进行个人学习和充实》

https://covid.gobusiness.gov.sg/guides/tuitionadvisory.pdf

新加坡：教育部

《疫情第二阶段的安排：高等教育与机构》

https://www.moe.gov.sg/news/press-releases/arrangements-for-schools-and-institutes-of-higher-learning-in-phase-two

南非：教育部

《疫情期间学校与社区管理和维护的标准操作程序》

https://www.education.gov.za/Portals/0/Documents/Recovery%20plan%20page/Links%20for%20schools/dbe-standard-operating-procedure-for-covid-19.pdf

印度：2020年10月6日　印度政府
《返校政策（重开校园的标准）》
https://cdnbbsr.s3waas.gov.in/s3850af92f8d9903e7a4e0559a98ecc857/uploads/2020/10/2020100611.pdf

- **针对疫情的心理健康支持政策**

英国：2020年10月16日　公共卫生局
《关于父母和抚养人在疫情期间支持儿童和年轻人心理健康的指南》
https://www.gov.uk/government/publications/covid-19-guidance-on-supporting-children-and-young-peoples-mental-health-and-wellbeing/guidance-for-parents-and-carers-on-supporting-children-and-young-peoples-mental-health-and-wellbeing-during-the-coronavirus-covid-19-outbreak

英国：2020年11月4日　公共卫生局
《关于疫情下公众心理健康和福祉方面的指南》
https://www.gov.uk/government/publications/covid-19-guidance-for-the-public-on-mental-health-and-wellbeing/guidance-for-the-public-on-the-mental-health-and-wellbeing-aspects-of-coronavirus-covid-19

- **针对疫情的社会保障政策**

英国：2020年3月19日　教育部
《在冠状病毒爆发期间提供免费校餐》
https://www.gov.uk/government/publications/covid-19-free-school-meals-guidance

美国：2020年8月31日　农业部

《关于夏季食品服务计划(SFSP)、国家学校午餐计划(NSLP)和国家学校午餐计划的夏季衔接计划(SSO)继续运行至2020年12月31日的准许》

https://www.fns.usda.gov/disaster/pandemic/covid-19/cn-extension-SFSP-SSO

https://fns-prod.azureedge.net/sites/default/files/resource-files/COVID19_Extending_SFSP_SSOs.pdf

(本附录内容由华东师范大学教育学系研究生李轶凡、黎佳整理)

附：《中国教育政策评论》简介及投稿须知

《中国教育政策评论》是以评论我国教育政策热点及难点问题为主要内容的学术集刊。自创刊以来，一直秉持"教育研究密切联系实践，服务决策"的精神，对中国教育发展过程中的重大理论问题和实践问题进行了专门探讨，在教育研究、教育决策以及教育实践领域产生了广泛而深远的影响，已连续被确立为 CSSCI 来源集刊。自创刊以来，本集刊讨论的主题：

1999 年：教育政策与教育改革
2000 年：教育政策的科学制定
2001 年：教育政策的理论探索
2002 年：教师教育政策
2003 年：教育督导政策
2004 年：教育均衡发展
2005 年：教育制度创新
2006 年：中外合作办学
2007 年：科研政策
2008 年：教育公平
2009 年：创新人才培养
2010 年：教育质量与教育质量标准
2011 年：基本公共教育服务
2012 年：现代大学制度
2013 年：教育国际化
2014 年：高校绩效评价
2015 年：教育改革 30 年

2016年：教育公平

2017年：校内教育公平

2018年：2030年教育

2019年：大规模测量与评估研究

2020年：后疫情时代的教育思考

《中国教育政策评论》面向国内外征集优秀论文。来稿要求如下：

1. 稿件没有在其他正式刊物上发表。

2. 来稿一律按照国家对期刊稿件的投稿要求格式写作，稿件字数以1万字左右为宜（含注释、参考文献、附录、图表等）。

3. 来稿文内标题一般分为三级，第一级标题用"一、""二、""三、"……标识；第二级标题用"1.""2.""3."……标识；第三级标题用"（1）""（2）""（3）"……标识。

4. 正文字体一律为小四号，宋体。文内图标应规范，符合出版标准。表格标题置于表格前，以表格序号（表1、表2……）加标题名标识，表格序号与标题名之间空一汉字距离；图之标题置于图后，以图之序号（图1、图2……）加标题名标识，图之序号与标题名之间空一汉字距离。图表所有内容与正文一致，用小五号字。

5. 来稿所有引文务必注明出处。引用性注释采用顺序编码制，文中用"[1][2][3]……"以上标形式标注，具体文献放在文后，用"[1][2][3]……"编码，与文中的"[1][2][3]……"序号相对应。同一文献引用多次时，篇后注注码连续编号，参考文献可合并为一条。著录格式请参照《GB/T7714—2015 信息与文献—参考文献著录规则》，如：

[1] 符娟明. 比较高等教育[M]. 北京：北京师范大学出版社，1987：67.

[2] 界屋太一. 知识价值革命[M]. 黄晓勇，等译. 北京：生活·读书·新知三联书店，1987：12

[3] 刘宝存. 大众教育与英才教育应并重：兼与吕型伟、王建华先生

商榷[J].教育发展研究,2001(4):57-59

[4] 靳晓燕.北京密云:以教师交流促教育提升[N].光明日报,2012-05-30(14).

[5] 新华社.让中国力量推动全球治理体系变革——学习习近平总书记在中央政治局第三十五次集体学习时的重要讲话[EB/OL].2016-09-28[2017-12-26].http://www.xinhuanet.com/politics/2016-09-28/c_1119642701htm.

6. 文中的外国人名在第一次出现时,应于中文译名后加圆括号附注外文姓名。

7. 文末请附作者简介、工作单位和电子邮箱。

8. 为适应我国信息化建设,扩大本刊及作者知识信息交流渠道,本刊已被中国学术期刊网络出版总库及中国知网系列数据库收录,作者文章著作权使用费与本刊稿酬一次性给付。免费提供作者文章引用统计分析资料。如作者不同意文章被收录,请在来稿时向本刊说明。

投稿邮箱:oecdsses@ecnu.edu.cn

图书在版编目（CIP）数据

中国教育政策评论.2020 / 袁振国主编. — 上海：上海教育出版社，2021.9
ISBN 978-7-5720-1033-0

Ⅰ.①中… Ⅱ.①袁… Ⅲ.①教育政策－研究－中国－2020 Ⅳ.①G520

中国版本图书馆CIP数据核字(2021)第188603号

责任编辑　钟紫菱
美术编辑　郑　艺

中国教育政策评论2020
袁振国　主编

出版发行	上海教育出版社有限公司
官　网	www.seph.com.cn
地　址	上海市永福路123号
邮　编	200031
印　刷	上海普顺印刷包装有限公司
开　本	700×1000　1/16　印张20.25　插页1
字　数	281千字
版　次	2021年9月第1版
印　次	2021年9月第1次印刷
书　号	ISBN 978-7-5720-1033-0/G·0811
定　价	88.00元

如发现质量问题，读者可向本社调换　电话：021-64377165